国际邮轮乘务管理专业系列教材

U0685753

中国高等院校邮轮人才培养联盟
国际邮轮乘务专业教学协作中心

组织
编写

邮轮酒吧服务管理 （第2版）

主 编 / 肖 健

副主编 / 郑晋华

主 审 / 程爵浩　沈　娴

大连海事大学出版社
DALIAN MARITIME UNIVERSITY PRESS

图书在版编目（CIP）数据

邮轮酒吧服务管理／肖健主编. — 2 版. — 大连 ：
大连海事大学出版社，2024.9
　国际邮轮乘务管理专业系列教材
　ISBN 978-7-5632-4474-4

　Ⅰ. ①邮…　Ⅱ. ①肖…　Ⅲ. ①旅游船—酒吧—商业服
务—高等学校—教材　Ⅳ. ①F590.7②F719.3

中国国家版本馆 CIP 数据核字（2023）第 221270 号

大连海事大学出版社出版

地址:大连市黄浦路523号　邮编:116026　电话:0411-84729665(营销部)　84729480(总编室)

http://press.dlmu.edu.cn　　E-mail:dmupress@dlmu.edu.cn

大连金华光彩色印刷有限公司印装　　　　　大连海事大学出版社发行

2015 年 8 月第 1 版　　　2024 年 9 月第 2 版　　　2024 年 9 月第 1 次印刷

幅面尺寸:184 mm×260 mm　　　　　　　　　　　　印张:14.75

字数:371 千　　　　　　　　　　　　　　　　　　印数:1~3000 册

出版人:刘明凯

责任编辑:刘若实　　　　　　　　　　　　　　　　责任校对:刘长影

封面设计:解瑶瑶　　　　　　　　　　　　　　　　版式设计:解瑶瑶

ISBN 978-7-5632-4474-4　　　定价:49.00 元

序

当今，邮轮旅游作为一种时尚和热门产业，正在向着现代社会的每个角落渗透，改变着人们传统的旅游观念。随着中国经济的高速发展，中国的邮轮旅游业顺天时、应地利、聚人和，进入持续发展的快车道。乘坐邮轮出境游这一新兴旅游方式，在中国受到越来越多人的青睐，从 2005 年仅有几千人，到 2014 年已经突破 70 万人，2015 年预计突破 100 万人。

未来中国将成为全球最大的邮轮市场之一，增长空间巨大。

受国家旅游局委托，中国交通运输协会邮轮游艇分会（CCYIA）编制的《中国邮轮旅游发展总体规划》（简称《规划》）出台，《规划》提出的发展要点之一是邮轮人才培养教育体系的建立与完善。2014 年 8 月 23 日，"美国皇家加勒比邮轮公司人才培训中心"在位于天津海河教育园区内的天津海运职业学院正式揭牌。在这一背景下，为规范邮轮专业人才的教育培养，在中国交通运输协会邮轮游艇分会指导下，全国交通运输职业教育教学指导委员会航海类专业指导委员会与中国高等院校邮轮人才培养联盟和国际邮轮乘务专业教学协作中心共同组织相关院校专门为国际邮轮与旅游管理专业学生编写了"国际邮轮乘务管理专业"系列教材。

系列教材共计 24 种，具体为《邮轮餐饮服务管理》《邮轮休闲娱乐服务管理》《邮轮英语视听说教程》《邮轮客舱服务管理》《邮轮服务礼仪》《邮轮服务英语》《邮轮烹饪英语》《邮轮面试英语》《邮轮基础英语》《邮轮乘务员职业道德与素养》《邮轮服务心理学》《邮轮概论》《邮轮旅游市场营销》《邮轮酒吧服务管理》《邮轮旅游地理》《邮轮卫生与健康》《邮轮旅游业法律基础及案例分析》《邮轮英语词汇手册》《邮轮休闲娱乐服务双语实训指导》《邮轮客舱服务双语实训指导》《邮轮宾客服务双语实训指导》《鸡尾酒调制双语实训指导》《邮轮餐饮服务双语实训指导》《邮轮购物服务双语实训指导》。

系列教材的编写汲取了学术界相关知识、理论和研究成果，参考了大量相关文献资料，深度融合了专业资源库而进一步立体化，力求体例清晰、内容新颖、图文并茂、重点突出，并注重系列教材之间的互相配合，适用于高等院校邮轮人才培养，也可作为邮轮旅游从业人员的参考用书。

系列教材的编写和出版得到了大连海事大学出版社和天津海运职业学院的鼎力支持，中国交通运输协会邮轮游艇分会副会长程爵浩教授对系列教材的编写框架、体例、取舍等提出了很多指导性建议及中肯的、建设性的修改意见，在此表示感谢。

由于水平有限，加之时间特别仓促，不妥之处在所难免，敬请有关专家、读者指正！

郑炜航

2015 年 8 月

第 2 版前言

本教材是中国高等院校邮轮人才培养联盟组织编写的系列教材之一。为适应目前教育信息化的发展趋势,在大连海事大学出版社立体化教材推行的促动下,本教材在第 1 版的基础上,结合主编主讲的在线课程"鸡尾酒调制"(智慧职教 MOOC https://mooc.icve.com.cn),进行了较大幅度的修改。从教学内容编排入手,打破原来的知识结构,以工作任务为主线来展开教学,内容涵盖邮轮酒吧服务人员和管理者应掌握的技能技巧和理论知识,可作为高等院校邮轮乘务、旅游与酒店管理等专业的专业课程教材,也可作为国内调酒师操作技能考试的培训教材。

本教材的编写特点如下:

1.任务驱动教学。以高职教育教学所倡导的任务驱动教学模式为指导思想,本教材转变之前以知识体系编排教学内容的思路,根据认知规律和职业成长规律将教学内容分解到具体工作任务中,每个任务由一种调酒方法、一个服务项目或一项活动展开,先实践后学习相关理论知识。每个任务包括实训操作、相关知识、思政教育和课后复习题等部分。

2.双语构建资源。为了提高学生的英语应用能力,进一步推进双语教学的实施,对纸质教材中所涉及的酒吧专业术语、名称标注了相应的英文,同时在附录六中进行了汇总,此外还提供了部分附录阅读材料的英文原文。在线资源中的视频均使用英语讲解,并配有中英双语字幕,其他资源都以双语呈现。

3.贴近岗位要求。以培养学生邮轮酒吧从业者职业素质和能力为出发点,以邮轮酒吧员工应知、应会的技能技巧和理论知识为教学内容,使学生能够较全面地掌握酒品调制、酒水理论和邮轮酒吧服务与管理等知识,培养学生良好的职业道德、职业素养、人际交往能力和创新能力,具备酒品调制、酒吧服务与管理的基本能力和技巧,使学生毕业后能够胜任邮轮酒吧服务与基层管理工作以及岸上餐饮服务、咖啡厅服务等岗位的工作。

4.突出邮轮特色。尽管邮轮酒吧与岸上酒吧的服务与管理工作十分相似,但邮轮酒吧有其自身的特点,鉴于此本教材的每个模块中都融入了邮轮元素,使教学内容更接近邮轮酒吧工作场景。

5.精选图片。为了更直观地反映相关教学内容,本教材配有大量自拍照片和精美图片,尤其是彩色图片,既增添了视觉效果,又有利于学生对所学内容的理解和掌握。

本教材由蓝梦邮轮公司船员部经理沈娴女士(曾在歌诗达邮轮担任酒吧经理)担任主审,江苏航运职业技术学院肖健老师担任主编。厦门海洋职业技术学院郑晋华老师担任副主编,天津海运职业学院张红升老师、江苏航运职业技术学院姜云峰老师、广东碧桂园职业学院乔柳杨老师参与部分模块的编写。

在本书编写过程中,编者参阅了大量国内外专著和文献,并得到中国高等院校邮轮人才培养联盟、大连海事大学出版社、蓝梦邮轮公司、江苏隆泰国际船舶管理有限公司以及参编院校的大力支持和有益帮助,在此一并深表谢意!

由于编者水平有限,经验不足,书中错漏之处在所难免,恳请读者批评指正。

编　者

2023 年 7 月

第 1 版前言

本教材是中国高等院校邮轮人才培养联盟和国际邮轮乘务专业教学协作中心组织编写的系列教材之一。本书涵盖了邮轮酒吧服务人员和管理者应掌握的理论知识和技能技巧，并针对高等职业教育的特点在内容选取及体例编排上易于"教、学、做"一体化教学过程的展开，既可作为高等院校邮轮乘务、旅游与酒店管理等专业的专业课程教材，也可作为国内调酒师操作技能考试的培训教材。

本教材的编写特点如下：

第一，贴近邮轮酒吧工作岗位要求。以邮轮酒吧员工应知、应会的理论知识和技能技巧为主线，以培养学生邮轮酒吧从业者职业素质和能力为出发点，使学生能够较系统地掌握酒水理论、酒品调制和邮轮酒吧服务与管理等知识，培养学生良好的职业道德、职业素养、人际交往能力和创新能力，具备酒品调制、酒吧服务与管理的基本能力和技巧，使学生毕业后能够胜任邮轮酒吧服务与基层管理工作以及岸上餐饮服务、咖啡厅服务等岗位的工作。

第二，理论与实践紧密结合。现有的相关教材中，有的理论性偏强而缺少实训项目，不能体现高等职业教育教学的特点；有的实践性较强但又缺少对学科体系内容的梳理，不适合教学改革后新课程标准的要求。本书按照新课程标准，精心选取教学内容并进行合理编排。全书主要分六个模块，每个模块由理论知识、实训任务、拓展阅读和思考题四个部分组成，这种体例不仅将理论与实践有机结合起来，而且通过拓展阅读和思考训练使得理论得以提炼和升华。

第三，图文并茂。为了更直观地反映相关教学内容，本教材配有大量高质量图片，尤其是彩色图片既增添了视觉效果，又有利于学生对所学内容的理解和掌握。

第四，中英文对照。为了提高学生的英语水平，并为今后的双语教学打下基础，教材中所涉及的酒吧专业术语、名称均标注了相应的英文，同时在附录五中进行了汇总，此外还提供了部分拓展阅读材料的英文原文。

第五，突出邮轮特色。尽管邮轮酒吧与岸上酒吧的服务与管理工作十分相似，但邮轮酒吧有其自身的特点，此本教材的每个模块中都融入了邮轮元素，使其有别于现有的类似教材。

本教材由南通航运职业技术学院肖健老师担任主编，厦门海洋职业技术学院郑晋华老师担任副主编，上海海事大学程爵浩教授、南通航运职业技术学院新加坡籍培训师 Melvin Chin Lin Tsair 先生和上海长航船员劳务合作公司船员管理部经理沈娴女士担任主审，天津海运职业学院张红升老师、南通航运职业技术学院梅迎春老师、黑龙江职业学院乔柳杨老师参与了部分模块的编写。本教材是江苏高校哲学社会科学研究项目"邮轮经济背景下高职英语复合型人才培养研究"（2014SJD630）阶段性成果之一。

在本书的编写过程中，参阅了大量国内外专著和文献，并得到了中国高等院校邮轮人才培养联盟、国际邮轮乘务专业教学协作中心、上海长航船员劳务合作公司、南京海纳船务有限公司以及参编院校的大力支持和有益帮助，在此一并深表谢意！

由于编者水平有限，经验不足，书中错漏之处在所难免，恳请读者批评指正。

编　者
2015 年 7 月

目　录

模块一　酒水调制 ·· 3

任务一　用兑和法调制以威士忌为基酒的鸡尾酒 ············ 5

任务二　用兑和法调制以白兰地为基酒的鸡尾酒 ············ 19

任务三　用调和法调制以金酒为基酒的鸡尾酒 ·············· 33

任务四　用调和法和/或兑和法调制以伏特加为基酒的鸡尾酒 ······ 44

任务五　用摇和法调制以朗姆酒为基酒的鸡尾酒 ············ 58

任务六　用摇和法调制以特基拉为基酒的鸡尾酒 ············ 67

任务七　用分层法调制鸡尾酒 ···························· 79

任务八　用搅和法调制鸡尾酒 ···························· 93

任务九　茶与咖啡饮品 ································· 101

任务十　鸡尾酒创作与调酒考试 ························· 115

模块二　酒水服务 ··· 133

任务一　基本服务技巧 ································· 135

任务二　啤酒服务 ····································· 144

任务三　葡萄酒服务 ··································· 150

任务四　蒸馏酒服务 ··································· 155

任务五　中国黄酒与日本清酒服务 ······················ 160

任务六　茶饮服务流程 ································· 164

任务七　咖啡服务 ····································· 170

模块三　酒吧管理 ··· 175

任务一　日常管理 ····································· 177

任务二　酒水管理 ····································· 187

附录 ··· 201

附录一　经典鸡尾酒集锦 ······························· 201

附录二　成都世界鸡尾酒锦标赛 ························· 207

附录三　机器人调酒师 ································· 208

附录四　酒精与理性饮酒 ······························· 210

附录五　酒吧员工工作感悟 ………………………………………………… 215

附录六　酒吧英语专业词汇 ………………………………………………… 221

参考文献 ……………………………………………………………………… 225

模块
一

酒 水 调 制

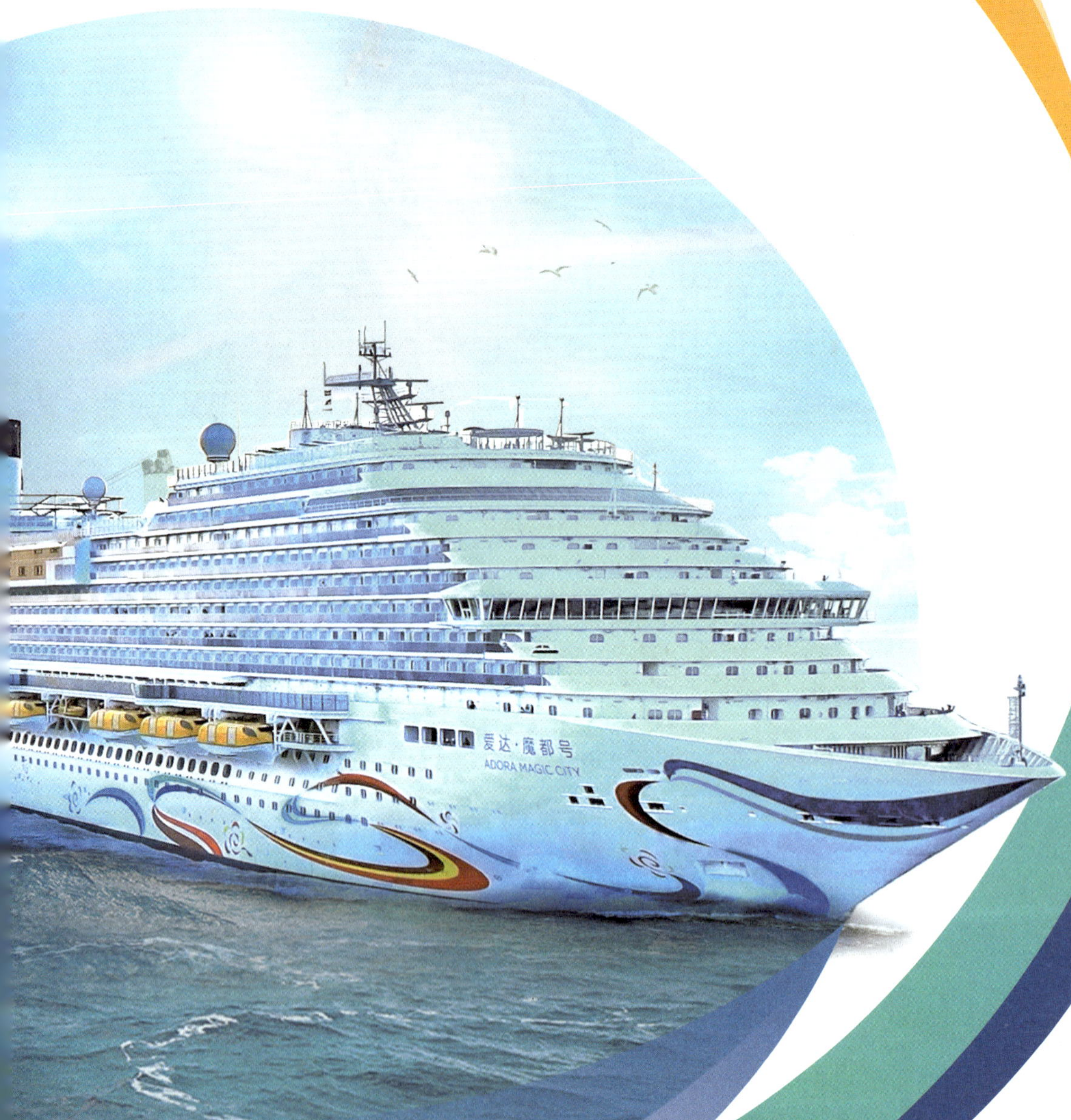
爱达·魔都号
ADORA MAGIC CITY

用兑和法
调制以威士忌为
基酒的鸡尾酒 任务一

学习目标

1. 学会用兑和法调制以威士忌为基酒的鸡尾酒
2. 了解威士忌
3. 了解邮轮酒吧的功能和种类

　　酒水供应服务是酒吧展示其独特服务魅力的关键所在,酒吧从业人员须加强酒水服务操作技能技巧的练习。在酒吧服务过程中,酒水供应的许多操作是在宾客的注视之下完成的,因此调酒师在操作过程中不仅需要一定的专业技术功底,而且必须有相当的表演天赋。例如,目前在许多酒吧流行的花式调酒在这一点上就表现得尤为突出。

　　鸡尾酒调制是一项具有浓厚艺术魅力的专门技术,十分强调操作技术动作的正确、迅速、简便、优美和流畅。鸡尾酒的世界多姿多彩,酒与不同配料的搭配变换出华丽的色泽、多样的口味、美妙的名称。尽管鸡尾酒千变万化,调制过程却有一定的方法可循,调酒师只要掌握调制的基本方法,便可以调制出各式各样的鸡尾酒,成为吧台后面的调酒高手。

一、 兑和法

(一)定义

　　兑和法指将调酒材料逐一放入载杯。当配料是碳酸饮料或果汁时,通常用吧匙搅动后将载杯提供给顾客。如载杯中已加入冰块,放料时应小心地将酒水浇到冰上。用兑和法调酒时,经常会有碾压的步骤,即在杯中加入其他材料之前将水果、叶子或糖块碾碎。碾压工具可以是吧匙扁平的一端,也可以是专用碾棒。

▍（二）以威士忌为基酒的鸡尾酒

1.古典鸡尾酒（Old Fashioned）

（1）古典鸡尾酒简介

到 19 世纪 60 年代,鸡尾酒中加入利口酒的做法已十分普遍,但这引起老派顾客的反对,他们纷纷要求酒吧供应老式威士忌鸡尾酒,即由威士忌、糖、水和苦酒调制而成的鸡尾酒。彭登尼斯俱乐部是一个于 1881 年成立于肯塔基路易斯维尔市的绅士俱乐部,该俱乐部的一名调酒师发明了古典鸡尾酒,此款酒是为了纪念知名波旁威士忌生产商詹姆斯佩伯,因为他将波旁威士忌引入纽约一家宾馆酒吧。

（2）调制古典鸡尾酒（国际调酒师协会版）

［方法］

兑和法

【准备材料】

工具:冰夹、吧匙、冰铲、量酒器

配方：45 mL 波旁威士忌或黑麦威士忌、1 块方糖、少许安格斯特拉苦酒、少许水

载杯:古典杯

装饰物:橙片或橙皮,鸡尾酒樱桃

【操作过程】

① 用冰夹将方糖放入古典杯中;

② 加入少许苦酒和水,将方糖浸透;

③ 用吧匙将方糖碾碎直至融化;

④ 用冰铲取适量冰块置于古典杯中;

⑤ 用量酒器量出所需威士忌倒入杯中;

⑥ 用吧匙轻轻搅动;

⑦ 用冰夹将橙片或橙皮和鸡尾酒樱桃放入杯中的冰块之上。

2.生锈钉鸡尾酒（Rusty Nail）

（1）生锈钉鸡尾酒简介

对生锈钉鸡尾酒的确切起源无从考究,但有记载显示它最早出现于 1937 年在纽约举办的英国工业展览会上,据说是曼哈顿 21 俱乐部代表将它带到展览会上的。当时,这款酒被叫作"the B.I.F",并不十分受欢迎,以至于在之后的几年里不为人知。到了 20 世纪 50 年代,这款酒突然流行起来,但是它有几种不同的名称,包括米格−21、利特尔俱乐部 1 号等。此酒的名称可能源自钉在杜林标产品包装箱上的生锈钉,最终于 1963 年由杜林标利口酒公司董事长敲定。

（2）调制生锈钉鸡尾酒（国际调酒师协会版）

［方法］

兑和法

【准备材料】

工具:冰铲、量酒器、吧匙、冰夹

配方:45 mL 苏格兰威士忌、25 mL 杜林标

载杯:古典杯

装饰物:柠檬皮

【操作过程】

① 用冰铲取适量冰块装入古典杯中;

② 用量酒器量出所需苏格兰威士忌、杜林标倒入古典杯中;

③ 用吧匙轻轻搅动;

④ 用冰夹将柠檬皮放入古典杯中冰块之上。

(3)生锈钉鸡尾酒变异版

＊ 锈色鲍勃, 用波旁威士忌替代苏格兰威士忌

＊ 锈色艾尔, 在杜林标加入任何啤酒,不加冰

＊ 烟熏钉, 用艾莱威士忌替代苏格兰威士忌

＊ 铁轨钉, 在盛有冰块的高杯中倒入 4∶1 的冷咖啡和杜林标

＊ 唐纳德萨瑟兰, 用加拿大威士忌替代苏格兰威士忌

3.薄荷朱利酒(Mint Julep)

(1)薄荷朱利酒简介

大多数历史学家认为薄荷朱利酒兴起于 18 世纪末或 19 世纪初的弗吉尼亚上流社会。当时弗吉尼亚人吃早餐时常用银制高脚杯饮用薄荷朱利酒,起初此酒用白兰地或朗姆酒调制,但南方的穷人买不起高档的烈酒,于是就开始用波旁威士忌来替代。1938 年薄荷朱利酒成为肯塔基德比赛马会上的官方饮品,自那以后每年赛马会上都会销售近 12 万杯薄荷朱利酒。

(2)调制薄荷朱利酒(国际调酒师协会版)

[方法]

兑和法

【准备材料】

工具:吧匙、碎冰机、冰铲、量酒器、冰夹

配方:60 mL 波旁威士忌、4 束新鲜薄荷叶、1 茶匙砂糖、2 茶匙水

载杯:不锈钢朱利酒杯

装饰物:薄荷枝

【操作过程】

① 将薄荷叶、砂糖和水放入朱利酒杯中;

② 用吧匙将薄荷叶、砂糖碾碎;

③ 用碎冰机制作适量碎冰;

④ 用冰铲取碎冰将载杯加满;

⑤ 用量酒器量出所需波旁威士忌倒入朱利酒杯中;

⑥ 用冰夹将薄荷枝插入杯口冰中。

二、　威士忌(Whisky/Whiskey)

"Whisky"源自拉丁文"Aquavitae",意为"生命之水"。威士忌的英文有两种拼写形式,苏格兰和加拿大生产的威士忌拼写为 Whisky,而爱尔兰和美国生产的威士忌拼写为

Whiskey。威士忌是用大麦、黑麦、玉米等谷物为原料,经发酵、蒸馏后放入橡木桶中陈酿而制成的,酒精度在38%～48%Vol之间,酒液呈琥珀色,味微辣而醇香。

（一）威士忌名品

1.苏格兰威士忌

苏格兰威士忌（Scotch Whisk,简称Scotch）是一种只在苏格兰地区生产制造的威士忌。苏格兰威士忌有独特的风格,色泽棕黄带红,清澈透明,气味焦香,带有一定的烟熏味,具有浓厚的苏格兰乡土气息。苏格兰威士忌具有口感干洌、醇厚、劲儿足、圆润、绵柔的特点,是世界上最好的威士忌酒之一。衡量苏格兰威士忌的主要标准是嗅觉感受,即酒香气味。苏格兰威士忌与其他种类威士忌（尤其是极为相似的爱尔兰威士忌）最大的不同,是在制造过程中使用了泥炭这种物质。

（1）酿造工艺

苏格兰威士忌受英国法律限制:凡是在苏格兰酿造和混合的威士忌,才可称为苏格兰威士忌。苏格兰威士忌的工艺特征是用当地的泥炭为燃料烘干麦芽,经过粉碎、蒸煮、糖化、发酵,然后经壶式蒸馏器蒸馏,产生酒精度为70%Vol左右的无色威士忌,再装入内部烤焦的橡木桶内,储藏5年甚至更长时间。15～20年为最优质的成品酒,超过20年的质量会下降。有很多品牌的威士忌储藏期超过了10年,最后经勾兑混配后调制成酒精度为40%Vol左右的成品出厂。

（2）主要种类

苏格兰威士忌有单一麦芽威士忌和单一谷物威士忌两个基本种类,在此基础上衍生出三种混合型,分别是混合麦芽、混合谷物和混合威士忌。单一麦芽威士忌指一家酒厂生产的大麦芽威士忌。单一谷物威士忌指一家酒厂生产的威士忌,除了大麦芽之外还采用其他谷物。混合威士忌则是一种或多种单一麦芽威士忌与一种或多种单一谷物威士忌的混合物。

（3）主要产地

苏格兰有四个主要威士忌酒产区,即北部的高地（Highlands）、南部的低地（Lowlands）、西南部的坎贝尔敦（Campbelltown）和西部岛屿艾莱岛（Islay）。

北部的高地产区有近百家纯麦芽威士忌酒厂,占苏格兰酒厂总数的70%以上,是苏格兰最著名的威士忌酒生产区。该地区生产的纯麦芽威士忌酒酒体轻盈,酒味醇香。南部的低地有10家左右的纯麦芽威士忌酒厂。该地区是苏格兰第二个著名的威士忌酒的生产区。它除了生产麦芽威士忌酒外,还生产混合威士忌酒;西南部的坎贝尔敦是苏格兰传统威士忌酒的生产区;西部岛屿艾莱岛风景秀丽,在酿制威士忌酒方面有着悠久的历史,生产的威士忌酒有独特的味道和香气,其混合威士忌酒比较著名。

（4）知名品牌

苏格兰威士忌的知名品牌有很多,主要包括百龄坛（Ballantine's）、金铃（Bell's）、芝华士（Chivas Regal）、珍宝（J&B）、约翰尼·沃克（尊尼沃克,Johnnie Walker）等,如图1-1-1至图1-1-5所示。

百龄坛公司创立于1827年,其产品以产自苏格兰高地的8家酿酒厂生产的纯麦芽威士忌为主,再配以42种其他苏格兰麦芽威士忌,然后与自己公司生产酿制的谷物威士忌进行混合勾兑调制而成,具有口感圆润、浓郁醇香的特点,是世界上最受欢迎的苏格兰兑和威士忌之一。其产品有特醇、金玺、12 年、17 年、21 年、30 年、40 年等品种。

图 1-1-1　百龄坛

图 1-1-2　金铃

图 1-1-3　芝华士

图 1-1-4　珍宝

图 1-1-5　尊尼沃克

金铃威士忌是英国最受欢迎的威士忌品牌之一,由创立于 1825 年的贝尔公司生产。其产品都是用极具平衡感的纯麦芽威士忌为原酒勾兑而成的,有标准品(Extra Special)、12 年(Bell's Deluxe)、20 年(Bell's Decanter)、21 年(Bell's Royal Reserve)等品种。

芝华士由创立于 1801 年的芝华士兄弟有限责任公司(Chivas Brothers Ltd.)生产。Chivas Regal 的意思是"Chivas 家族的王者"。在 1843 年,Chivas Regal 曾作为维多利亚女王的御用酒,其产品有芝华士 12 年(Chivas Regal 12)、皇家礼炮(Royal Salute)两个品种。

珍宝威士忌是始创于 1749 年的苏格兰混合威士忌酒,由贾斯泰瑞尼和布鲁克斯有限责任公司出品。该酒取名于该公司英文名称的字母缩写,属于清淡型混合威士忌酒。该酒采用 42 种不同的麦芽威士忌与谷物威士忌混合勾兑而成,且 80% 以上的麦芽威士忌产自苏格兰著名的 Speyside 地区,是目前世界上销量比较大的苏格兰威士忌酒之一。

约翰尼·沃克又称尊尼沃克,是苏格兰威士忌的代表酒。该酒以产自苏格兰高地的40 余种麦芽威士忌原酒勾兑调配而成。红标(Johnnie Walker Red Label)是其标准品,在世界范围内销量都很大;黑标(Johnnie Walker Black Label)是采用至少陈酿 12 年的麦芽威士忌调配而成的高级品,具有圆润可口的风味。另外,蓝标(Johnnie Walker Blue Label)是尊尼沃克威士忌系列酒中的顶级醇醪,每个酒瓶上都有序列号,以丝绸内衬盒子包装并配有真品证书;金标(Johnnie Walker Gold Label)是陈酿 15 年或 18 年的尊尼沃克威士忌系列酒,以纪念该品牌诞生一百周年;尊豪(Johnnie Walker Swing Superior)是尊尼沃克威士忌系列酒中的极品,选用超过 45 种以上的高级麦芽威士忌混合调制而成,口感圆润,喉韵清醇;尊爵(Johnnie Walker Premier)属极品级苏格兰威士忌酒,该酒品质馥郁醇厚,主要销往日本等亚洲市场。

2.爱尔兰威士忌(Irish Whisky)

爱尔兰威士忌产自爱尔兰岛,由谷浆蒸馏而成。爱尔兰威士忌主要有单一麦芽威士忌、单一壶式蒸馏威士忌、谷物威士忌和混合威士忌四种类型。单一麦芽威士忌与苏格兰单一麦芽威士忌十分相似。单一壶式蒸馏威士忌与单一麦芽威士忌的差别在于谷浆中含有未发芽的谷物。这种类型在 20 世纪混合威士忌出现前一直是爱尔兰威士忌中最常见的品种。谷物威士忌以混合谷物为原料在柱式蒸馏器中制成,因其口味更淡、更中性,常与单一壶式蒸馏威士忌混合而制成混合威士忌。目前这种威士忌是爱尔兰威士忌中最常见的种类。大多数爱尔兰单一壶式蒸馏威士忌需经过三次蒸馏,而大多数苏格兰威士忌只蒸馏两次。此外,在制作麦芽时不用泥炭而是使用蒸汽,因此相对于带有烟熏味、泥土味的一些苏格兰威士忌而言,爱尔兰威士忌的余味更柔顺。

爱尔兰威士忌的知名品牌有尊美醇(Jameson)、帕蒂(Paddy)、波厄斯(Powers)、米德尔顿 (Midleton)等,如图 1-1-6 至图 1-1-9 所示。

图 1-1-6　尊美醇　　图 1-1-7　帕蒂　　图 1-1-8　波厄斯　　图 1-1-9　米德尔顿

3.美国威士忌(American Whisky)

美国威士忌以优质的水、温和的酒质和带有焦黑橡木桶的香味而著称,尤其是波本威士忌(Bourbon Whiskey)更是享誉世界。美国威士忌的酿制方法没有什么特殊之处,只是所用的谷物原料有所不同,蒸馏出的酒酒精纯度较低,可分为以下三类。

（1）单纯威士忌(Straight Whiskey)

以玉米、黑麦、大麦或小麦为原料,酿制过程中不混合其他威士忌或谷类中性酒精,制成后需放入炭熏过的橡木桶中至少陈酿两年。与苏格兰纯麦芽威士忌不同,不是只用一种大麦芽制成,而是以某一种谷物为主再加入其他原料。

单纯威士忌大致分为三类:

①波本威士忌,其原料是玉米、大麦等,其中玉米至少占原料用量的 51%,最多不超过75%,经过发酵蒸馏后装入新的炭烧橡木桶中陈酿 4 年,陈酿时间最多不能超过 8 年,装瓶前要用蒸馏水稀释至 43.5% Vol 左右才能出品。波本威士忌酒的酒液呈琥珀色,晶莹透亮,酒香浓郁,口感醇厚绵柔。知名品牌有野火鸡(Wild Turkey)、占边(Jim Beam)、老乌鸦(Old Crow)、老祖父(Old Grand-Dad)等,如图 1-1-10 至图1-1-13 所示。

②黑麦威士忌(Rye Whiskey),也称裸麦威士忌,是用至少 51%的黑麦及其他谷物酿制而成的,酒液呈琥珀色,口味浓郁,不太受现代人的喜爱。

③玉米威士忌(Corn Whiskey),用至少 80%的玉米和其他谷物酿制而成,酿制完成后用旧炭木桶进行陈酿。

图 1-1-10　野火鸡　　图 1-1-11　占边　　图 1-1-12　老乌鸦　　图 1-1-13　老祖父

（2）混合威士忌（Blended Whiskey）

混合威士忌是由含有至少20%的一种或几种单纯威士忌、其他威士忌或中性酒精混合而成的。如果是某种谷物混合威士忌，其中单纯威士忌的含量至少为51%，比如波本混合威士忌含有至少51%的单纯波本威士忌。

（3）淡质威士忌（Light Whiskey）

以各种谷类为原料，蒸馏时去除次要成分并用蒸馏水进行稀释，酒精纯度达40%～48%Vol，用新的或旧的未经炭熏的橡木桶陈酿。这种酒口味、香味都很清淡。

4.加拿大威士忌（Canadian Whisky）

加拿大威士忌产自加拿大。大多数加拿大威士忌由多种谷物酒精混合而成，其中玉米酒精含量较大，口味比其他国家（地区）生产的威士忌更淡、更柔顺。在过去，以玉米为原料的威士忌中添加少量的黑麦可以增味，从而被称为黑麦威士忌。如今在加拿大，黑麦威士忌和加拿大威士忌两种名称可互换使用，指的是相同的产品，其实黑麦的含量很少。加拿大威士忌的原料酒精一般在90%～95%，其谷物的原味基本丧失，因此口味较淡。口味较淡这一特点使其经常被作为鸡尾酒的基酒。

知名品牌有皇冠（Crown Royal）、加拿大俱乐部（Canadian Club）、施格兰 V.O.（Seagram's V.O.）、怀瑟斯（Wiser's）等，如图1-1-14至图1-1-17所示。

图 1-1-14　皇冠　　图 1-1-15　加拿大俱乐部　　图 1-1-16　施格兰 V.O.　　图 1-1-17　怀瑟斯

（二）威士忌的鉴赏

1.观色

每一种威士忌都有其特有的色泽，从浅金黄色到深棕色，色泽是在成熟阶段产生的。威士忌储藏在不同的酒桶内，如储藏过波旁、雪利、波特、马德拉等葡萄酒的旧的酒桶和橡木桶，当威士忌缓慢成熟时，酒桶中浸润的色泽和风味会慢慢地传递到威士忌中，形成威士忌的特点。

2.闻香

首先倒一点威士忌到玻璃杯中，用手把玻璃杯盖住一会儿，然后轻轻地移开手，让威士忌的香气散发出来。威士忌勾兑师们在勾兑混合威士忌时，用威士忌闻香杯来闻，其行话称为"鼻嗅"威士忌，这种玻璃杯的形状和雪利酒杯有点相像，它可以限制酒的蒸发，更易分辨出不同的香气。然后手从酒杯口上完全移开，旋荡杯中的威士忌，使其芳香也都释放出来。

3.品味

慢慢啜饮一口威士忌，用舌头把它在嘴里回荡一圈，威士忌的香味将溢满整个口腔，口腔中的不同部位会感觉到不同的味道。当吞咽威士忌时，注意威士忌味道的变化，这就是常说的"终感"。一些威士忌有较显著的余香，且变化无穷。

（三）威士忌的饮用

威士忌酒饮用方法灵活多样，除可直接饮用外，还可用汽水、冰或其他饮料冲淡，以及混合苏打水等，也可加绿茶、切碎的柠檬片等果品作为配料。优质威士忌酒加水稀释后，香型不变，澄清透明。

三、 邮轮酒吧介绍

（一）酒吧的定义与功能

1.酒吧的定义

"酒吧"的"吧"字是英文"bar"的音译。bar 最初指的是横梁、栅栏等条形物体，16 世纪时英国人将出售酒品的柜台称为 bar。随着酿酒业和城市的发展，这种柜台逐渐从客栈、餐馆中分离出来，成为专门为顾客提供酒品和饮用服务的经营场所。从世界范围来看，酒吧业的发展日新月异，经营品种已由单一的酒品扩展成名目繁多的酒水和简餐，经营特色上趋向多功能化、个性化和现代化。此外，酒吧的经营场所由陆地延伸至海洋，遍布各大邮轮的餐饮区、购物区和休闲娱乐区，成为邮轮旅游业中不可或缺的组成部分。

2.酒吧的功能

尽管目前酒吧种类繁多、风格迥异，但大致都有以下功能。

（1）赢取利润

酒水利润高，资金周转快，经营者通过销售酒水获取丰厚利润是酒吧的主要功能。一艘邮轮上酒吧多达十几个，这些酒吧是邮轮营运中创造收入的重要途径。与陆地消费行为相比，乘客在邮轮上消费酒水的可能性更大，一方面因为邮轮严禁乘客携带酒水登船，另一方面促使消费酒水的机会较多，例如：

① 起航日。当邮轮离开港口时，位于高层夹板的酒吧服务员将走出酒吧，穿梭于乘客中间，出售鸡尾酒和各种饮料套餐及红酒套餐等，以庆祝邮轮的起航。

② 用餐。餐厅一般设有葡萄酒酒库以确保乘客用餐时能饮用到自己喜欢的葡萄酒。用餐时，餐厅内的酒库同时供应葡萄酒和饮料。葡萄酒、利口酒、白兰地和上等威士忌酒

单、利口酒推车,酒品展示柜都以促销酒水为目的,侍调酒师和葡萄酒服务员随时待命。

③ 娱乐场所。剧院、夜总会等娱乐场所通常会出售鸡尾酒和特价酒水并提供桌台服务,以渲染欢快的氛围,同时展示邮轮对客服务的品质。在邮轮上,喝鸡尾酒的人气颇高,娱乐场所内的吧台通常会供应预先调好的鸡尾酒。

④ 休闲厅。邮轮上往往会开辟出一系列休闲厅,包括阅览室、写作室、棋牌室、观察室等,以便乘客在喧嚣娱乐之余享受一番平静时刻,此时人们更有可能消费酒水,一般以茶水和咖啡消费居多。

⑤ 酒吧。每个酒吧都有其目标消费群体,如图书吧主要针对读书爱好者。晚上 10 点以后是多数酒吧最忙碌的时段。尽管如此,阳光甲板上的池畔吧和船舱内至少一个酒吧在白天期间总是营业的。此外,酒吧里举办的各类活动能吸引更多的顾客。

（2）提供公共活动空间

酒吧已成为现代人休闲娱乐、会友交流、享受艺术等活动的场所,而邮轮酒吧则将这一功能发挥得淋漓尽致。邮轮不仅是交通工具,而且是旅游的主要目的地。邮轮上的公共场所就好比是陆地上的旅游景点,各具风格的酒吧是其中亮丽的风景线。乘客走进酒吧,饮用酒水已退为次要目的,主要目的则是增加生活体验和情趣:有的是为了参与某项愉悦身心的活动,如艺术拍卖、舞蹈培训、卡拉 OK、时装秀、娱乐演出等;有的则是为了会友交谈,来自世界各地的乘客在酒吧邂逅时交流的冲动油然而生,在看似漫不经心的闲聊中,开阔视野,不仅能了解异国风土人情,而且可能得到有助于自身发展的重要信息;还有的是为了感受酒吧的艺术氛围,酒吧浓郁的异国情调设计和装饰、新颖别致的酒瓶和杯具以及不同风格的音乐都是一种艺术享受。

（3）满足不同群体个性化的需求

早期酒吧面向大众化需求,而现代酒吧更注重满足不同消费群体的个性化需求,如球迷观球、论球的需求,歌迷赏歌、追求时尚的需求等。酒吧的这一功能是通过确立某一主题来实现的,目前几乎每个酒吧都有一定的主题,主题是否鲜明、前卫往往是酒吧能否锁定较为稳固的消费群体的关键。邮轮上除餐厅中的服务吧以外,其余的酒吧基本都是针对不同群体的主题吧,如运动吧的顾客主要是球迷,其内部设置大屏电视机或投射屏幕供顾客观赏球赛现场直播或录像。

（4）展示文化

酒吧文化是地域文化的缩影,汇聚了多种文化形式:首先是带来视觉冲击的建筑文化。酒吧的设计与装饰风格总能体现时尚与传统的完美结合,折射出设计师对所处地域生活的感悟和追求,营造出令人遐想和憧憬的空间。其次是给予听觉享受的音乐文化。音乐是表达生活态度的方式,也是传播时代信息的载体。音乐风格的取向一般与酒吧的主题和定位是和谐统一的,自然能吸引目标消费人群并使其产生共鸣,达到渲染气氛、调动情绪的效果。然后是刺激味觉的酒文化。酒文化中蕴藏着酒的历史、生产工艺、品质、品饮习俗和礼仪等,即便是不懂酒,琳琅满目的酒品和器皿已是一种视觉盛宴。最后是决定顾客满意度的经营管理文化。酒吧从业人员代表的是整个行业的形象,他们的服饰、精神面貌、职业素养和技能等都能衬托出行业的管理理念、品位和质量。邮轮酒吧所展示的地域文化以邮轮公司所属国家的文化为主流,以邮轮经典航线途经的国家和地区的文化为点缀。在同一艘邮轮上的不同酒吧里,乘客可以领略到多个国家、地区的文化魅力。

（5）充当等候室

在上岸前，指定舱房的乘客被安排至空间较大的酒吧内等候下船，以防止拥挤、踩踏事件发生。

（二）酒吧的种类

目前酒吧的分类方法大致有以下几种：根据经营方式分类，有独立经营型酒吧和附属经营型酒吧；根据服务方式分类，有主酒吧、服务吧、酒廊、宴会酒吧和歌舞厅酒吧等；根据服务内容分类，有纯饮品酒吧、供应食品酒吧、娱乐型酒吧、休闲型酒吧、俱乐部或沙龙酒吧等；根据风格分类，有异地风情吧、美酒吧、美食吧、时尚吧、艺术吧等。由于现代酒吧服务功能的多样性，有时很难对某一酒吧进行归类。按照服务内容分类可能更适合邮轮酒吧，以下以迪士尼品牌系列邮轮上的酒吧为例，介绍邮轮酒吧的常见种类。

1.鸡尾酒吧

天际酒吧（Skyline）是"迪士尼梦想"号上的鸡尾酒吧，提供国际景点特色鸡尾酒和各种清凉的饮料。酒吧的主题是"世界的窗口"，酒吧内设有 7 个 LCD 大屏幕，每隔 15 分钟浮现出一幅从高层建筑物上拍摄到的城市轮廓远景画面，当你欣赏着这些令人惊叹的景色时，仿佛走进了迷人城市的中心地段。在这种瞬息万变、美轮美奂的景致中品味鸡尾酒，倒是别有一番情趣。

2.餐前/餐后酒吧

子午线酒吧（Meridian）位于"迪士尼梦想"号的船尾，乘客可在用餐前来此小喝一口开胃酒刺激食欲或以利口酒为甜点增进餐后的满足感。酒吧的装饰主要体现对世界航海史的崇敬，装饰图案以早期航海导航工具为原型，如：地板上镶嵌着一个巨大的六分仪图案，玻璃墙面上绘有盖着世界各地护照印章的航海图，天花板上闪烁的灯饰勾勒出一幅奇妙的星座图等。鲜明的航海元素以及舷窗外浩瀚的大海不禁令人对航海者的智慧和勇气肃然起敬。为了维护这种肃穆的气氛，酒吧制定了着装规范，要求男士穿正装长裤和衬衫，女士穿裙装或裤套装，穿泳衣和背心者不许入内。

3.咖啡吧

海湾咖啡屋（Cove Café）是"迪士尼梦想"号上的咖啡吧，全天营业，只对成人开放，供应起泡葡萄酒、精致咖啡、花式红茶和小吃。酒吧的装饰风格源自 20 世纪 20 年代流行于欧洲的现代主义装饰艺术派，其特点是大量运用阶梯结构、粗体曲线、深浅对比色等进行装饰，酒吧的天花板最能体现这一特色。这个酒吧是"迪士尼梦想"号上设施最先进的地方，在海上航行时可无线上网，能通过宽屏电视机观看最新的国际新闻，还有精选出来的杂志、书籍和照片供阅读与观赏。

4.休闲吧

广场酒吧（La Piazza）是"迪士尼梦想"号上的一个休闲吧，设计灵感源自意大利风景如画的城市中的装点性广场。步入该酒吧就仿佛置身于意大利，令人陶醉的意大利元素随处可见。酒吧内最吸引眼球的是色彩绚丽的吧台，古老的旋转木马造型烘托出广场欢腾愉悦的气氛；吧台上方的灯饰耀眼夺目，照亮了整个酒吧；吧台周围的吧椅蒙上了威尼斯面具风格的布套，彰显着意大利风情。这个酒吧供应鸡尾酒和饮料。坐席区设有分散在各个角落的宽大舒适的雅座，充满着浪漫情调，是一个十分适合情侣约会的地方。

5.钢琴吧

凯迪拉克酒吧(Cadillac)是"迪士尼奇迹"号上的钢琴吧,其主题是追忆美国 20 世纪五六十年代的美好时光,以当年两大时尚标志——叱咤风云的"鼠帮"演唱组合所代表的生活态度和以豪华尊贵的凯迪拉克轿车为设计重点,在迪士尼梦幻工程部与通用公司合力打造下,为乘客创造了一个穿越时空重温旧梦的幻境。酒吧有两个亮点:一个是摆放着一架钢琴的舞台,钢琴后面是一幅在星光映衬下的城市街道巨幅照片;另一个是吧台,吧台后面陈列架的造型是一个逼真的凯迪拉克埃尔多拉多轿车车头,陈列架两侧的四个耀眼的照明灯代表轿车的车头灯,柚木材质的前吧台柜台就像轿车的挡泥板,吧台前的高脚椅与轿车内的座椅如出一辙。整个酒吧的色调和灯光营造出怀旧的情调,令人产生一种坐在老式凯迪拉克轿车内饮酒赏乐的幻觉。酒吧每天晚上 6 点半至午夜营业,晚上 9 点之后只对 18 岁以上的乘客开放。酒吧供应啤酒、葡萄酒、鸡尾酒、烈酒、意大利咖啡和点心,顾客在品尝美酒和美食时还能欣赏到现场钢琴演奏,所选曲目大多为 20 世纪 50 年代后的经典作品。

6.俱乐部酒吧

蜕变酒吧(Evolution)是"迪士尼梦想"号上的舞蹈俱乐部酒吧,白天是舞蹈培训、宾戈游戏和工艺美术展等活动的场所,晚上则是成人跳舞、嬉戏、卡拉 OK 和饮酒的天地。设计灵感源自大自然中最美丽的有翼生物,是对一只黑脉金斑蝶蜕变的艺术诠释。蝴蝶羽翼图案装饰的墙壁,象征着飞舞中的蝴蝶的旋转吊灯,营造出超凡脱俗的氛围,令人有一种破蛹而出的感觉。这是一个时尚、炽热的动感地带,在热歌劲舞的氛围下让人无法抵挡美酒的诱惑。歌、舞、酒的完美结合促使人从被束缚的蝶蛹蜕变成自由飞舞的蝴蝶,让人尽情怒放自己的生命,充分享受短暂而精彩的人生。

7.运动吧

"687"酒吧是"迪士尼梦想"号上的运动吧,白天是大人、孩子一起游戏和活动的休闲场所,晚上 9 点以后只对年满 18 岁的人开放,供应啤酒、葡萄酒和混配饮料。酒吧总体装饰注重细节,如暖色调的木质饰面板、冲压金属天花板和皮革座套等,营造出优雅、友好、诱人的氛围。运动吧内设有多个宽屏 LCD 电视机和一个有数字环绕音效的等离子巨屏,可供乘客观看许多运动赛事的直播和转播。乘客还可以利用经典的游戏桌和棋类游戏开展娱乐性比赛活动。总之,这是一个与家人共度美好时光、与朋友举杯欢送又一个精彩的邮轮旅游日的好去处。

8.池畔吧

信号酒吧(Signals)是"迪士尼魔力"号上的池畔吧,在中午至晚上 9 点营业,只对 21 岁以上的顾客开放,供应冰镇鸡尾酒、啤酒、咖啡和小吃。整个酒吧与上方的圆柱形建筑物及其两侧的航海彩旗浑然一体,就像浩瀚大海上给过往船只指引方向的一座灯塔。这是一个温馨惬意的地方,乘客可坐在吧内,在柔和的背景音乐中享用清凉的酒水和美味小食,也可到吧外的池畔边享受日光浴,促使自己的肌肤变成健康的棕褐色,同时还能欣赏到美丽的海景。

以上酒吧如图 1-1-18 至图 1-1-25 所示。

图 1-1-18　天际酒吧

图 1-1-19　子午线酒吧

图 1-1-20　海湾咖啡屋

图 1-1-21 广场酒吧

图 1-1-22 凯迪拉克酒吧

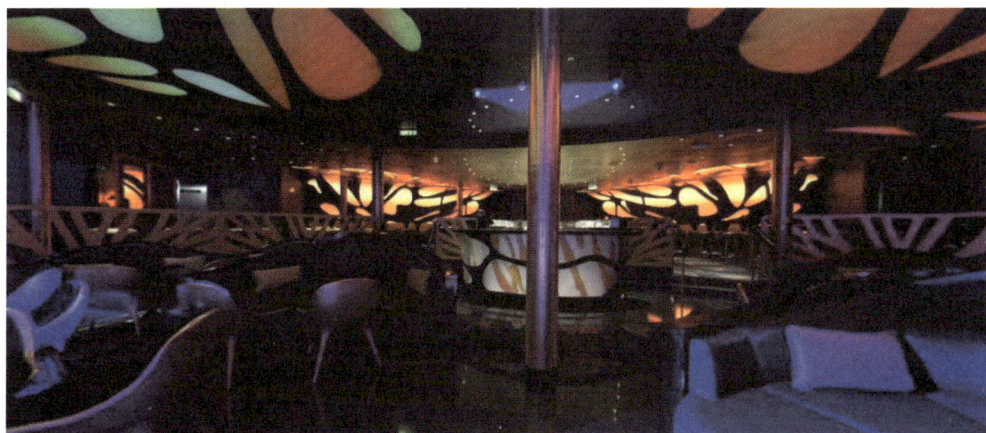

图 1-1-23 蜕变酒吧

图 1-1-24　687 酒吧

图 1-1-25　信号酒吧

复习与巩固

1.列举课本以外以威士忌为基酒的经典鸡尾酒。

2.简述苏格兰威士忌、爱尔兰威士忌、加拿大威士忌和美国威士忌的区别。

3.简述邮轮酒吧的功能和种类。

4.邮轮酒吧与岸上酒吧有何区别？

任务二

用兑和法调制以白兰地为基酒的鸡尾酒

学习目标

1. 学会用兑和法调制以白兰地为基酒的鸡尾酒
2. 了解白兰地
3. 了解利口酒
4. 学会制作鸡尾酒装饰物
5. 了解邮轮酒吧组织结构与岗位职责

一、 以白兰地为基酒的鸡尾酒

(一)马颈(Horse's Neck)

1.马颈简介

有关此鸡尾酒记载的最早文献是 1895 年 9 月 1 日的《韦恩堡日报》,上面介绍这是一种用姜汁汽水、冰和柠檬皮制作的无酒精饮料。到了 20 世纪初,这种饮料往往会加入白兰地或波旁威士忌,继而被叫作"刺激马颈"或"硬马颈"。20 世纪 50 年代末 60 年代初,无酒精的马颈饮料仍然在纽约北部销售,但最终被淘汰。

2.调制马颈(国际调酒师协会版)

［方法］

兑和法

【准备材料】

工具:柑橘削皮器、吧匙、冰铲、量酒器

配方:40 mL 干邑白兰地、120 mL 姜汁汽水、少许安格斯塔拉苦酒(选择性)

载杯:海波杯

【操作过程】

① 一只手抓住柠檬；

② 另一只手将柑橘削皮器嵌入柠檬；

③ 从柠檬的一头到另一头削出 1 cm 宽的长条果皮；

④ 将果皮放入一杯冰水中静置 30 s,使其得以收紧；

⑤ 将果皮一端固定在载杯杯口上,剩余部分投入载杯中；

⑥ 用吧匙将果皮引致杯底；

⑦ 用冰铲将杯中装满冰块；

⑧ 用量酒器量出所需材料,然后倒入杯中；

⑨ 用吧匙轻轻搅动。

(二)法式情怀(French Connection)

1.法式情怀简介

此款鸡尾酒据说是以 1971 年上映的同名电影命名的。该电影讲述的是有关纽约警察局追踪一名有钱的法国毒贩的故事。此后有文献表明该鸡尾酒在 20 世纪 60 年代就已流行,但也有可能与 20 世纪 30 年代的贩毒阴谋有关,当时海洛因被从土耳其偷运至法国,然后再转运至美国和加拿大。

2.调制法式情怀(国际调酒师协会版)

[方法]

兑和法

【准备材料】

工具:冰铲、量酒器、吧匙

配方:35 mL 干邑白兰地、35 mL 杏仁利口酒

载杯:古典杯

【操作过程】

① 用冰铲将古典杯装满冰块；

② 用量酒器量出所需材料,然后依次倒入杯中；

③ 轻轻搅动。

(三)斯丁格(Stinger)

1.斯丁格简介

斯丁格鸡尾酒大概由另一款名为"法官"的鸡尾酒演变而来,该鸡尾酒由白兰地、薄荷利口酒和简易糖浆调制而成,收录在 1892 年出版的威廉·施密特所著的名为《一大杯酒》的书中。该书出版后,此酒立刻在纽约流行起来,而且不久就被公认为社交饮品。在美国禁酒年代,斯丁格十分流行,其原因是薄荷利口酒能掩盖市面上能买到的劣质白兰地的味道。早期的斯丁格是不加冰的,但禁酒解除之后加碎冰饮用更为普遍。

2.调制斯丁格(国际调酒师协会版)

[方法]

兑和法

【准备材料】

工具:碎冰机、冰铲、量酒器

配方:50 mL 干邑白兰地、20 mL 白色薄荷利口酒

载杯:古典杯

【操作过程】

① 用碎冰机制作适量碎冰;

② 用冰铲将古典杯装满碎冰;

③ 用量酒器量出所需材料,然后依次倒入古典杯中。

注:此款鸡尾酒也可用调和法制作。

二、 白兰地(Brandy)

白兰地源自荷兰语"Brandewijn",意思为"燃烧的葡萄酒"。凡是用葡萄以及各种水果为原料,经过发酵、蒸馏等过程酿造而成的酒,都属于白兰地酒。通常,白兰地专指以葡萄为原料,通过发酵、蒸馏制成的酒。而以其他水果为原料,通过同样的方法制成的酒,常在"白兰地"前面加上水果原料的名称以区别其种类,如樱桃白兰地、苹果白兰地等。

(一)白兰地名品

1.干邑白兰地(Cognac Brandy)

干邑是位于法国西南部夏朗德省(Charente)境内的一个小镇。法国政府明文规定只有在干邑地区(包括夏朗德省及附近的七个区)生产的白兰地才能称为干邑白兰地,并受国家监督和保护。这七个区分别是大香槟区(Grande Champagne)、小香槟区(Petite Champagne)、边林区(Borderies)、优质林区(Fins Bois)、良质林区(Bons Bois)、普通林区(Bois Ordinaires)和普通适于种植葡萄的地区(Bois Communs)。干邑白兰地被称为"白兰地之王",之所以享有盛誉,与当地的原料、土壤、气候、蒸馏设备及酿造方法密切相关。

干邑白兰地酒体呈琥珀色,清亮透明,口味考究,风格豪壮,酒度为43%Vol。干邑白兰地的原料选用的是圣爱米勇(Saint Emilion)、哥伦巴(Colombard)、白疯女(Folle Blanche)三个著名的白葡萄品种,以夏朗德壶式蒸馏器,经两次蒸馏,再盛入新橡木桶内贮存,一年后移至旧橡木桶,以避免吸收过多的单宁。

最好的白兰地是由不同酒龄、不同来源的多种白兰地勾兑而成的。法国规定的干邑白兰地酒龄,是指各种勾兑酒的平均酒龄。酒标中用特殊文字和符号标示酒的级别、陈酿时间和勾兑酒平均酒龄,如表1-2-1所示。但这些标记的含义不是很严格,相同的标记在不同的地区和厂家所代表的意义也不尽相同。

著名的干邑白兰地品牌包括马爹利(Martell)、轩尼诗(Hennessy)、人头马(Remy Martin)、拿破仑(Courvoisier)等,如图1-2-1至图1-2-4所示。它们被公认为干邑白兰地的四大经典品牌,代表了干邑白兰地的顶级水平。

表 1-2-1　干邑白兰地酒标中的标记

级别	法定最短木桶陈酿时间	勾兑酒平均酒龄
★＆★★低档	1 年以下	
★★★or VS(Very Special)普通	2 年	4～6 年
VSOP(Very Special,Old Pale)中档	4 年	5～9 年
Napoleon 拿破仑	6 年	10～15 年
XO(Extra Old)特酿	10 年	15～25 年
Hors d'âge 陈酿	10 年	40～60 年

图 1-2-1　马爹利　　　图 1-2-2　轩尼诗　　　图 1-2-3　人头马　　　图 1-2-4　拿破仑

2.雅文邑白兰地(Armagnac Brandy)

　　雅文邑白兰地产自法国西南部的雅文邑地区,是一种很有特色的白兰地。原料中混合多种葡萄,如哥伦巴、白疯女和白玉霓等,传统上采用柱式蒸馏器蒸馏一次,所得酒的酒精度为52%Vol,因此比干邑白兰地更香醇、更可口。由不同酒龄的雅文邑白兰地勾兑而成的产品,其酒标上的酒龄指用于勾兑的雅文邑白兰地中酒龄最短的。雅文邑白兰地的官方质量等级与干邑白兰地几乎相同。尽管雅文邑是最早生产白兰地的地区,但总产量与干邑相差甚远,此外生产厂家规模较小,因此在欧洲以外市场的知名度不高。

　　雅文邑白兰地也是受法国法律保护的酒品,只有雅文邑当地产的白兰地才可以在商标上冠以"Armagnac"字样。雅文邑白兰地的知名品牌有夏博(Chabot)、珍尼(Janneau)、桑卜(Sempe)、索法尔(Sauval)等,如图 1-2-5 至图 1-2-8 所示。

图 1-2-5　夏博　　　图 1-2-6　珍尼　　　图 1-2-7　桑卜　　　图 1-2-8　索法尔

▌ (二)白兰地的鉴赏

1.观色

上乘的白兰地的颜色应该是金黄色的,晶莹通透,既灿烂又不娇艳。带有暗红色的白兰地是质量差的,有些是加有色素的。专业试酒师用蓝色的酒杯来试酒,主要是为了避免白兰地颜色的干扰。白兰地可以加入焦糖来调色,所以颜色并不能代表白兰地的酒龄。

2.闻香

法国干邑地区所产的白兰地香味独特,素有"可以喝的香水"的美称。高质量白兰地的香味并不是单一的,而是丰富多彩、多层次、经久不散的。对白兰地的香气的鉴赏不需要直接将鼻子靠近酒杯边缘,而是慢慢地将酒杯移向鼻子。优质的白兰地会具有复合的芬芳,这主要源于橡木香料的气味夹杂着甘醇香溢的酒香。

3.品味

喝第一口要少量,一小滴白兰地沿着舌尖,经整个舌头进入喉咙,此时可以感受到醇香的酒味。轻轻地啜饮一小口,慢慢品尝其中的酒味,嘴唇微微流出一道缝隙,由此吸入空气,这时会感觉到复杂的挥发性香气充满口腔,通过舌头上的味蕾也感觉到越来越丰富的味道,醇和中带有芳香。第二口略多喝一些,感受那些温暖的、没有强烈刺激的、葡萄发酵后与橡木所形成的酒香味。

▌ (三)白兰地的饮用

白兰地的饮用方法多种多样,可作为消食酒,也可作为开胃酒,可以不掺兑任何东西净饮,也可以加冰块饮、掺兑矿泉水饮或掺兑茶水饮。

1.净饮

享用白兰地的最好办法是不加任何东西。越是高档的白兰地越是如此,这样才能品尝到白兰地的醇香。"闻"是享受的主要部分,白兰地酒杯的窄口设计是让酒的香味尽量长时间地留在杯内,以慢慢享受。白兰地的酒精含量在40%Vol左右,散发较慢,白兰地酒杯的大肚设计可以让人用手的温度来催使酒香散发。为了充分享受这种香味,饮时手掌托杯,使杯内酒液稍稍加温,易于香气散发,同时又晃动酒杯,以扩大酒与空气的接触面,增加酒味的散发。

2.兑饮

白兰地掺兑矿泉水、冰块、茶水、果汁等新的品酒方式,已经在世界范围内流行起来,勾兑后的白兰地既是夏天午后的消暑饮料,又是精美晚餐上的主要佐餐饮品。

三、　利口酒

混配酒又称配制酒,是以蒸馏酒或发酵酒为基酒,配以增色物质、增香物质、增味物质、增甜物质及营养物质,采用浸泡、煮沸、复蒸等不同工艺加工而成的改变了其原酒基本风格的混合酒。

配制酒的生产工艺包括浸泡法、蒸馏法和精炼法。浸泡法是指将药材、香料等原料浸没于成品酒中陈酿的方法;蒸馏法是指将药材、香料等原料放入成品酒中进行蒸馏的方法;精炼法是指将药材、香料等原料提炼成香精加入成品酒中的方法。

按照生产工艺的不同,配制酒可分为开胃酒(Aperitif)、甜食酒(Dessert Wine)、利口酒(Liqueur)和鸡尾酒(Cocktail)。鸡尾酒虽属配制酒范畴,但与其他配制酒有明显区别,即鸡尾酒是在餐厅或酒吧现场配制的,而不是在酒厂批量生产,并且配方灵活多变。

利口酒可以称为餐后甜酒,是由英文 Liqueur 音译而来的,它是以蒸馏酒为基酒,添加各种调香、增甜物质,经浸渍、蒸馏和勾兑等工艺配制而成的。利口酒酒精度为 20%~40%Vol,颜色很美,气味芬芳独特,酒味甜蜜。因含糖量高,相对密度较大,色彩鲜艳。利口酒常用来增加鸡尾酒的颜色和香味,突出其个性,是制作彩虹酒不可缺少的材料。利口酒还可以用来烹调、烘烤,制作冰淇淋、布丁和甜点。

1.利口酒的种类

利口酒的基酒和调香物质种类繁多,将其分类比较困难,习惯上分为果实类、香草类和其他类。

(1)果实类

果实类利口酒将果皮、果肉、果仁的味道和香气作为主要特色,主要有柑橘、樱桃、杏仁、咖啡等品种。

柑橘利口酒的名品有荷兰产的柑桂酒(Curacao)以及法国产的君度(Cointreau)、金万利(Grand Marnier)等。樱桃利口酒的知名品牌有丹麦的彼得·亨瑞(Peter Heering)、意大利的马拉希奴(Maraschino)和德国的可士(Krisch)等。杏仁利口酒以意大利产的方津杏仁利口酒(Amaretto di Saronno)最为著名。该酒始创于 1525 年,是一位女士献给艺术家伯纳迪诺·卢尼(Bernadino Luini)的礼物。咖啡利口酒的鼻祖是牙买加产的添万利(Tia Maria)。其采用朗姆酒为基酒,加入当地产的蓝山咖啡和其他香料配制而成。

(2)香草类

香草类利口酒是提取植物的花卉、叶、茎、皮、根等的香气和味道制成的配制酒,著名的酒品有:

修道院酒(Chartreuse)由法国修道士发明,以干邑白兰地为基酒,浸泡 100 多种草药,再勾兑蜂蜜,陈酿 3 年以上。修道院酒主要有黄色和绿色两种:前者较甜,酒精度约为 40%Vol;后者酒精度在 50%Vol 以上,口味辛辣。

当酒(Benedictine Dom)产于法国诺曼底地区的费康镇,由班尼迪克丁修道院一位名叫伯纳德·文西里(Bernado Vincelli)的修道士于 1510 年首先研制而成。该酒以干邑上等白兰地为基酒,再配以 20 多种名贵药材调香,经过多次分别蒸馏提香过程酿制而成。酒精度约为 40%Vol,酒液黄褐色,芳香浓郁,口味稍甜。酒标上的"DOM"字样是拉丁文的缩写,意思是"献给至尊至上的上帝"。目前生产当酒的酒厂为一家族企业,酒的配方由三名家族成员分别保管,是世界上监管制度最为严格的饮料配方之一。

加利安诺(Galliano)产自意大利的利巴鲁诺市。该酒酒精度为 35%Vol,酒液为金黄色,具有浓郁的茴香味和香草味,并略带轻微的薄荷清香。此酒的包装较为特殊,瓶子细长呈锥形,非常醒目。

杜林标(Drambuie)产自英国苏格兰,以苏格兰威士忌为基酒,添加蜂蜜、草药和香料配制而成。该酒酒精度为 40%Vol,酒液为金黄色,香甜味美。传说杜林标酒的秘方由查尔斯王子爱德华从法国带回苏格兰,因此酒标上印有"Price Charles Edward's Liquer"的字样。

　　乐露薄荷利口酒（Leroux Peppermint Schnapps）由比利时乐露家族的传统秘方配制而成，以金酒或食用酒精为主要原料，加入薄荷叶、柠檬及其他香料配制。酒精含量多在30%～40%Vol，有的高达50%Vol，具有薄荷清凉感、甜味和香味。

　　（3）其他类

　　鸡蛋利口酒是以白兰地为原料，以鸡蛋黄、咖啡、香草等为调香物质配置而成的利口酒。其色泽绚丽，酒液黏稠，口感甜美清淡。最著名的鸡蛋利口酒是荷兰产的波士鸡蛋酒（Bols Advocaat）。

　　奶油利口酒是将奶油、烈性酒和香料勾兑制成的利口酒，其中以爱尔兰产的百利甜酒（Baileys Irish Cream）最著名。

　　以上利口酒如图1-2-9至图1-2-23所示。

图1-2-9　柑桂酒　　　图1-2-10　君度　　　图1-2-11　金万利　　　图1-2-12　彼得·亨瑞

图1-2-13　马拉希奴　　　图1-2-14　可士　　　图1-2-15　方津杏仁　　　图1-2-16　添万利

图1-2-17　修道院酒　　　图1-2-18　当酒　　　图1-2-19　加利安诺　　　图1-2-20　杜林标

图 1-2-21　乐露薄荷利口酒　　图 1-2-22　波士鸡蛋酒　　图 1-2-23　百利甜酒

2.利口酒的饮用及服务

利口酒可以净饮，但要注意饮用温度。利口酒的饮用温度的基本原则是果味越浓、甜味越大或香气越重的酒，其饮用温度越低，低温处理时可加冰块或冷藏。草本植物类利口酒宜冰镇饮用。奶油利口酒加冰霜效果更佳。种子利口酒一般常温饮用，但也有例外，茴香酒常作冰镇处理。

利口酒还可以加冰饮用。在利口酒中加入碎冰块，用吧匙搅拌，慢慢品味利口酒的味道、口感和香气。

利口酒还可以混合饮用。比如：绿薄荷酒加雪碧汽水，即在柯林杯中加半杯冰块，倒入28 mL的绿薄荷酒、168 mL的雪碧，用吧匙搅拌均匀；绿薄荷酒加菠萝汁，在平底杯中加半杯冰块，倒入 28 mL 的绿薄荷酒，再倒入 112 mL 的菠萝汁，用吧匙搅拌均匀。

四、 鸡尾酒装饰物的制作

一杯好的饮品，应是色、香、味、形具佳的。载杯和装饰物的恰当选择，能够使饮品锦上添花，吸引宾客的视觉注意力，为其带来赏心悦目的享受。在饮品装饰的选择上，调酒师可以在配方的基础上尽情地发挥自己的想象力，将各种原材料组合变化，装饰出一款绝佳的艺术饮品。

（一）鸡尾酒装饰物的分类

能被用来作为鸡尾酒装饰物的物品品种繁多，诸如水果、蔬菜、调味品等。装饰出的造型也各不相同，我们可以根据装饰物的规律和共同特点将其归纳为三大类：

（1）点缀型装饰物。如血腥玛丽（Bloody Mary），其辅料中有番茄汁，可以用圣女果点缀装饰，如图 1-2-24 所示。

（2）调味型装饰物。如白兰地蛋诺、白兰地亚历山大，在酒液上洒些豆蔻粉，既可调香，又可以去除牛奶的腥味，如图 1-2-25 所示。

（3）实用型装饰物。如血腥玛丽，在酒杯中装饰芹菜杆，芹菜杆既可以调酒香，还可以用作调酒棒，如图 1-2-24 所示。

图 1-2-24　血腥玛丽的装饰物

图 1-2-25　白兰地蛋诺、白兰地亚历山大的装饰物

(二) 鸡尾酒装饰规律与作用

（1）按照传统习惯，搭配固定装饰物；
（2）依照饮品原味，选择与饮品味道相协调的装饰物；
（3）颜色协调，表情达意；
（4）形象生动，突出主题。

(三) 鸡尾酒装饰的方法

饮品装饰的方法主要有杯口装饰、杯中装饰、挂霜装饰三种。

1.杯口装饰

杯口装饰是饮品装饰中最常用的一种，即将制作好的装饰物置于载杯杯口之上（如图1-2-26 所示）。其具有装饰物直观突出、色彩艳丽的特点。

2.杯中装饰

杯中装饰的形式有：将装饰物放在杯中、浮在液面、沉入杯底，如图1-2-27 所示。

3.挂霜装饰

挂霜装饰有挂盐霜和挂糖霜两种形式。制作方法：做挂霜装饰时，先用柠檬角沿杯转一圈，在杯沿上均匀地涂上一圈果汁，将杯子反扣在盐盒或糖盒上，轻轻地将杯沿蘸一下，粘上一圈细盐或细糖，如图1-2-28 所示。蘸时不要下手太重，盐圈或糖圈过于厚重则不美观。做好挂霜装饰后,才开始调酒装杯。

图 1-2-26　杯口装饰

图 1-2-27　杯中装饰

图 1-2-28　挂霜装饰

（四）鸡尾酒装饰应注意的几个问题

1.装饰物的形状与杯型相协调(如图 1-2-29 所示)

①用平底直身杯或高大矮脚杯时,常常少不了吸管、调酒棒这些实用性装饰物。另外,常用大型的果片、果皮或复杂的花型来装饰,体现出一种高拔秀气的美感来,在此基础上可以用樱桃、草莓等小型果实作为复合辅助装饰,增添新的色彩。

②用古典杯时,在装饰上也要体现传统风格,常常是将果皮、果实或一些蔬菜直接投入酒水中,使人感觉其稳重、厚实、纯正,有时也加放短吸管或调酒棒等来辅助装饰。

③用高脚小型杯(主要指鸡尾酒杯和香槟杯),常常配以车厘子、橙片之类小型果实,果瓣直接缀于杯边或用鸡尾酒酒签串悬于杯上,表现出小巧玲珑又丰富多彩的特色来。用盐霜、糖霜饰杯也是此类酒中较常见的装饰手法。

图 1-2-29　装饰物的形状与杯型相协调

2.无需装饰的酒品,切忌画蛇添足

装饰对于鸡尾酒而言很重要,但是并不意味着每杯鸡尾酒都需要配上装饰物,有些鸡尾酒就不需要装饰:

①表面有浓乳的鸡尾酒。这类酒品除按配方可撒些豆蔻粉之类的调味品外,一般就不需要任何装饰物了,因为那漂浮的白色浓乳本身就是最好的装饰,如图 1-2-30 所示。

②彩虹酒。这种酒不需要装饰是因为五彩缤纷的酒色已经充分体现了它的美,如果再装饰反而会造成颜色混乱,适得其反。

③特殊意境的酒品。为了保持某些具有特殊意境的酒品要求,则不需要在杯口做任何的装饰。如黑俄罗斯(Black Russian)鸡尾酒,如图1-2-31所示。

图1-2-30　加露热饮(Galliano Hot Shot)

图1-2-31　黑俄罗斯

五、　邮轮酒吧的组织结构与岗位职责

（一）邮轮酒吧的组织结构

根据邮轮吨位以及邮轮各部门之间的配置不同,邮轮上的酒吧和吧台数量有多有少。一般情况下,亚洲航线酒水服务工作量不大,人员配置为40人左右,而欧美航线的酒水服务工作量较大,人员配置为60人左右。邮轮酒吧的组织结构如图1-2-32所示。

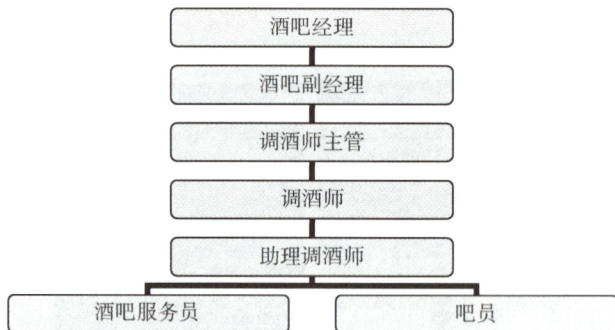

图1-2-32　邮轮酒吧的组织结构

（二）邮轮酒吧的岗位职责

1.酒吧经理的岗位职责

①在餐饮总监的领导下,监督、支持并考核下属的工作。

②负责对邮轮上全体酒水部成员进行日常岗位业务培训,确保他们的业务水平达到邮轮公司制定的服务标准。

③向餐饮总监汇报本部门员工的职位晋升、工作要求、紧急事假和合同终止等情况。

④负责所有酒吧员工的排班工作。

⑤负责邮轮上所有酒水销售点、船员酒吧和酒水存储间的正常运作,检查它们的运行

情况以确保符合职业卫生安全标准、邮轮公司规定和当地酒类监管规定。

⑥最大限度地提高船上各酒水销售点的销售量。

⑦检查所有酒水出品质量,确保使用正确的配制方法、玻璃器皿和装饰物品。

⑧负责所有库存酒水的销售、储存,根据日常消费需求估算并申领酒吧所需用品和酒水,尽量控制其成本。

⑨向餐饮总监递交酒水销售和成本报告,包括酒吧库存量标准、酒水销售报告、酒水库存报告、酒吧服务员销售目标和销售报告、酒吧员工评估报告等。

2.酒吧副经理的岗位职责

①在酒吧经理的领导下,监督、支持并考核下属的工作。

②管理船上整个酒水部门的日常运作。

③协助酒吧经理对全体酒水部成员进行日常岗位业务培训,确保他们的业务水平达到邮轮公司制定的服务标准。

④处理乘客投诉并向酒吧经理汇报,以积极、礼貌的态度为乘客和本部门的员工解决问题。

⑤定期策划酒水促销活动,在不断提高酒水销售量的同时控制成本,减少费用。

⑥与调酒师主管核对酒水盘点的账目。负责每月的杯具、器皿的盘点。

⑦做好所有酒吧及其设备的维护与保养工作,负责所有设备报修单的制定。

⑧确保全体酒吧工作人员接受过公共卫生制度的培训并熟悉培训内容,确保所有酒水销售点的卫生状况达到标准。

⑨完成所有员工的提成报表。

⑩完成整个航线的成本报表、套餐销售的统计及高级管理人员的个人签单报表。

3.调酒师主管的岗位职责

①在酒吧副经理的领导下,监督并检查下属的工作。

②协助酒吧副经理对全体酒水部成员进行日常岗位业务培训,确保他们的业务水平达到邮轮公司制定的服务标准。

③与下属酒吧员工共同工作,在繁忙时段能援助不同酒水销售点调酒师和酒吧服务员的工作。

④检查下属的工作以及休息日情况,确保下属当班时穿着工作服并穿戴整齐。

⑤努力减少成本,将成本控制在酒吧经理设定的范围内。

⑥始终保障酒水以最佳质量出品。

⑦与酒吧副经理核对酒水盘点的账目。

⑧检查所有酒水和饮料的保质期。

4.调酒师的岗位职责

①在调酒师主管的领导下,监督、支持并考核下属的工作。

②为乘客、船员提供职业、周到的服务。

③确保当班酒吧的正常运转以及服务质量达到邮轮公司的标准。

④协助调酒师主管对下属员工进行日常岗位业务培训,确保他们的业务水平达到邮轮公司制定的服务标准。

⑤通过使用各种销售技巧以及捆绑销售和建议性销售等手段完成或超额完成销售指

标,同时将成本控制在酒吧经理设定的范围内。

⑥根据服务员递交的点酒单提供或调制酒水,确保酒水出品时使用正确的玻璃器皿和装饰物品,确保吧台上的物品摆放到位。

⑦做好当班酒吧设备、用具和器皿的维护与保养工作。

⑧根据相关公共卫生制度和邮轮公司的规定保持酒吧内的清洁卫生,负责酒水库存管理以及酒水补给和装运。

5.助理调酒师的岗位职责

助理调酒师的岗位职责与调酒师的岗位职责相同,当调酒师不在岗时能够代替调酒师完成岗位工作。

6.酒吧服务员的岗位职责

①负责各酒水销售点的酒水推荐和服务工作。

②在特殊活动和主题夜活动等场合做好服务工作。

③了解所供应酒水的特点并积极推销给乘客,努力完成或超额完成酒吧经理设定的销售指标。

④接受客人点酒单并递交给调酒师,确保酒水规范出品。

⑤向每位乘客出示单独开具的账单,将账单副本留给客人,将核对完的账单送回指定地点。

⑥协助补给中的酒水销售点开展工作。

⑦遵守邮轮公司有关制服和个人卫生的相关规定,根据相关公共卫生制度和邮轮公司的规定保持自己工作区域内的清洁卫生。

⑧参与邮轮公司组织的培训课程和会议,以便掌握职位晋升所必备的技能。

7.吧员的岗位职责

①协助调酒师维护、保管酒吧内所有设备、用具和器皿,确保这些物品清洁卫生、摆放有序。

②负责酒吧补给物品的领取和搬运,帮助调酒师和服务员将冰块放入所需的容器内。

③经常检查器皿的质量、用量和冰块的使用量,确保营业时能足量供应。

④负责操作洗杯机并将干净的酒杯摆放就位,确保存放足量的清洗液和冲洗液。

⑤遵守邮轮公司有关制服和个人卫生的相关规定,根据相关公共卫生制度和邮轮公司的规定保持自己工作区域内的清洁卫生。

⑥参与相关的培训课程和会议,观察调酒师如何调制酒水,学习酒吧经营的知识,以便掌握职位晋升所必备的技能。

复习与巩固

1.列举课本之外以白兰地为基酒的经典鸡尾酒。

2.简述干邑白兰地的官方质量等级。

3.列举利口酒的品牌及其特点。

4.简述饮品装饰的制作方法。

5.简述调酒师和酒吧服务员的岗位职责。

任务三

用调和法调制以金酒为基酒的鸡尾酒

学习目标

1. 学会用调和法调制以金酒为基酒的鸡尾酒
2. 了解金酒
3. 了解开胃酒
4. 了解邮轮酒吧员工的职业素养

一、调和法

(一)定义

调和法是通过搅动将各种材料融合起来,同时加快冰的融化从而降低酒精度,使得饮品更可口、更令人愉悦。由烈酒、利口酒和葡萄酒等调制的鸡尾酒通常使用这种方法。

(二)操作步骤

1.准备用具

量酒器、调酒杯、吧匙、滤冰器。

2.放料顺序

①往调酒杯中加冰至半满。如果没有调酒杯,摇壶、海波杯或品脱杯都可充当调酒杯。

②将酒水依据鸡尾酒配方规定的量依次倒入调酒杯中。

③用吧匙在调酒杯中进行搅和。

④在调酒杯上安上过滤器，将调好的酒水滤入冰镇过的载杯中。

3.操作技法

以左手拇指、中指、食指轻握调酒杯的底部，将吧匙的螺旋部分夹在右手拇指和食指、中指、无名指之间，将吧匙沿杯壁按顺时针方向快速旋转搅动10~15圈，或将吧匙插入杯中前后和上下搅动10~15圈，如图1-3-1所示。

图1-3-1　调和法操作技法

4.斟倒酒液

将滤冰器加盖于调酒杯口上，以右手的食指和中指分列于滤冰器把的左右卡压滤冰器，拇指、无名指和小拇指握住调酒杯。倾斜调酒杯，将酒液滤入准备好的载杯中，如图1-3-2所示。

图1-3-2　正确使用滤冰器

▋(三)注意事项

1.调和时，吧匙的匙头部分应保持在调酒杯的底部搅动，同时应尽量避免与调酒杯接触，应只有冰块转动的声音。

2.吧匙的匙背应向上从调酒杯中取出，以防跟带酒水。

3.搅拌时间不宜太长（搅动10~15圈），以防冰块过分融化影响酒的口味。

4.操作时，动作不宜太大，以防酒液溅出。

二、 以金酒为基酒的鸡尾酒

(一)干马天尼(Dry Martini)

1.干马天尼简介

干马天尼确切的起源不甚清楚。一种流行说法认为它由另一款名为马丁内斯的鸡尾酒演变而来,此酒在19世纪60年代初期旧金山的西古酒店出售,顾客乘坐夜间渡轮到附近的马丁内斯镇之前经常光顾此酒店。另一种说法是马丁内斯镇的人们认为这款鸡尾酒是镇上的一位调酒师首创,或者就是以镇子名称来命名的。

2.调制干马天尼(国际调酒师协会版)

［方法］

调和法

【准备材料】

工具:冰铲、量酒器、吧匙、滤冰器、冰夹

配方:60 mL 金酒、10 mL 干味美思

载杯:鸡尾酒杯

【操作过程】

① 用冰铲取适量冰块放入调酒杯中;

② 用量酒器量出所需材料,然后倒入调酒杯中;

③ 用吧匙搅动 30 s;

④ 在调酒杯上安上过滤器,将调好的酒水过滤倒入冰镇过的鸡尾酒杯中;

⑤ 从柠檬皮中挤出油脂滴到酒液上;

⑥ 用冰夹将卷曲柠檬皮或橄榄放入杯中。

(二)马丁内斯(Martinez)

1.马丁内斯简介

马丁内斯是一款经典鸡尾酒,被普遍认为是干马天尼的前身,但确切的起源并不明朗。早期说法认为名叫杰里·托马斯的调酒师在旧金山的西古酒店发明了此酒,在其撰写的《调酒师指导手册(1887年版)》中,他也曾写到了这款酒,书中的配方:1 子弹杯老汤姆金酒、1 杯甜味美思、少许黑樱桃利口酒和少许博克苦酒,用柠檬片装饰。

2.调制马丁内斯(国际调酒师协会版)

［方法］

调和法

【准备材料】

工具:冰铲、量酒器、吧匙、滤冰器

配方:45 mL 伦敦干金酒、45 mL 甜味美思、1 吧匙黑樱桃利口酒、少许橙皮苦酒

载杯:鸡尾酒杯

【操作过程】

① 用冰铲取适量冰块放入调酒杯中；

② 将所需材料依次倒入调酒杯中；

③ 用吧匙充分搅动；

④ 在调酒杯上安上过滤器，将调好的酒水过滤倒入冰镇过的鸡尾酒杯中；

⑤ 将卷曲柠檬皮的一端挂在杯口，其余部分放入杯中。

（三）塔克西多（Tuxedo）

1.塔克西多简介

此款鸡尾酒首创于纽约奥兰治县的塔克西多俱乐部，并以该俱乐部命名，俱乐部建在塔克西多公园内，公园名称起源于德拉瓦语中的"tucseto"，据说该词的意思是"弯曲的河流"。与鸡尾酒同名的男士服装大概在同一时期发明于同一俱乐部。

2.调制塔克西多（国际调酒师协会版）

［方法］

调和法

【准备材料】

工具：冰铲、量酒器、吧匙、滤冰器、鸡尾酒签

配方：30 mL 老汤姆金酒、30 mL 干味美思、半吧匙黑樱桃利口酒、1/4 吧匙苦艾酒、少许橙皮苦酒

载杯：鸡尾酒杯

【操作过程】

① 用冰铲取适量冰块放入调酒杯中；

② 将所需材料依次倒入调酒杯中；

③ 用吧匙充分搅动；

④ 在调酒杯上安上过滤器，将调好的酒水过滤倒入冰镇过的鸡尾酒杯中；

⑤ 用鸡尾酒签将卷曲柠檬皮和樱桃串在一起，横卧在杯口上或放入杯中。

三、 金酒

金酒，又称琴酒或杜松子酒，最先由荷兰生产，后来在英国大量生产而闻名于世。金酒为无色液体，酒精度一般在 35%～55%Vol，杜松子是主要的增香物质。金酒不用陈酿，但也有的厂家将原酒放到橡木桶中陈酿，从而使酒液略带金黄色。

（一）金酒分类

按照口味风格不同，金酒可分为辣味金酒（干金酒）、老汤姆金酒（加甜金酒）、荷兰金酒和果味金酒（芳香金酒）。

辣味金酒质地较淡、清凉爽口，略带辣味，酒精度在 40%～47%Vol；老汤姆金酒是在辣味金酒中加入 2%的糖分，使其带有怡人的甜辣味；荷兰金酒除了具有浓烈的杜松子气味外，还具有麦芽的芬芳，酒精度通常在 50%～55%Vol；果味金酒是在干金酒中加入了成熟的水果和香料，如柑橘金酒、柠檬金酒、姜汁金酒等。

(二)金酒名品

1.荷式金酒(Dutch Gin)

荷式金酒产自荷兰,主要的产区集中在斯希丹(Schiedam)一带,是荷兰人的国酒。荷式金酒是以大麦芽与裸麦等为主要原料,配以杜松子酶为调香材料,经发酵后蒸馏三次获得的谷物原酒,然后加入杜松子香料再蒸馏,最后将蒸馏而得的酒贮存于玻璃槽中待其成熟,包装时再稀释装瓶。荷式金酒色泽透明清亮,酒香味突出,香料味浓重,辣中带甜,风格独特。无论是纯饮或加冰都很爽口,酒精度为52%Vol左右。因香味过重,荷式金酒只适于纯饮,不宜作混合酒的基酒,否则会破坏配料的平衡香味。

荷式金酒著名的品牌有亨克斯(Henkes)、波尔斯(Bols)、波克马(Bokma)、邦斯马(Boomsma)等,如图1-3-3至1-3-6所示。

图1-3-3　亨克斯　　　图1-3-4　波尔斯　　　图1-3-5　波克马　　　图1-3-6　邦斯马

2.英式金酒(English Gin)

英式金酒又称干金酒,是用玉米、大麦芽和其他谷物搅碎、加热、发酵、蒸馏二次而得的酒。酒液无色透明,气味清香,口味淡雅,既可净饮,又可与其他酒混合配制或作为鸡尾酒的基酒。

英式金酒著名的品牌有必发达(Beefeater)、歌顿金(Gordon's)、吉利蓓(Gilbey's)、添加利(Tanqueray)等,如图1-3-7至1-3-10所示。

图1-3-7　必发达　　　图1-3-8　歌顿金　　　图1-3-9　吉利蓓　　　图1-3-10　添加利

3.美式金酒(American Gin)

美式金酒呈淡金黄色,与其他金酒不同,它要在橡木桶中陈放一段时间。美式金酒主要有蒸馏金酒和混合金酒两大类。在通常情况下,美国蒸馏金酒在瓶底部有"D"字,表明是蒸馏金酒;混合金酒是用食用酒精和杜松子简单混合而成的,很少用于净饮,多用于调制鸡尾酒。美式金酒的知名品牌有卡尔弗特(Calvert)、弗莱施曼（Fleischmann's）、海勒姆沃克(Hiram Walker) 等,如图 1-3-11 至 1-3-13 所示。

图 1-3-11　卡尔弗特　　　图 1-3-12　弗莱施曼　　　图 1-3-13　海勒姆沃克

（三）金酒鉴赏

1.色泽

多数金酒酒液无色透明,清澈带有光泽。凡带有微黄色或出现乳白色浑浊者质量较差。

2.香气

金酒具有浓烈的杜松子香气和纯净的酒精及相应的辅香,香气和谐。凡有异香、浮香或辅香突出及杜松子香不明显的质量较差。

3.口味

金酒口味谐调,醇和而温雅,酒体洁净。凡刺辣带苦涩,或有其他异味和不洁净的酒精味道的质量较差。

4.风格

金酒香与味融合一体,具有净、爽、自然感的特异风格。

（四）金酒饮用

荷式金酒的饮法比较多,在东印度群岛流行在饮用前用苦精(Bitter)洗杯,然后注入荷兰金酒,大口快饮,痛快淋漓,具有开胃之功效,饮后再饮一杯冰水,更是美不胜言。荷式金酒加冰块,再配以一片柠檬,就是世界名饮干马天尼(Dry Martini)的最好替代品;伦敦干金酒可以冰镇后净饮,也可以用来调制鸡尾酒,如红粉佳人、金菲士、金汤尼等。

四、 开胃酒

"开胃酒"一词最早来源于拉丁文" Apertitiuvum",该词含义是打开人们的胃口。英文" Aperitif"来自法文,意大利文中开胃酒的拼写是" Aperitivo"。开胃酒大约在公元前400年就开始流行了,当时酿造这些酒的人是药剂师,主要提供给皇家贵族们饮用,因为他们认为这些酒是长生不老药。配制开胃酒的香料、草药有40多种,所以开胃酒的确具有一定的药效。开胃酒多用于正式宴请或宴会,在餐前饮用能增加食欲,也是欧美人多年的餐饮习惯。

　　开胃酒的特点是气味芳香,有开胃作用。开胃酒有多种,主要包括味美思酒(Vermouth)、比特酒(Bitters)、茴香酒(Anis)等。

(一)味美思酒(Vermouth)

　　味美思酒是以白葡萄酒为基酒,采用浸泡法,调入各种植物的根、茎、叶、皮、花、果实以及种子等芳香物质配制而成。因这种酒中加入了苦艾草(Wormwood),因此人们也称它为苦艾酒(Vermouth)。不同风味的味美思酒使用的香料品种和数量各不相同,主要的草药和香料有苦艾、奎宁、丁香、龙胆、橘子皮、香草等。某些味美思酒加入 30 余种草药和香料。世界上最著名的味美思酒生产国是意大利和法国。

　　味美思酒一般分为甜型和干型两个品种。

　　甜型味美思酒香味浓郁,葡萄味较重,含葡萄酒原酒 75% 左右。意大利生产的甜型味美思酒(甜味美思)最出名,名品有马天尼(Martini)、仙山露(Cinzano)、甘霞(Gancia)等,如图 1-3-14 至 1-3-16 所示。

图 1-3-14　马天尼　　　　图 1-3-15　仙山露　　　　图 1-3-16　甘霞

　　干型味美思酒(干味美思)涩而不甜,葡萄酒原酒含量至少为 80%。法国生产的干型味美思酒最为著名,名品有杜瓦尔(Duval)、榭百丽(Chambery)、诺丽普拉(Noilly Prat)等,如图 1-3-17 至 1-3-19 所示。

图 1-3-17　杜瓦尔　　　　图 1-3-18　榭百丽　　　　图 1-3-19　诺丽普拉

(二)比特酒(Bitters)

　　比特酒又称苦酒,是以葡萄酒或食用酒精为基酒,添加奎宁、苦橘皮、龙胆皮等带苦味的植物根茎和药材提取的香精配制而成的。酒精度在 16% ~ 40% Vol,药味和苦味突出。

许多历史悠久的苦酒品牌最初被当作专利药品，但现在可以被作为鸡尾酒的原料及与苏打水勾兑饮用，其功能主要是提神和帮助消化。

最为流行的苦酒非安格斯特拉（Angostura，见图 1-3-20）莫属，是酒吧储备中的必需品。据说一名德国医生在 1824 年研制出这种混合了热带药草和植物的神秘药剂，用于治疗委内瑞拉安格斯特拉镇的许多疾病。安格斯特拉苦酒目前产自特立尼达和多巴哥，配方始终受到严密保护。据说其超大的酒标是当时生产中的一个错误，每个人都认为有人会更正错误，结果无人理会。这个酒标就这样保存下来并成为该品牌的商标。

其他比特酒名牌主要有意大利生产的金巴利（Campari）、佛南布兰卡（Fernet Branca），法国生产的杜本内（Dubonnet）等，如图 1-3-21 至 1-3-23 所示。

图 1-3-20　安格斯特拉　　图 1-3-21　金巴利　　图 1-3-22　佛南布兰卡　　图 1-3-23　杜本内

（三）茴香酒（Anis）

茴香酒是以蒸馏酒或食用酒精为基酒，调入茴香油及其他香料配制而成的酒。酒液为无色或浅黄色，酒精度在 25%～40%Vol，糖度约为 29%，茴香味浓，味重而刺激，加水稀释后，呈乳白色。

法国生产的茴香酒比较有名，主要名品有潘诺（Pernod）、里卡德（Ricard）、巴斯帝斯（Pastis）等，如图 1-3-24 至 1-3-26 所示。

图 1-3-24　潘诺　　图 1-3-25　里卡德　　图 1-3-26　巴斯帝斯

五、　邮轮酒吧员工的职业素养

酒吧是邮轮营运中重要的服务部门和创收部门，酒吧员工的职业素养直接影响邮轮公司的声誉和效益。酒吧员工应具备的职业素养包括职业道德、职业仪表、人际关系、专业知识和专业技能。

（一）职业道德

职业道德是指从事邮轮酒吧服务业的人员在工作和服务过程中应遵循的与该职业密切相关的道德原则和规范，其主要内容如下：

（1）正直诚实。恪守职业道德行为规范，遵照法律、合同、邮轮公司制度履行工作职责，对个人、团队的决策和行为负责，以诚信、公正、尊重的态度对待他人。

（2）爱岗敬业。不做任何有损于邮轮公司形象和声誉的事情，对工作持有积极主动的态度，以公司和个人所从事的服务事业为荣耀。

（3）自律勤奋。服从命令，按时出勤，规范操作，踏实勤快。

（4）跨文化意识。邮轮是由多元文化组成的国际社区，在与不同国籍、种族的同事和乘客交往时要敏锐感知并灵活应对文化差异，充分尊重他人的价值取向、宗教信仰和风俗习惯。

（5）积极上进。制定职业规划，确立工作目标，不断提升职业技能，为邮轮公司的发展献计献策。

（6）优质服务。具有强烈的服务意识，即"想顾客之所想，急顾客之所急"。尊重顾客的人格和愿望，热情、专业、高效地提供服务，努力创造宾至如归的环境氛围。

（二）职业仪表

酒吧员工的仪表不仅代表个人形象，也代表邮轮公司的整体形象，良好的仪表是对顾客的尊重，也是使顾客心情舒畅的重要因素之一。酒吧员工应从以下几个方面塑造个人形象：

（1）在顾客面前展现健康饱满的精神面貌，要以充足的睡眠、健康合理的饮食以及定期锻炼来维持这种良好的精神状态。

（2）头发清洁且梳理得当，长发应盘结至头顶或脑后，以防头发掉落于酒水中或避免工作时反复整理头发。

（3）男员工应经常剃须以保持面颊清爽干净，女员工则需要化淡妆。

（4）不使用气味过浓的修面润肤水或香水，以免影响顾客的味觉。

（5）当班前应刷牙以确保口气清新。

（6）要特别注意双手的清洁卫生，确保双手无污渍，指甲修剪整齐，不涂抹指甲油。

（7）任何切伤、灼伤等伤口应使用防水敷料遮盖。

（8）严格遵守邮轮公司有关服饰的规定，当班时穿着干净整洁、熨烫平整、纽扣齐全的制服，穿着舒适干净、款式简洁、防水防滑的鞋子，不佩戴任何多余的首饰，习惯戴耳环的只能选用耳钉。

（9）在顾客面前不做手指梳头、抠鼻挖耳、咀嚼口香糖等不良习惯性动作。

（10）当班时不随意倚靠、蹲坐，不摆弄手机。

（11）站立时保持身体直立、端正，服务时把握好身体前倾的角度，注意不能紧贴顾客。

（三）人际关系

1.与顾客的关系

良好的顾客关系是酒吧经营成败的关键，以下技巧有助于员工与顾客建立起友好的关系。

①熟悉酒吧内所出售的酒水、食品、香烟、雪茄等消费品的价格、特点，全面了解邮轮上的所有设施，尤其是娱乐休闲场所的位置、特点以及活动项目的时间安排。只有掌握了这些信息，自己才能随时应对顾客的询问并有针对性地提出建议。

②始终以微笑和礼貌用语招呼顾客。

③设法记住顾客的姓名、国籍和所偏爱的酒水品牌，这是顾客乐于接受的恭维。

④对所有顾客一视同仁，但任何时候都要为女士优先服务，对虚弱、年长的顾客要特别关照。

⑤时刻留意顾客的召唤，努力做到有求必应，谨慎使用扬眉、点头等肢体语言作为应答。

⑥善于揣摩顾客的心理，知道何时说话、何时倾听。

⑦不主动参与顾客之间的谈话，不刻意倾听顾客的谈话内容。

⑧说话声音轻柔，语速、语调适宜。

⑨发生酒水泼溅、打翻酒杯等意外事件时，应迅速有效地清理，同时尽量让顾客更换座位。

⑩如发现顾客感觉身体不适，要主动询问是否需要帮助，同时迅速判断顾客症状的性质，如有疑虑应立即联系医务部门前来诊治。

⑪对于已醉酒的顾客不再提供酒水，必要时需护送顾客回客舱以免发生坠海事件。

⑫不与滋事者发生争执，不能处理的问题及时转交给上司。

⑬处理顾客投诉时，首先让顾客充分表达自己的看法，然后向顾客致歉并表示对顾客不满的理解，最后根据邮轮公司的政策提出可供选择的处理方案。

⑭发现顾客遗忘物品时要及时寻找顾客交还物品，暂时无法找到顾客时要将物品上交后存放至失物认领处并做好记录。

⑮在营业时间结束时，要得体地请求顾客离开，所有顾客离开后才能开始清理工作。

2. 与员工的关系

团队协作是酒吧经营的基石，出色的团队表现不仅能提高工作效率和经营效益，也有助于提升公司的形象和声誉。员工关系的理想境界就是每个员工都具有强烈的团队意识，具体表现为：

①认同成员角色。在团队中充当领头羊或追随者，能认识到团队成员的优势与不足并能取长补短，能向其他团队学习并传授新技能，能协助经验不足或工作量繁重的成员。

②建立富有成效的关系。与其他成员确立起建设性合作关系，能机智策略地促成共识，并通过有效的交流实现共同目标。对其他成员提出建设性批评和反对意见是出于帮助的目的而并非指责，得到的反馈意见不论是积极的或消极的，都要做出恰当反应。

③实现团队目标。认同并致力于团队的目标、工作规范、习惯做法和价值观，确保个人的行为举止有助于工作任务的完成，从团队的角度发现问题并共同找出解决方案。

④消除矛盾。处理矛盾时能顾全大局，不计较个人得失，能让意见有分歧的成员走到一起，为了共同的目标和利益最终达成共识。

(四)专业知识

1. 酒水知识

熟知酒品的名称、产地、制作工艺、特点、质量、年份、包装方式、饮用方法、保质期以及服务程序和标准等。

2.器具知识

掌握酒吧常用设备和调酒用具的使用要求、操作方法以及保养和保管方法。掌握酒杯的种类、形状、使用要求、擦拭方法和保管方法。

3.调酒知识

掌握鸡尾酒调制的基本方法以及国际常用鸡尾酒的调制方法。

4.酒水管理知识

了解酒水的申领、储存、销售和盘点等知识。

5.海上卫生安全知识

了解酒类监管条例、卫生与清洁法、海事生命安全法等法令、法规内容。熟悉海上消防、救生设备的使用范围和要领,掌握正确的急救和逃生方法。

(五)专业技能

1.酒水服务技能

能按照不同酒品的服务程序和标准进行服务。

2.设备、用具的使用和保养技能

能按照操作说明正确使用设备、用具,能进行定期保养。

3.杯具的使用和清洗技能

能按照酒水服务标准选用适当的酒杯,能正确清洗、消毒和擦拭酒杯。

4.调酒技能

能按照国际常用配方,以正确的动作、姿势、步骤调制鸡尾酒。具有创新能力,能开发出新型鸡尾酒。

5.沟通技能

能用英语清晰、准确、简洁地传达书面和口头信息,能有效地回答问题或提供解答问题的途径,善于察言观色并予以恰当的回应,能熟练策略地处理令人不快的事件。

6.推销能力

能利用所掌握的酒水知识、推销技巧(追加销售、交叉销售等),适时适度地促进顾客消费。

复习与巩固

1.列举课本之外以金酒为基酒的经典鸡尾酒。
2.列举开胃酒的品牌及其特点。
3.邮轮酒吧员工职业素质包括哪些方面?

用调和法和/或兑和法调制以伏特加为基酒的鸡尾酒　任务四

学习目标

1. 学会用调和法和/或兑和法调制以伏特加为基酒的鸡尾酒
2. 了解伏特加
3. 了解果疏饮料
4. 识别载杯并熟悉其英文名称

一、以伏特加为基酒的鸡尾酒

（一）血腥玛丽

1.血腥玛丽简介

有关血腥玛丽最可信的一个故事：血腥玛丽诞生于20世纪20年代的法国哈利的纽约酒吧，由该酒吧的调酒师费尔南德·皮蒂奥特发明。该酒吧的一位顾客声称这款鸡尾酒与其在卡巴莱表演中邂逅的女友有几分相似。那场表演名为"一桶血"，而女友名叫玛丽，因此皮蒂奥特和这位顾客一致赞成将鸡尾酒命名为"血腥玛丽"。1934年，皮蒂奥特移居纽约市，在科尔国王酒吧工作，他将血腥玛丽引入酒吧。起初这款鸡尾酒没有打动讲究的纽约人。他们认为这款酒太乏味了，要求皮蒂奥特加点香料。于是他就添加了黑胡椒、辣椒、伍斯特沙司、柠檬和塔巴斯哥辣酱油。现代版血腥玛丽就此诞生。

2.调制血腥玛丽（国际调酒师协会版）

［方法］

调和法+兑和法

【准备材料】

工具:调酒杯、量酒器、吧匙、冰铲、冰夹

配方:45 mL伏特加、90 mL番茄汁、15 mL鲜榨柠檬汁、少许伍斯特沙司、塔巴斯哥辣酱油、芹菜梗、盐、胡椒(依据个人口味)

载杯:海波杯

【操作过程】

① 将所有材料放入调酒杯中;

② 用吧匙轻轻搅动30 s;

③ 用冰铲取适量冰块放入海波杯中;

④ 将调酒杯中的混合酒水倒入海波杯中;

⑤ 用冰夹取芹菜梗插入杯中。

(二)黑俄罗斯

1.黑俄罗斯简介

对黑俄罗斯的起源仍存在争议,但普遍认为可追溯至20世纪40年代末比利时的梅特洛珀勒酒店。据说该酒店的调酒师古斯塔夫·托普斯为了向时任美国驻卢森堡大使表示敬意而创造了该酒。托普斯将其命名为"黑俄罗斯",原因是使用了一种典型的俄罗斯烈酒伏特加和黑色的咖啡利口酒。

2.调制黑俄罗斯(国际调酒师协会版)

[方法]

兑和法

【准备材料】

工具:量酒器、吧匙、冰铲、冰夹

配方:50 mL伏特加、20 mL咖啡利口酒

载杯:古典杯

【操作过程】

① 用冰铲取适量冰块放入载杯;

② 用量酒器量取所需材料倒入古典杯中;

③ 用吧匙轻轻搅动。

备注:白俄罗斯鸡尾酒是在黑俄罗斯鸡尾酒的液面上添加鲜奶油,然后慢慢调匀。

(三)莫斯科骡子

1.莫斯科骡子简介

据说莫斯科骡子起源于20世纪40年代的美国,当时伏特加并不受欢迎,并且由于是俄罗斯的烈酒而总是被嘲笑。一位名叫约翰·马丁的酒水商在美国买下一个伏特加的品牌,却发现无利润可赚。某一天,马丁正为其伏特加的销售闷闷不乐地闲逛时,走进了洛杉矶的"公鸡和公牛"酒吧,与店主杰克·摩根攀谈起来。摩根也面临着相似的困境,他的姜汁啤酒没有销路,恰巧酒吧里来了一位"铜杯"销售商。相似的遭遇使得他们突发奇想,将两种酒水混合在铜杯中销售,结果大获成功。自那以后,伏特加才被美国人接受。

这个故事流传了许多年,然而在2007年出现了另一个版本的起源之说,新版故事称摩

根的调酒师主管韦斯普赖斯发明了莫斯科骡子,目的是清空酒窖里的库存,其中包括伏特加和姜汁啤酒。

2.调制莫斯科骡子(国际调酒师协会版)

［方法］

兑和法

【准备材料】

工具:量酒器、吧匙、冰铲、冰夹

配方:45 mL 斯米尔诺夫伏特加、120 mL 姜汁啤酒、10 mL 鲜榨莱姆汁

载杯:铜杯或岩石杯

【操作过程】

① 用冰铲取适量冰块放入载杯;

② 用量酒器量取伏特加、姜汁啤酒倒入杯中混合;

③ 用量酒器量取莱姆汁倒入杯中;

④ 用吧匙轻轻搅动调匀;

⑤ 用冰夹取莱姆片放在杯口冰块之上。

二、 伏特加（Vodka）

"Vodka"源自俄文"Zhiznennia Voda",意为"生命之水"。伏特加是以玉米、小麦、稞麦、大麦及马铃薯等为原料,经发酵、蒸馏、过滤而制成的无色、无味的高纯度烈酒。伏特加是俄罗斯和波兰的国酒,是北欧寒冷国家十分流行的烈性饮料。

（一）伏特加分类

按照伏特加的原料、酿造方法及口感的不同,伏特加可以分为中性伏特加（Neutral Vodka）、加香伏特加（Herbal Vodka）、餐前伏特加（Aperitif Vodka）、水果伏特加（Fruit Vodka）、甜点伏特加（Dessert Vodka）、提神伏特加（Pick-me-up Vodka）。

中性伏特加为无色液体,除酒精气味外无其他气味和味道,它是伏特加酒中最主要的产品;加香伏特加是在橡木桶中贮存时浸泡花卉、药草、水果和果实等以增加芳香和颜色的伏特加;餐前伏特加是在中性伏特加酒中增加了开胃物质的伏特加;水果伏特加是加入了水果等芳香物质的伏特加;甜点伏特加是增加了甜度的伏特加;提神伏特加是在酒液中添加了辣椒和胡椒成分的伏特加。

（二）伏特加名品

1.俄罗斯伏特加

俄罗斯伏特加最初的原料为大麦,以后逐渐改用含淀粉的玉米、土豆,在酿造酒醪和蒸馏原酒过程中与其他蒸馏酒相比并无特殊之处。区别在于伏特加要进行高纯度的酒精提炼,达到95%Vol,经再次蒸馏精炼后注入白桦活性炭过滤槽中,进行缓慢的过滤,以使蒸馏液与活性炭分子充分接触而净化,将原酒中包含的酸类、醛类、醇类及其他微量物质去除,以得到纯粹的伏特加。它不需要陈酿。俄罗斯伏特加酒液透明,除酒香外几乎没有

其他香味,口味浓烈,劲大冲鼻,火一般地刺激,但饮后绝无上头的感觉。

俄罗斯伏特加的著名品牌有吉宝伏特加(Imperial Collection)、波士伏特加(Bolskaya)、苏联红牌(Stolichnaya)、苏联绿牌(Mosrovskaya)等,如图1-4-1至1-4-4所示。

图 1-4-1 吉宝伏特加　　图 1-4-2 波士伏特加　　图 1-4-3 苏联红牌　　图 1-4-4 苏联绿牌

2.波兰伏特加

波兰伏特加的酿造工艺与俄罗斯伏特加相似,区别只是波兰人在酿造过程中,加入一些草卉、植物果实等调香原料,所以波兰伏特加比俄罗斯伏特加酒体丰富,更富韵味。其品牌有维波罗瓦蓝牌(45%,Wyborowa)、维波罗瓦红牌(37.5%,Wyborowa)、朱波罗卡(Zubrowka),如图1-4-5至1-4-6所示。

图 1-4-5　维波罗瓦蓝牌(45%)和红牌(37.5%)　　　　图 1-4-6　朱波罗卡

3.法国灰雁伏特加

法国灰雁伏特加(Grey Goose,见图1-4-7)产自法国干邑区,选用100%的法国特选小麦,独一无二的一次五步蒸馏过程凸显了酒体的特殊风味,再加上由香槟区石灰岩自然过滤的纯净泉水。法国灰雁伏特加拥有饱满圆滑并带有微甜香气的口感,回味持久。

4.瑞典伏特加

瑞典伏特加是多年来传统酿制技艺的结晶。作为绝对伏特加(Absolut,见图1-4-8)的前身,绝对纯净的伏特加酒是在1879年推出的,它的创始人就是瑞典伏特加酒的传奇人物Lars Olsson Smith,他被人们称为"伏特加酒之王"。如今,每瓶瑞典伏特加的瓶身都标贴着这位伟大人物的肖像徽章。

图 1-4-7　法国灰雁伏特加 　　图 1-4-8　绝对伏特加

（三）伏特加鉴赏

1.色泽

优质伏特加酒液无色、澄清、透明、晶亮。凡带有微黄色，酒体失光，或出现乳白色浑浊则说明质量较差。

2.香气

优质伏特加具有纯净的酒精香，如带有令人不快的味道或处理不净的酒精杂味则说明质量较差。

3.滋味

优质伏特加入口爽净、醇和、绵柔、稍有甜润感，凡暴辣、刺舌、苦涩感重、有木炭味或口味淡薄则说明质量较差。

4.风格

优质伏特加香气清快，口味洁净，突出"怡""爽""净""软"的典型风格。

（四）伏特加饮用

伏特加虽然酒精度较高，但欧洲人喝伏特加通常不加冰，而是用一个小小的酒杯一饮而尽。许多人喜欢将伏特加冰镇后饮用，仿佛冰溶化于口中，进而转化成一股火焰般的清热。因为伏特加是一种无臭无味又无香气的酒，也非常适宜兑果汁汽水饮用，同时是鸡尾酒最佳的基酒之一。以伏特加为基酒调制的比较著名的鸡尾酒有黑俄罗斯、螺丝钻（Screw Driver）、血腥玛丽等。

三、 果疏饮料

（一）种类

果蔬汁是从成熟、新鲜的水果、蔬菜中榨取出的汁液，可添加糖、色素、防腐剂和果酸等物质。主要有以下种类：

1.鲜榨果汁

鲜榨果汁是将水果榨汁后直接饮用的果汁,如今消费需求量很高。橙子、西柚和柠檬等柑橘类水果现榨现饮,口味清新且营养价值高。但鲜榨果汁的保质期很短,例如苹果汁的果浆容易氧化,果汁颜色变暗,然后很快分离成水和悬浮物;过度榨取的柑橘类果汁会带有苦味。

2.冷藏果汁

冷藏果汁也是鲜榨果汁,只是经过巴氏消毒、抽除空气后,装入密封容器备用。适合这种处理的水果必须含有天然的防腐剂,比如橙子、西柚等富有高浓度的柠檬酸,柠檬酸可充当防腐剂。通过添加糖和糖浆也有助于保存果汁。尽管冷藏果汁成本高,但消费需求量高而且口感清新自然。

3.冰冻浓缩果汁

冰冻浓缩果汁在冰冻前经过萃取、抽除空气、巴氏消毒和浓缩处理。储藏得当的话,比鲜果汁保留维生素成分的时间长,如果解冻方法恰当,果汁的品质不会改变。

4.防腐处理果蔬汁

防腐处理果蔬汁指经过抽除空气、巴氏消毒处理后,添加抗坏血酸等防腐剂,然后装瓶、装罐的果蔬汁。保质期相对较长,可常温储存。适合这种加工方式的果蔬有苹果柚、橙子、西红柿和西芹。

5.什锦果汁

什锦果汁是混合型果汁,其特点是要么酸味重,要么是浓香型或清香型,饮用之前无须稀释或与其他饮料混合。有些什锦果汁口味重而且饮用前需要稀释或与水、糖混合,如芒果和西番莲果什锦果汁等。而另一些什锦果汁口味清淡,在添加糖浆后口味能极大改善。

(二)果汁服务

1.方法

有两种服务方法:一种是预调制,指直接从瓶、罐、纸盒、塑料等容器中倒出果汁,或在服务前预先将浓缩果汁、什锦果汁或果汁粉与水混合;另一种是现调制,指使用果汁机将浓缩果汁、果汁粉、糖浆与一定量的水进行混合。

2.温度

一般可以冰镇但不加冰,加冰后会稀释果汁浓度,破坏果汁原有风味。

3.口感

当使用现调制方式服务时,需经常检查果汁机以确保果汁口感一致。

4.卫生

在供应鲜榨果汁时,要按照正确的解冻和操作技巧服务。对于冷藏果汁,则需特别注意保质期,切忌供应过期果汁。

四、载杯

载杯是酒吧服务和酒水营销的重要工具，习惯上对不同酒精度、甜度的酒水有不同的载杯要求，通常载杯的选择应匹配酒水的风格并能体现酒水的特色。按照形状，载杯可分为高脚杯、矮脚杯和平底无脚杯三种。

（一）高脚杯

1.高脚水杯（Water Goblet）

高脚水杯容量为300~360 mL，主要用于盛装冰水和矿泉水。

2.葡萄酒杯（Wine Glass）

葡萄酒杯用于盛装葡萄酒和以葡萄酒为基酒的鸡尾酒，有白葡萄酒杯和红葡萄酒杯两种。红酒杯呈郁金香形，杯身宽，逐渐向上收缩，容量通常在240~420 mL。郁金香的形状有利于更多的空气接触液面，同时将酒香聚拢在杯口。鉴于白葡萄酒味道淡，需使用杯身较窄的郁金香形杯子来锁住酒香，窄杯身同时能保持适当的饮用温度，容量一般在150~300 mL。

3.波特酒杯（Port Glass）

波特酒杯形似葡萄酒杯，但杯身更窄，呈笛形，容量为60~90 mL，主要用于盛载波特酒。

4.香槟杯（Champagne Glass）

香槟杯用于盛载香槟或以香槟为基酒的鸡尾酒，容量为120~180 mL。有笛形（flute）、郁金香形（tulip）和碟形（saucer）三种形状：笛形香槟杯杯身细长，可使酒的气泡不易散掉，令香槟更可口；郁金香形香槟杯状似郁金香，杯身细长，杯口小而杯肚大，能聚拢酒的香气，在细饮慢啜时能充分欣赏到香槟串状的汽珠，一般用于饮用法国香槟地区出产的香槟酒；碟形香槟杯杯口宽阔，能够使饮用者充分享受香槟酒丰富细腻的泡沫，常用于喜宴庆典上搭建香槟塔，香槟酒自上而下斟倒便形成了"香槟瀑布"。

5.马天尼杯（Martini Glass）

马天尼杯也可称为鸡尾酒杯，杯身为圆锥体，杯脚细长。与普通鸡尾酒杯的区别在于杯身更宽大，底座也呈圆锥状，而鸡尾酒杯的底座是扁平的。马天尼杯的容量至少为180 mL，适用于短饮类的鸡尾酒，国际经典鸡尾酒通常使用这种杯形，如曼哈顿酒（Manhattan）、亚历山大酒（Alexander）、干马天尼（Dry Martini）、吉普森（Gibson）等。

6.玛格丽特杯（Margarita Glass）

玛格丽特杯双杯身的独特形状特别适合冰镇玛格丽特鸡尾酒，宽大的杯口能凸显挂在上面的盐霜、糖霜或莱姆等装饰物，更完美地展现出这款经典墨西哥鸡尾酒的活力，通常容量为150~180 mL。

7.雪利杯（Sherry Glass）

雪利杯是杯身呈圆锥形或花朵状的高脚杯，杯脚比较粗，容量为90~120 mL。雪利杯用于盛装雪利、波特和马德拉等芳香或加强葡萄酒，也可用于餐前酒、利口酒或分层酒。

8.利口酒杯（Liqueur Glass）

利口酒杯杯形小,有高脚和矮脚之分,杯身呈管状,杯口略呈喇叭状,容量为 60～90 mL。其一般在净饮利口酒时使用,也适用于天使之吻、彩虹酒等餐后鸡尾酒。

9.酸酒杯（Sour Glass）

酸酒杯形似笛形香槟杯,杯口窄小,杯体深,杯脚较粗,容量为 120～180 mL。主要用于盛载威士忌酸酒等酸味鸡尾酒。

(二)矮脚杯

1.白兰地杯（Brandy Glass）

白兰地杯形似肥硕的郁金香,杯口小而杯腹大,有利于聚拢白兰地的酒香,杯脚较短以便饮用者手掌托住杯身,借助手温传递热量给白兰地酒液,在轻轻晃动酒杯时使酒香充分散发。白兰地杯多用于白兰地的净饮,常用的容量为 240 mL,但习惯上斟倒白兰地酒时只斟倒 30 mL 左右。此杯也可盛放甜酒、利口酒、高档单一麦芽苏格兰威士忌、朗姆酒和特基拉酒。

2.飓风杯（Hurricane Glass）

飓风杯适用于混合饮料,尤其是与其同名的飓风鸡尾酒。此杯杯腿短,杯身像花瓶或飓风灯,容量在 420～600 mL。

3.爱尔兰咖啡杯（Irish Coffee Glass）

爱尔兰咖啡杯容量为 240～300 mL,其杯身较长带柄,杯壁较厚且耐高温,是饮用爱尔兰咖啡的专用杯。

4.奶昔杯（Milk Shake Glass）

奶昔杯在酒吧中是用来饮用奶昔的杯子,有时也可以盛放某些鸡尾酒或软饮料。

5.威士忌闻香杯（Whiskey Tasting Glass）

威士忌闻香杯杯腹较宽,可令饮用者充分欣赏威士忌酒的颜色,杯身由下向上缩小,利于聚拢酒香,杯底厚实便于抓握且不宜打翻。容量约为 30 mL,适用于各种威士忌或烈酒。

(三)平底无脚杯

1.老式杯（Old Fashion Glass）

老式杯又称为古典杯,杯身矮呈圆筒状,杯口较宽,杯底平而厚,有些杯子的杯口略宽于杯底,容量为 180～240 mL。这种酒杯常用于盛放古典鸡尾酒或白俄罗斯等容量小的鸡尾酒,也适合加冰单饮的烈酒,通常与岩石杯互换使用。

2.子弹杯（Shot Glass）

子弹杯容量为 30 mL 左右,用来饮用各种烈性酒(白兰地除外),但是只限于在烈性酒的净饮(不加冰)的情况下使用,也可充当量酒器。

3.扎啤杯（Beer Mug）

扎啤杯也称“带柄啤酒杯”,杯壁厚实,杯体容量大,通常为 500～1 000 mL,用于盛放生啤酒。

4.品脱杯(Pint Glass)

美式品脱杯的杯身狭长,似圆筒形,但从下往上逐渐变宽,容量一般为480 mL,适于盛放大多数啤酒。英式品脱杯靠杯口处外突,便于抓牢和叠放,容量为600 mL,适于盛放英国艾尔啤酒和拉格啤酒。品脱杯也常用来盛装像长岛冰茶这样的鸡尾酒。

5.海波杯(Highball Glass)

海波杯也称为高球杯,是一种圆筒形直身玻璃杯,容量为240 mL~300 mL。该酒杯以海波鸡尾酒命名,常用于盛装各种蒸馏酒加软饮料的鸡尾酒、矿泉水以及碳酸饮料。

6.柯林斯杯(Collins Glass)

柯林斯杯也称为高筒杯,形状类似海波杯,但比其高而窄,容量在420~600 mL,常用于盛装汤姆柯林斯、约翰柯林斯等长饮类鸡尾酒及软饮料。

以上载杯如图1-4-9至1-4-29所示。

图1-4-9　高脚水杯　　　　图1-4-10　白葡萄酒杯和红葡萄酒杯　　　　图1-4-11　波特酒杯

图1-4-12　香槟杯　　　　图1-4-13　马天尼杯　　　　图1-4-14　玛格丽特杯

图1-4-15　雪利杯　　　　图1-4-16　利口酒杯　　　　图1-4-17　酸酒杯

图1-4-18　白兰地杯　　　图1-4-19　飓风杯　　　图1-4-20　爱尔兰咖啡杯　　　图1-4-21　奶昔杯

图 1-4-22　威士忌闻香杯　　　图 1-4-23　老式杯　　　图 1-4-24　子弹杯　　　1-4-25　扎啤杯

图 1-4-26　美式品脱杯　　　1-4-27　英式品脱杯　　　图 1-4-28　海波杯　　　图 1-4-29　柯林斯杯

五、　邮轮酒吧储备

（一）酒精饮料

目前市场上有 3 000 多个品牌的酒精饮料,任何邮轮的仓库都不可能有足够的空间储备所有品牌,因此邮轮通常根据乘客的消费特点来准备货源。

酒精饮料在酒吧经营中扮演着最重要的角色,并且是获得最大利润的来源。酒精饮料可分为两大类:通用品牌和指定品牌。

通用品牌指用来调制流行款鸡尾酒和常见饮料的品牌,服务于那些没有特定品牌需求的乘客。每艘邮轮的目标消费群体都不同,其酒吧所选定的通用品牌也不一样,通常的做法是:在考虑目标消费群体的偏爱、年龄以及销量等因素的基础上,从各类酒水中选择一种质量有保障,同时价格适中的牌子作为通用品牌。尽管各艘邮轮有各自的通用品牌,但都应包括蒸馏酒、发酵酒和混配酒。以下以歌诗达邮轮为例,介绍各类酒品的通用品牌。

1.蒸馏酒

蒸馏酒主要包括以下六种:

（1）白兰地

白兰地主要有两种:一种是产自意大利的维基亚·罗马尼亚(Vecchia Romagna)白兰地;另一种是法国干邑地区生产的白兰地,其品牌众多,常用的有人头马 XO(Remy Martin XO)、人头马 VSOP(Remy Martin VSOP)、马爹利尚·至尊(Martell L'OR de Jean)、马爹利 XO(Martell XO)、轩尼诗 XO (Hennessey XO)、轩尼诗 VSOP (Hennessey VSOP)、拿破仑 VSOP (Courvoisier VSOP)。

（2）威士忌

以威士忌四大生产国的品牌为通用品牌。

① 苏格兰威士忌分三类：一是混合威士忌，常用品牌有百龄坛（Ballantine's）、珍宝（J&B）、威雀（Famous Grouse）、尊尼沃克黑方/红方（Johnnie Walker Black/Red/Label）等；二是高档混合威士忌，常用的有百龄坛30年（Ballantine 30 years）、尊尼沃克金方18年（Johnnie Walker Gold Label 18 years）、芝华士18年（Chivas Regal 18 years）等；三是单一麦芽威士忌，主要有格兰菲迪12年（The Glenfiddich 12 years）、麦卡伦30年（The Macallan 30 years）、格兰利维特（The Glenlivet）等。

② 爱尔兰威士忌常用的是最具代表性的品牌——尊美醇（Jameson）。

③ 美国威士忌分为波本威士忌和普通威士忌两种，前者常用品牌有野火鸡（Wild Turkey）、占边（Jim Beam）等，后者常用品牌为杰克·丹尼（Jack Daniels）。

④ 加拿大威士忌常用品牌有皇冠（Crown Royal）和加拿大俱乐部（Canadian Club）。

（3）金酒

英式金酒是不可缺少的基酒之一，也是调酒消耗量最大的酒品，常用的品牌有必发达（Beefeater）、歌顿金（Gordon's）、添加利10年（Tanqueray 10 years）和孟买蓝宝石（Bombay Sapphire）。

（4）伏特加

伏特加是调酒消耗量较大的酒品，常用品牌有产自俄罗斯的苏联红牌（Stolichnaya），法国生产的灰鹅（Grey Goose），美国生产的深蓝（Skyy）和斯米诺（Smirnoff），以及瑞典生产的绝对伏特加（Absolut）。伏特加有多种口味，如柠檬味（Citron）、柑橘味（Mandarin）、香草味（Vanilla）、红莓味（Raspberry）等。

（5）朗姆酒

朗姆酒常用的有白朗姆和黑朗姆两种，白朗姆常用品牌有古巴生产的哈瓦那俱乐部3年（Havana Club 3 years）、百加得（Bacardi）和巴西产的卡莎萨（Cachaca），黑朗姆有产自牙买加的美雅士（Myers's）。

（6）特基拉

白色特基拉是酒吧常备酒品之一，常用品牌有墨西哥生产的豪帅金快活（Jose Cuervo Gold）和银牌奥美佳（Olmeca Silver）。

2.发酵酒

发酵酒主要指啤酒和葡萄酒，是邮轮上销量最大的两种酒品。

（1）啤酒

啤酒常用品牌有德国的贝克（Beck's）、美国的百威（Budweiser）、荷兰的喜力（Heineken）、丹麦的嘉士伯（Carlsberg）、新加坡的虎牌（Tiger）、日本的朝日（Asahi）等。

（2）葡萄酒

葡萄酒都是选用意大利生产的，分红葡萄酒、白葡萄酒和气泡酒三类。红葡萄酒主要有库苏曼诺黑珍珠（Cusumano Nero d'Avola）、巴塔希多姿桃（Batasiolo Dolcetto d'Alba）、经典基安蒂（Chianti Classico DOCG）、帕斯瓜尔莫拉歌赤霞珠干红（Pasqua Morago Cabernet Sauvignon）等；白葡萄酒主要有巴塔希霞多丽（Chardonnay Batasiolo）、卡斯蒂里维蒂奇诺（Verdicchio Dei Castelli Di Jesi Classico）、帕斯瓜尔索阿韦（Soave Pasqua）等；气泡酒主要有帕斯瓜尔普罗塞克（Pasqua Prosecco）。

3.混配酒

混配酒主要指开胃酒和利口酒，既可作为基酒，也可作为辅助酒品。开胃酒有意大利产的马天尼味美思（Martini Vermouth）、金巴利（Campari）、阿佩罗（Aperol），法国产的杜本内（Dubonnet）、潘诺（Pernod）、里卡尔（Ricard）、巴斯帝斯（Pastis）；利口酒常用品牌有意大利产的加利安诺（Galliano）、杏仁利口酒（Amaretto）、圣勃卡（Sambuca），法国产的君度（Cointreau）、金万利（Grand Marnier）、当酒（Dom）等。

指定品牌是乘客要求的特殊品牌，当乘客明确说出某一品牌酒水的名称时，就应该提供其所指定的品牌。

(二)无酒精饮料

1.碳酸饮料

酒吧中的碳酸饮料通常作为鸡尾酒的配料使用，其作用是：改善鸡尾酒的口味，增加酒的口味，创造出鸡尾酒所特有的风味。调制鸡尾酒常用的碳酸饮料包括苏打水（Soda Water）、汤力水（Tonic Water）、姜汁汽水（Ginger Ale）、柠檬汽水（Lemon Soda）、起泡和不起泡矿泉水（Sparkling/Non-sparkling Mineral Water）以及可乐等。

2.果汁

果汁是调制鸡尾酒和无酒精鸡尾酒的重要配料，酒吧常备的果汁有柠檬汁（Lemon Juice）、莱姆汁（Lime Juice）、橙汁（Orange Juice）、西柚汁（Grapefruit Juice）、菠萝汁（Pineapple Juice）、番茄汁（Tomato Juice）、苹果汁（Apple Juice）、葡萄汁（Grape Juice）等。

3.糖浆

糖浆是具有香味、甜度很高的浓缩液体，用于改善鸡尾酒的口味和增加甜度，酒吧常用的有甘蔗糖浆（Gomme Syrup）、红石榴糖浆（Grenadine）、杏仁糖浆（Orgeat Syrup）等。

4.乳饮料

乳饮料可以改善饮料口味、增加香滑度，酒吧常用的乳饮料有鲜奶、酸奶（Yogurt）、豆奶（Soymilk）等。

5.茶

邮轮上提供的茶以袋装茶为主，一般有红茶和绿茶两种，常见品牌有立顿（Lipton）、斐思（Firsttea）等。

6.咖啡

邮轮酒吧一般提供烘焙咖啡，常见的品种有蓝山咖啡（Blue Mountain Coffee）、摩卡咖啡（Mocha Coffee）、意大利浓缩咖啡（Espresso）等。

(三)调味料

1.丁香(Cloves)

丁香为桃金娘科植物丁香的干燥花蕾，气味芳香浓烈、味道辛辣。使用丁香时切勿将其花苞弄碎，应整朵地放在热饮类鸡尾酒中，以达到增香调味的作用。

2.豆蔻(Nutmeg)

豆蔻为姜科植物白豆蔻或爪哇白豆蔻的干燥果实，气味芳香、味道辛辣，略似樟脑。其在酒吧中用来调味，若为颗粒状，使用前应磨碎。

3.肉桂（Cinnamon）

肉桂是樟科植物肉桂的干燥树皮或枝皮,气味芳香、味道辣而甜,酒吧中常用来调制花式咖啡。

4.胡椒（Pepper）

胡椒为胡椒科植物胡椒树的干燥近成熟或成熟果实。有黑胡椒和白胡椒之分,气味芳香、味道辛辣。在酒吧,胡椒主要用于调制一些特殊口味的鸡尾酒。

5.食盐（Salt）

食盐用来为某些酒水增添味道以及挂霜杯时使用,以细粉盐为佳。

6.辣酱油（Worcestershire Sauce）

一种综合酱油、醋、蒜等的餐食调味品,酒吧里用来调制一些特殊口味的鸡尾酒,如血腥玛丽等。

7.乳制品

甜味奶油用于调制热饮类鸡尾酒;黄油常在调制红茶等饮品时使用。

8.柠檬苦精（Bitter Lemon Concentrate）

在苏打水中加一点柠檬苦精,可代替汤力水使用。

9.奎宁精（Quinine Concentrate）

奎宁是从金鸡纳树树皮中提取的一种生物碱,口感较苦,用来调浓奎宁水时使用,奎宁水是酒吧夏季常备的解暑去热的饮料。

▌（四）水果

1.柑橘（Orange）

柑橘可用来榨汁作为调酒配料,如调制特基拉日出（Tequila Sunrise）,将柑橘切成片、块、条可用来装饰鸡尾酒。

2.柠檬（Lemon）

酒吧常选用质硬、色黄绿的柠檬,多用于酒品的装饰和榨汁,其汁液可以改善和提高鸡尾酒的口味。

3.莱姆（Lime）

一种外形与柠檬相似的水果,也称青柠,酒吧常用莱姆作为调制朗姆酒的重要材料。

4.菠萝（Pineapple）

酒吧选用黄色而成熟的菠萝,菠萝既可以榨汁调制鸡尾酒或混合饮料,也可以作为装饰物使用。

5.草莓（Strawberry）

草莓既可以用来调制精美的鸡尾酒或甜食冷饮,也可以用作装饰物。

6.桃子（Peach）

新鲜桃子可用来榨汁调制香槟酒和葡萄酒,酒吧也使用其罐头制品制作混合饮品。

7.芒果(Mango)

芒果通常被制成酱,用于调制朗姆酒。

8.杏子(Apricot)

杏子用于调制混合饮料,若使用电动搅拌机调制时,罐装的要比新鲜的好。

9.马拉斯奇诺樱桃(Maraschino Cherry)

马拉斯奇诺樱桃通常与柑橘类水果搭配来装饰鸡尾酒,樱桃鲜艳的颜色与莱姆或橙子的绿色形成反差而显得很搭配。呈现马拉斯奇诺樱桃的一种方式是划出开口,将它像柑橘类水果那样镶嵌在杯口上,这种方法比直接扔到酒水中更好看。

10.橄榄(Olive)

橄榄是马天尼鸡尾酒的传统装饰物,橄榄的咸味与杜松子味的金酒和伏特加等中性烈酒很搭配。

11.杨桃(Star Pear)

杨桃的横切面呈五角星状,故又称为星梨,多用来作为鸡尾酒的装饰物。

12.香蕉(Banana)

酒吧多挑选成熟的香蕉,将其切片用于装饰酒水,或作为鸡尾酒配料,通常需放入搅拌机中混合。

13.珍珠洋葱(Cocktail Onion)

珍珠洋葱多为罐头制品,经常代替橄榄来装饰马天尼鸡尾酒,增添一种清脆刺激的味道。

(五)其他物品

1.文化用品,包括笔、记录本、打印纸、报纸等。
2.单据,指点酒单、领料单、调拨单、报修单等。
3.棉织品,有抹布、镜布、口布、刀叉布等。
4.清洁用品,包括拖把、垃圾袋、清洁剂等。
5.应急物品,指急救药品和器材、手电筒、蜡烛等。

复习与巩固

1.列举课本之外以伏特加为基酒的经典鸡尾酒。
2.列举载杯的种类及其特点。
3.调查某一邮轮公司所使用的酒水品牌并用PPT展示调查结果。

用摇和法
调制以朗姆酒为
基酒的鸡尾酒　**任务五**

学习目标

1. 学会用摇和法调制以朗姆酒为基酒的鸡尾酒
2. 了解朗姆酒
3. 了解酒吧常用糖浆
4. 识别调酒工具并熟悉其英文名称

一、摇和法

(一)定义

摇和法是将各种辅料和基酒放入摇酒壶中，通过手的快速、剧烈的摇荡，使酒水最充分地混合与冷却，且不会使冰块过多融化而冲淡酒液。此种方法主要用来调制配方中含有鸡蛋、蜂蜜、糖、果汁、奶油等较难混合的原料时使用。

(二)操作步骤

1.准备用具

量酒器、摇酒壶。

2.放料顺序

往摇壶中加冰块至半满，以便调酒材料有足够的空间混合，这样也能防止在摇动时有漏损。按照配方放料，一般先放果汁类便宜的材料，后放烈酒，如果操作有误的话损耗也不大。

3.操作技法

摇酒的方法和姿势没有严格的要求,关键在于在将酒液充分摇荡均匀的基础上保持调酒姿势的优美,给宾客以赏心悦目的感受。摇和法在操作手法上分为单手摇和双手摇两种。无论是单手摇还是双手摇,在摇酒的时候,一定要保持身体的稳定,剧烈摇动的是摇酒壶,而不是调酒师的身体,要尽量保持体态的美观、大方。摇妥之后,马上将酒滤入事先备好的载杯内。一般使用小号的摇酒壶可以单手摇,大号的摇酒壶双手摇更为妥当些。

(1)单手摇

以右手食指按压调酒壶盖,中指在壶身右侧按压滤冰器,拇指在壶身左侧,无名指和小拇指在右侧夹住壶身。手心不与壶身接触,以免加快壶内冰块融化的速度。摇和时,注意手臂尽量拉直,以手腕的力量使调酒壶左右摇晃,同时手臂自然上下摆动。单手摇如图1-5-1所示。

图1-5-1 单手摇

(2)双手摇

对于含有鸡蛋或蜂蜜这些较难以单手摇和均匀的鸡尾酒,通常采用双手摇。具体方法是:右手拇指按压调酒壶盖,其他手指夹住壶身;左手无名指、小拇指托住壶底,其余手指夹住壶身。壶头朝向调酒师,壶底朝外,并将壶底略向上抬。摇和时可将调酒壶斜对胸前,也可将调酒壶置于身体的左上或右上方肩上,做活塞式运动。注意用力均匀,以便使酒液充分混合冷却。双手摇如图1-5-2所示。

图1-5-2 双手摇

4.斟倒酒液

(1)斟倒时机

在摇荡过程中,当摇酒壶的金属表面出现霜状物时,手有冰冻感,则说明壶内酒水已经充分混合并且已经达到均匀冷却的目的。

(2)斟倒方式

右手持壶,左手将壶盖打开,同时右手食指下移按压住滤冰器,将酒壶倾斜把壶内摇荡均匀后的酒液通过摇酒壶自带滤冰器滤入载杯中。

二、 以朗姆酒为基酒的鸡尾酒

(一)代基里

1.代基里简介

代基里是一类以朗姆酒、柑橘汁(尤其是莱姆汁)、糖或其他甜味剂调制的鸡尾酒。较为肯定的是其名称源自古巴东海岸的同名铁矿。广为流传的说法称一位名叫詹宁斯·考克斯的美国采矿工程师发明了此酒。一开始该酒的消费仅局限在当地,直到1909年美国海军卫生官员卢修斯·约翰逊品尝了考克斯的代基里后将其引入美国。

在20世纪40年代,代基里十分流行,其原因是第二次世界大战期间的配给制度使得威士忌和伏特加很难获取。然而当时罗斯福总统的睦邻政策打开了拉美的商贸旅游通道,使得朗姆酒很容易得到。因此以朗姆酒为基酒的饮品变得十分时尚,代基里在美国的人气度随之空前高涨。

2.调制代基里(国际调酒师协会版)

[方法]

摇和法

【准备材料】

工具:量酒器、吧匙、摇壶、冰铲

配方:60 mL白朗姆、20 mL鲜榨莱姆汁、2吧匙细砂糖

载杯:鸡尾酒杯

【操作过程】

① 用量酒器量出所需酒水倒入摇壶;

② 将砂糖放入摇壶,用吧匙搅拌直至溶化;

③ 用冰铲取适量冰块放入摇壶,摇动摇壶;

④ 滤入冰镇的鸡尾酒杯中。

(二)黄鸟鸡尾酒

1.黄鸟鸡尾酒简介

黄鸟鸡尾酒的起源不明,有种说法认为此酒以1957年首次用英文改写的海地歌曲《黄鸟》命名。一位提基文化异国情调音乐方面颇具影响力的海地歌手亚瑟莱曼演唱了这首歌,使其在1961年7月流行音乐排行榜上跃居第四名。这首歌的唱片时常在夏威夷村酒店的贝壳酒吧播放,从而激发了黄鸟鸡尾酒的创造灵感。

2.调制黄鸟鸡尾酒(国际调酒师协会版)

[方法]

摇和法

【准备材料】

工具:冰铲、量酒器、摇壶

配方:30 mL 白朗姆、15 mL 加利安奴利口酒、15 mL 橙皮甜酒、15 mL 鲜榨莱姆汁

载杯:鸡尾酒杯

【操作过程】

① 用冰铲取适量冰块放入摇壶;

② 用量酒器量出所需酒水倒入摇壶中摇匀;

③ 滤入冰镇的鸡尾酒杯中。

(三)玛丽皮克福德

1.玛丽皮克福德简介

据说此款鸡尾酒发明于 20 世纪 20 年代的古巴国立酒店,是为无声电影明星玛丽·皮克福德而创作的。当时她与她的丈夫以及他们的朋友查理·卓别林恰好在哈瓦那拍电影,拍摄期间他们曾光顾古巴国立酒店的酒吧,在那里享受公开饮酒的自由时光,因为古巴没有像美国那样实施禁酒令。

2.调制玛丽皮克福德(国际调酒师协会版)

[方法]

摇和法

【准备材料】

工具:冰铲、量酒器、摇壶

配方:45 mL 白朗姆、45 mL 鲜榨菠萝汁、7.5 mL 黑樱桃利口酒、5 mL 红石榴糖浆

载杯:鸡尾酒杯

【操作过程】

① 用冰铲取适量冰块放入摇壶;

② 用量酒器量出所需酒水倒入摇壶中摇匀;

③ 滤入冰镇的鸡尾酒杯中。

三、 朗姆(Rum)酒

"Rum"源自拉丁文"Saccharum",意为"甘蔗属",朗姆酒也称为兰姆酒或罗姆酒。朗姆是以甘蔗或糖蜜为原料,经发酵、蒸馏而制成的一种蒸馏酒。朗姆酒是古巴人的一种传统饮料,古巴朗姆酒是由酿酒大师把用作原料的甘蔗蜜糖制得的甘蔗烧酒装进白色橡木桶,经过多年的精心酿制,使其产生一股独特的、无与伦比的口味,从而成为古巴人喜欢喝的一种饮料,并且在国际市场上广受欢迎。

朗姆酒的陈酿时间有 1 年的至几十年的,市面上销售的通常为 3 年陈酿和 7 年陈酿。它们的酒精度分别为 38%Vol、40%Vol。朗姆酒主要盛产于甘蔗及蔗糖丰富的地区,如牙买加、古巴、海地、多米尼亚、波多黎各、圭亚那等国家和地区,其中以牙买加、古巴生产的朗姆酒最有名。

(一)朗姆酒分类

1.按口味分类

按照朗姆酒的口味特征,可将朗姆酒分为浓烈型朗姆(Heavy Rum)酒和清淡型朗姆(Light Rum)酒。

浓烈型朗姆酒是由掺入榨糖残渣的糖蜜在天然酵母菌的作用下缓慢发酵10天以上制成的。酿成的酒在壶式蒸馏器中进行3次蒸馏,得86%Vol左右的无色原酒,然后在橡木桶中熟化5年以上。浓烈型朗姆酒呈金黄色或淡棕色,酒香和糖蜜香浓郁,味辛而醇厚,酒精含量为45%~50%Vol;清淡型朗姆酒是用甘蔗糖蜜、甘蔗汁加酵母进行期短发酵,然后塔式连续蒸馏,产出95%Vol的原酒,在木桶中储存多年,再勾兑配制而成。酒液颜色由浅黄到金黄色,酒精含量为45%~50%Vol。

2.按颜色分类

按照朗姆酒液的颜色,可将朗姆酒分为白朗姆(White Rum)酒、金朗姆(Golden Rum)酒、黑朗姆(Dark Rum)酒。

白朗姆酒指酒液呈无色或淡色,又叫银朗姆(Silver Rum)酒,酿造时原酒要经过活性炭过滤,除去杂味。白朗姆酒味较干,香味不浓,口感柔和精美,风味清淡温和,适合净饮或调酒;金朗姆又称琥珀朗姆,蒸馏后的原酒需存入内侧灼焦的旧橡木桶中至少陈酿3年。金朗姆酒色较深,酒味略甜,香味较浓;黑朗姆又称红朗姆,生产过程中需加入一定的香料汁液或焦糖调色剂进行调色。黑朗姆酒液呈深褐色或棕红色,酒味芳醇。

(二)朗姆酒著名品牌

朗姆酒著名品牌主要有哈瓦那俱乐部(Havana Club)、百加得(Bacardi)、摩根船长(Captain Morgan)等,如图1-5-3至1-5-5所示。

图1-5-3　哈瓦那俱乐部　　　图1-5-4　百加得　　　图1-5-5　摩根船长

1.哈瓦那俱乐部朗姆酒

哈瓦那俱乐部朗姆酒产自古巴,以当地优质甘蔗榨取的糖蜜为原料,经发酵、蒸馏、陈酿和勾兑等工序制成。该酒口感细腻、香气持久,即使与果汁、苏打水或纯净水混合后,香味也依然不变。哈瓦那俱乐部主要有白朗姆、3年陈和7年陈等品种。

2.百加得朗姆酒

该品牌由西班牙移民百加得于1862年在古巴创立,以自己的名字"百加得"命名,并以夫人玛利亚创作的蝙蝠象征记号作为商标。百加得朗姆酒的酒精含量为 40%～44%Vol,酒液为金色或暗色,口感柔和、清淡滑爽,它可以和任何软饮料调和,直接加果汁或冰块后饮用,被誉为"随瓶酒吧",一直被用来调制全球传奇的鸡尾酒。

3.摩根船长朗姆酒

摩根船长朗姆酒得名于曾经做过海盗的一名牙买加总督。摩根船长朗姆酒由摩根·冒路卡路公司生产。与一般的朗姆酒不同,它使用了辣椒并带有天然的香气。三款摩根船长朗姆酒各具特色:摩根船长金朗姆酒味香甜,摩根船长白朗姆酒以软化见称,摩根船长黑朗姆酒则醇厚馥郁。

▎(三)朗姆酒鉴赏

1.色泽

朗姆酒酒液呈深棕色,澄清透明,有光泽,陈酿时间越长,色泽越深厚。

2.香气

朗姆酒具有蔗蜜香、发酵酯香和陈厚的橡木香,香气浓郁、协调。凡有异香和浮香者质量较差。

3.口味

朗姆酒入口醇和、柔润、细腻、郁美,饮后有余香。凡口味冲辣、尖刺或淡薄者质量较差。

4.风格

朗姆酒香与味揉和一体,具有朗姆酒的独特风格。

▎(四)朗姆酒饮用

朗姆酒可以直接单独饮用,也可以与其他饮料调制成鸡尾酒,在晚餐时作为开胃酒来喝,也可以在晚餐后喝。在朗姆酒产区,人们大多喜欢喝纯朗姆酒,不加以调混,实际上这是品尝朗姆酒最好的做法。而在美国,人们一般用朗姆酒来调制鸡尾酒。用古典杯加冰饮用也是常见方式。

四、 糖浆

糖浆是鸡尾酒的重要配料,特别能彰显饮品中的花香、果香和药草特性,同时也体现了鸡尾酒的酒体和饮用时长。酒吧常用糖浆如下:

1.单糖浆

单糖浆由糖和水制成,是调酒师使用的基础甜味剂。普通单糖浆的糖水比为 1∶1,而浓单糖浆的糖水比可以达到 2∶1。自制单糖浆的步骤如下:

(1)将糖和水放入平底锅里;

(2)用中火煮;

(3)不停地搅拌直到糖完全溶解;

(4)让糖浆静置直到冷却至室温;

（5）把糖浆倒入干净的瓶子里。

2.红石榴糖浆

红石榴糖浆是酒吧常用糖浆，其特点是味道酸又甜，颜色呈深红色。它是鸡尾酒常用材料之一，主要原因就是它的味道和鲜红或粉红的颜色，一般由石榴制成。

3.龙舌兰糖浆

龙舌兰是一种商业化生产的甜味剂，取材于不同种类的龙舌兰，其中包括蓝色龙舌兰。龙舌兰糖浆有原色、淡色、琥珀色和深色几个种类。淡色龙舌兰糖浆味道较淡，几乎无原材料的味道，有点类似单糖浆，因此有时用于调酒。

4.甘美糖浆

甘美糖浆是调酒中常用的一种材料。糖水兑比为 2∶1，因添加了阿拉伯树胶成分能防止糖结晶，从而为饮品增加了光滑的质地。

5.杏仁糖浆

杏仁糖浆是由杏仁、糖、玫瑰水或橙花水制成的。这种带坚果味、柑橘味的糖浆有明显的杏仁味，适用于调制美态和多种蒂基饮品。

五、 调酒工具

合适的工具使得调酒更为便捷，缺少任何一样都会导致一些简单的操作无法完成。酒吧常用的工具如下：

1.量杯（Jigger）

量杯有两种，一种是两头呈锥形的金属组合杯，一头大，另一头小。组合杯的型号较多，常用的组合型号有 15 mL 和 30 mL、20 mL 和 40 mL 以及 30 mL 和 50 mL，适用于量取烈酒。另一种是杯壁上有刻度的透明厚玻璃杯或铬合金量杯，适用于量取量大的材料。

2.调酒杯（Mixing Glass）

调酒杯是用于搅拌冰块和各种调酒材料的厚玻璃器皿，有杯嘴，内侧底部呈圆形，便于调酒匙搅拌酒液，容量一般为 480~510 mL，经过热处理而且防破碎。

3.吧匙（Bar Spoon）

吧匙是将不同调酒材料进行搅拌，使其充分混合的工具。吧匙柄长、匙浅，柄长可以触到高杯的底部，匙柄呈螺旋状便于旋转。常用的有两种：一种是单头吧匙，用于搅拌、震荡以及分层；另一种是双头吧匙，一端为匙，另一端为碾棒或叉子，可充当碾棒捣碎装饰物或叉取装饰物。

4.摇酒壶（Shaker）

摇酒壶用于混合经搅拌无法充分调和的材料，能将冰块和各种材料充分混合并迅速冷却。通常分为两种：一种是英式摇酒壶也称作老式或三段式摇酒壶，由壶身、过滤器和壶盖三部分组成，一般由不锈钢、镀银等金属材料制成，常用容量为 250 mL、350 mL 和 530 mL；另一种是美式波士顿摇酒壶，也称为花式摇酒壶，由两个锥形不锈钢杯或玻璃杯组成，使用时将一个锥形不锈钢杯或玻璃杯套紧在另一个之上，这是专业调酒师偏爱的工具。

5.开瓶器（Bottle Opener）

开瓶器可分为两种：一种是螺旋开瓶器，用于开启葡萄酒等酒瓶上的软木塞，包括螺旋钻头(钻进木塞)、锯齿刀(切掉密封瓶口的锡箔)、海马刀(卡住瓶口)和手柄(拔出木塞)四个部分，形状类似折刀；另一种是打开啤酒瓶等瓶盖的扳手。

6.酒嘴（Pourer）

酒嘴安装在烈酒瓶口上可控制倒酒的速度。酒嘴种类较多：有慢速、快速、塑料或不锈钢材质以及定量酒嘴。建议使用波西酒嘴，这是一种定量酒嘴，即在达到设定容量时它会自动关闭。

7.滤冰器（Strainer）

霍桑(Hawthorn)过滤器是酒吧常见滤冰器，形似扁勺，带有2个或4个叉头，使滤冰器贴合在波士顿摇酒壶或调酒杯的杯口上，线圈部分则有助于阻挡冰块而滤出酒液。

8.冰桶、冰夹和冰铲（Ice Bucket，Ice Tong，Ice Scoop）

冰桶是用来盛放冰块的容器，常用的有不锈钢和玻璃两种质地，呈圆桶状，通常底部加有网状底垫，可以漏出融化的水。冰夹和冰铲是夹取、盛舀冰块的不锈钢工具，通常与冰桶配成一组使用。往调酒杯或摇酒壶中添加多块冰时使用冰铲，而往载杯中添加1块冰时则使用冰夹。

9.宾治盆（Punch Bowl）

宾治盆是用来调制量大的混合饮料的容器，容量大小不等，有不锈钢、玻璃和塑料等质地。宾治盆有时还配有宾治杯和勺。

10.柠檬夹（Citrus Squeezer）

柠檬夹是一种钳状手动工具，能高效挤榨果汁，并防止果汁飞溅至双手。将柑橘类水果块置于抓斗中，用力挤压榨出果汁。

11.橙皮削刀（Orange Peeler）

柑橘削皮器是用来削去橘子、橙子等柑橘类水果果皮的专用工具。使用时一只手拿削皮器，刀片朝下切入果皮；另一只手转动水果，可削出一条十分好看的螺旋状果皮，用它装饰饮品既添香又显得精巧。

12.砧板和酒吧刀（Cutting Board，Bar Knife）

砧板材质为木材或塑料，用来切水果等装饰物，不仅卫生而且安全，同时还能保护台面和刀刃。酒吧刀一般是小型或中型的不锈钢刀，刀口比较锋利，用于切水果等装饰物。

13.鸡尾酒签（Cocktail Pick）

鸡尾酒签用于串连水果块、洋葱、樱桃或任何可以穿刺并放入鸡尾酒中的装饰物。将鸡尾酒签置于载杯中不仅美观而且增味。

14.碾棒（Muddler）

碾棒是一种不锈钢或木制的捣碎工具，形似迷你棒球棒。一头是平的，用来碾碎新鲜的药草、叶子和水果等；另一头是圆的，用来碾碎冰块。

以上用具如图1-5-6至1-5-19所示。

图 1-5-6　量杯　　　　　　　　图 1-5-7　调酒杯　　　　　　　图 1-5-8　吧匙

图 1-5-9　摇酒壶　　　　　　　图 1-5-10　开瓶器　　　　　　图 1-5-11　酒嘴

图 1-5-12　滤冰器　　　　图 1-5-13　冰桶、冰夹和冰铲　　　图 1-5-14　宾治盆

图 1-5-15　柠檬夹　　　　　　图 1-5-16　橙皮削刀　　　　图 1-5-17　砧板和酒吧刀

图 1-5-18 鸡尾酒签　　　　　　图 1-5-19　碾棒

复习与巩固

1.列举课本之外以朗姆酒为基酒的经典鸡尾酒。

2.列举朗姆酒的品牌及其特点。

3.简述单糖浆的制作过程。

4.列举调酒工具及其特点。

任务六

用摇和法调制以特基拉为基酒的鸡尾酒

学习目标

1. 学会用摇和法调制以特基拉为基酒的鸡尾酒
2. 了解特基拉
3. 了解碳酸饮料
4. 了解矿泉水

一、 以特基拉为基酒的鸡尾酒

(一)玛格丽特(Margarita)

1.玛格丽特简介

就像大多数鸡尾酒一样,玛格丽特的起源存在争议,至今没有定论。最初的某个说法认为,1938年卡洛斯赫雷拉在加利福尼亚的饭店里为一位曾是齐格飞舞者的顾客发明了这款酒,这位顾客除了特基拉以外对任何烈酒都过敏。另一说法称此酒于1942年由弗朗西斯科·莫拉莱斯发明,他称之为"雏菊",在西班牙语中"雏菊"就是"玛格丽特"的意思。还有一种说法认为达拉斯名媛玛格丽特·萨麦斯于1948年在其位于墨西哥的度假屋中举办的一场大型派对上发明了此酒。这些不一致的说法都有一个共同点,即此酒的原始配方都含有特基拉、君度利口酒和莱姆汁。

2.调制玛格丽特(国际调酒师协会版)

[方法]

摇和法

【准备材料】

工具：冰铲、量酒器、摇壶

配方：50 mL 纯龙舌兰特基拉、20 mL 橙皮甜酒、15 mL 鲜莱姆汁

载杯：玛格丽特杯

【操作过程】

① 用莱姆块在半边杯口上擦拭，然后将杯口蘸上盐；

② 用冰铲取适量冰块放入摇壶；

③ 用量酒器量出所需酒水倒入摇壶中摇匀；

④ 滤入冰镇的玛格丽特杯中。

（二）汤米玛格丽特（Tommy's Margarita）

1.汤米玛格丽特简介

1990 年胡里奥伯梅霍在其父母的饭店发明了此酒，该饭店名叫汤米墨西哥饭店，始创于 1965 年。汤米玛格丽特的特点不是用橙皮甜酒来中和特基拉和莱姆汁，而是以龙舌兰糖浆提升特基拉的味道，因为龙舌兰糖浆与特基拉的原料都来自龙舌兰这种植物。这一简单的变化创造了一款味道与原版玛格丽特相似的鸡尾酒，还为顾客减少了卡路里的摄入量，它成为当时美国加州饮食更清淡、更清新风格的象征，这一风格至今仍然是餐饮业的主流。

2.调制汤米玛格丽特（国际调酒师协会版）

［方法］

摇和法

【准备材料】

工具：冰铲、量酒器、摇壶、冰夹

配方：60 mL 纯龙舌兰特基拉、30 mL 鲜莱姆汁、30 mL 龙舌兰糖浆

载杯：岩石杯

【操作过程】

① 用冰铲取适量冰块放入摇壶；

② 用量酒器量出所需酒水倒入摇壶中摇匀；

③ 用冰铲取冰块装满岩石杯；

④ 将摇壶中的酒水滤入岩石杯中；

⑤ 用冰夹取莱姆片挂在杯口上。

（三）长岛冰茶（Long Island Iced Tea）

1.长岛冰茶简介

长岛冰茶的真正起源尚不清楚，早期的一种说法将此酒的发明归功于查尔斯·毕晓普，他是田纳西州金斯波特长岛社区人。据说毕晓普在美国禁酒令实施期间突发奇想，将特基拉、伏特加、金酒、朗姆、威士忌和槭糖浆混合调制成鸡尾酒，并称之为"老毕晓普"。到 20 世纪 70 年代，又有说法称发明者是在纽约长岛橡树海滩酒店工作的罗伯特·巴特，他在 1972 年参加一场比赛的初赛时创作了一款以橙皮甜酒为特色的鸡尾酒。

［方法］

摇和法

【准备材料】

工具:冰铲、量酒器、摇壶

配方:15 mL 伏特加、15 mL 特基拉、15 mL 白朗姆、15 mL 金酒、15 mL 君度利口酒、30 mL 柠檬汁、20 mL 单糖浆、适量可乐

载杯:海波杯

【操作过程】

① 用冰铲取适量冰块放入摇壶;

② 用量酒器量出可乐以外的所有酒水倒入摇壶中摇匀;

③ 用冰铲取冰块装满海波杯;

④ 将摇壶中的酒水滤入海波杯中;

⑤ 最后注入可乐至杯满。

注:此款酒也可用兑和法,将可乐以外的所有材料倒入盛满冰的海波杯中,注入可乐至杯满,轻轻搅匀。

二、 特基拉

特基拉酒又称龙舌兰酒,是以墨西哥珍贵植物龙舌兰(Agave)的鳞茎部位为原料,经发酵、蒸馏制成的烈性酒。特基拉酒只生产于墨西哥的龙舌兰种植区,生产必须严格遵守墨西哥政府的规定。

(一)分类

特基拉一般分为两大类:一类指由 100% 的蓝色龙舌兰汁制成,并且必须在墨西哥酒厂装瓶;另一类指至少由 51% 的蓝色龙舌兰汁制成,可散装出口,在遵守墨西哥政府相关规定的前提下于其他国家装瓶。

(二)产品等级

根据产品是否陈放和陈酿时间的长短,特基拉酒分为五个等级。

1.白色特基拉(Blanco)

"Blanco"在西班牙文中有白色之意,该等级的酒液清澈透明,在蒸馏处理后立即装瓶,通常拥有比较辛辣、浓郁的蓝色龙舌兰的的植物香气。有些酒厂为了让产品口感柔顺一些,则选择将蒸馏后的新酒短暂地放入橡木桶中陈放,但最多不超过 2 个月。

2.金色特基拉(Joven abocado)

"Joven abocado"在西班牙文中意指"年轻且顺口",此等级的酒酒液呈金黄色,但未经陈放或熟化,而是在装瓶前添加色素和香料,例如焦糖色素、橡木萃取液、甘油、糖或糖浆等,这些添加剂使得产品看起来有点像是陈放的。

3.微陈特基拉(Reposado)

"Reposado"在西班牙文中意思是"休息过的",此等级的酒经过 2 个月到 1 年时间的橡木桶陈放。木桶存放通常会让龙舌兰酒的口味变得比较芳醇、复杂一点,因为酒会吸收

部分橡木桶的风味和颜色，时间越长，颜色越深。

4.陈酿特基拉（Añejo）

"Añejo"在西班牙文里意指"陈年的"。根据西班牙政府规定，在最大容量为 600 L 的橡木桶内陈酿至少 1 年的特基拉酒，才能冠名为 Añejo。美国威士忌酒桶、法国橡木桶和干邑白兰地酒桶，通常被用来熟化这种特基拉酒，陈酿期一般为 1~3 年。此等级酒颜色更深、口味更复杂，但比 Reposado 更柔顺。

5.特级陈酿特基拉（Extra Añejo）

特级陈酿特基拉由 100% 蓝色龙舌兰汁制成，在橡木桶中陈酿至少 3 年，其颜色更深，味道更丰富。

（三）著名品牌

特基拉酒的著名品牌有金快活（Jose Cuervo）、索查（Sauza）、雷博士（Pepe Lopez）、奥美加（Olmeca）、懒虫（Camino Real）等，如图 1-6-1 至 1-6-5 所示。

图 1-6-1　金快活　　　　图 1-6-2　索查　　　　图 1-6-3　雷博士

图 1-6-4　奥美加　　　　图 1-6-5　懒虫

1.金快活特基拉

金快活珍藏 1800 特基拉（Antigua 1800）于公元 1795 年隆重面世。出于对金快活特基拉的赏识，当时的西班牙国王卡洛斯五世御赐了一块肥沃的土地。5 年以后，也就是公元 1800 年，世界上第一瓶经过橡木桶陈酿的金快活龙舌兰酒诞生了。

2.索查特基拉

索查特基拉在 1873 年诞生于墨西哥，是墨西哥的第一品牌。索查传承三代优良造酒方式，使用最好的蓝色龙舌兰搭配传统的生产技术，让它成为拥有良好信誉的龙舌兰家族,更是第一个外销美国的龙舌兰品牌。多年来始终与金快活并称为特基拉酒双雄,口感清淡柔和、色香味俱佳,是最受当地人青睐的酒饮。

3.雷博士特基拉

雷博士特基拉是产自墨西哥哥哈利斯科州的一种龙舌兰酒,自 1857 年于墨西哥东部连绵山脉中的特基拉村庄开始生产,采用种植超过 8~12 年的珍贵龙舌兰为主要原料经双重蒸馏,确保香味浓郁品质。雷博士龙舌兰酒在 1998 年获得世界龙舌兰酒大奖,并得到墨西哥政府质量和原产地认可奖章。雷博士龙舌兰酒加入橙汁和糖浆,就会产生彩虹般的奇幻效果。在酒中倒入柠檬苏打或者汤力水,轻轻敲打,会迅速爆发气泡。

4.奥美加特基拉

奥美加特基拉植根于古代墨西哥奥美加文化,富有浓郁的墨西哥风情和迷人的异国情调。以采摘自墨西哥高原的龙舌兰为原料,经过二次蒸馏工艺,提炼成的奥美加特基拉酒,蕴含柔和的色泽和新鲜的柠檬清香。

5.懒虫特基拉

懒虫特基拉于 70 多年前起源于墨西哥的特基拉地区,选用天然优质的墨西哥龙舌兰酿制而成。懒虫特基拉酒色泽透明清澈,如果加入橙汁和糖浆,就会产生彩虹般的奇幻效果。

▌(四)特基拉酒饮用

特基拉酒常用于净饮。最传统的喝法是先在手背上倒些海盐来吸食,然后用淹渍过的辣椒干、柠檬干佐酒,恰似"火上浇油",美不胜言。另一种饮用方式是一手执一杯特基拉酒,一手拿半片柠檬。用手指沾些食盐,然后挤出柠檬汁,放入口内,再喝一口特基拉酒。另外,特基拉酒也常作为鸡尾酒的基酒,如墨西哥日出(Tequila Sunrise)深受人们喜爱。

三、　碳酸饮料

碳酸饮料是指在原料中添加了糖、香料、酸味剂、无机盐及人工碳酸气等制成的饮料。据说最初是受自然涌出的碳酸矿泉水的启发,制作过程中人为地加入了二氧化碳气体。二氧化碳在饮料中的作用:一是开瓶时二氧化碳气体大量涌出,可促进人们饮用的欲望;二是二氧化碳气体可以刺激胃液的分泌,促进消化,增强食欲;三是在炎热的夏天,饮料中的二氧化碳带走体内的热量,可降低体温,使人有凉爽的感觉。

▌(一)分类

1.普通型

碳酸饮料中不使用天然香料和人工合成香料,通过往饮用水中压入二氧化碳制成。常见的有苏打水、矿泉水碳酸饮料。

2.果味型

以酸味料、甜味料、食用香精、食用色素等为原料,用充有二氧化碳的原料水调配而成。这类汽水的果汁含量低于2.5%，具有水果香味，色泽鲜艳、价格低廉，不含营养物质，一般只起清凉解渴的作用。人们可以用不同的食用香精和食用色素来模仿任何水果的香味和色泽，制造出各种果味汽水，如奎宁水、姜汁汽水、柠檬汽水等。

3.果汁型

在原料中添加了超过2.5%的新鲜果汁制成，它除了具有水果特有的色、香、味之外，还含有一定的营养物质，有利身体健康。常见的有鲜橙汽水、菠萝汽水、蜜瓜饮料等。

4.可乐型

将多种香料、天然果汁、焦糖色素混合后压入二氧化碳气体制成，如美国的可口可乐、百事可乐、七喜等。

（二）常见品种

1.苏打水

苏打水是碳酸氢钠的水溶液，可以天然形成或者用弱碱泡腾片、苏打泡腾片以及机器人工生成。苏打水含有弱碱性，医学上外用可消毒杀菌。市面上出售的苏打水大部分是在经过纯化的饮用水中压入二氧化碳，并添加甜味剂和香料的人工合成碳酸饮料。

2.汤力水

汤力水是英文"Tonic Water"的音译，又叫奎宁水、通宁汽水。早期汤力水只含有碳酸水和奎宁成分，且奎宁的含量极高，奎宁中的植物性生物碱类物质拥有抵抗疟疾这种热带传染病的效果，因此常被作为药物使用。如今的汤力水中添加了糖类与柠檬、莱姆等水果提取物，并且大幅降低奎宁的含量，常被用于调制鸡尾酒。

3.可口可乐

可口可乐是美国可口可乐公司旗下的产品。1886年药剂师约翰·彭伯顿在试制的饮料中加入糖浆、水和冰块，他品尝后感觉味道极好。当他调制第二杯时，助手不小心加入了苏打水，这一意外竟然使饮料的味道更加完美。合伙人罗宾逊从糖浆的两种产出物得出命名的灵感，这两种产出物就是古柯（Coca）的叶子和可乐树（Kola）的果实，罗宾逊为了整齐划一，将Kola的"K"改"C"，然后在两个词中间加一横，于是Coca-Cola便诞生了。

（三）碳酸饮料服务

1.碳酸饮料有两种服务方法：一种是预调制，指直接从厂商包装好的瓶罐中倒出饮料上桌；另一种是现调制，指使用饮料枪或饮料机供应饮料。

2.碳酸饮料的服务温度以4~8 ℃为佳。要控制好冰的使用量，通常使用规格较大且冻得结实的冰块，不使用碎冰，因为碎冰溶解速度快会冲淡饮料的味道。

3.供应碳酸饮料时，通常配上柠檬和酸橙等装饰物以增添饮料的清凉感。

四、 矿泉水（Mineral Water）

（一）矿泉水的种类

矿泉水一般分为天然矿泉水和人工矿泉水两大类。

1.天然矿泉水

天然矿泉水是从地下深处自然涌出的或经钻井采集的,每升水中至少含有 1 g 溶解的矿物质或 0.25 g 二氧化碳。矿泉水中含有偏硅酸、锶、锂等元素,能够促进骨骼和牙齿的生长发育,有利于骨骼钙化,防治骨质疏松,同时还能预防高血压,保护心脏,调节中枢神经,安定情绪等。

天然矿泉水一般不添加或去除任何成分,在原产地直接装瓶,瓶标上应注明其成分和产地。

2.人工矿泉水

人工矿泉水是添加二氧化碳和少量溶解矿物质的饮料,对人体有一定的保健作用,瓶标上应注明是人工制成的。

(二)矿泉水的分级

矿泉水按照以下标准分级:

(1)矿物盐类的含量

矿泉水中通常含有钙、镁、钠、钾、铁、氯化物、碳酸氢盐、硫酸盐和硝酸盐等溶解矿物盐类,这些矿物盐类的含量决定了矿泉水的矿物质含量,一般分低、中和高三个等级,在有火山活动的地区采集到的矿泉水矿物盐类的含量最高。

(2)二氧化碳的含量

以 1 L 矿泉水中含有多少克溶解二氧化碳来衡量其含量,一般分低、中和高三个等级。

表 1-6-1 列举了几种知名品牌的矿泉水中矿物盐类和二氧化碳的含量等级。

表 1-6-1　知名品牌的矿泉水中矿物盐类和二氧化碳的含量等级

种类	产地	矿物质含量	二氧化碳含量
毕雷(Perrier)	法国	低	高
维希圣伊奥尔(Vichy Saint-Yorre)	法国	高	低
维希塞勒斯坦(Vichy Celestins)	法国	高	中
翡乐(Ferrarelle)	意大利	中	低
圣佩莱格里诺(San Pellegrino)	意大利	中	中
阿波利纳里斯(Apollinaris)	德国	高	高
德劳特沃(Gerolsteiner)	德国	高	高
博尔诺米(Borjomi)	俄罗斯	高	中

(三)矿泉水服务

1.温度

矿泉水适合在 8~10 ℃冷藏后饮用,这种温度下的矿泉水更加清凉提神。供应矿泉水时不要加冰块,以免冲淡矿泉水的味道。

2.水杯

高脚水杯是最适合饮用矿泉水的杯子,饮用时抓住杯脚而不是杯身,以避免手掌的温度加热杯中的矿泉水。

3.装饰

最常用的装饰物是一片柑橘类水果,如柠檬片或酸橙片,这些水果中的柠檬酸能增强矿泉水的口感并赋予其提神的功效。

五、　酒吧服务的日常工作程序

酒吧服务工作程序化的目的是建立良好的服务工作秩序,提高服务效率,从而进一步贯彻执行酒吧的服务质量标准,保持酒吧的服务品位,提高酒吧的服务质量,防止差错和事故的发生。

酒吧服务的日常工作程序可分为三个基本环节,即营业前的准备工作、营业中的工作和营业结束后的工作。

(一)营业前的准备工作

营业前的准备工作俗称"开吧"(Opening Duties),主要工作内容包括清洁酒吧、补给物品、摆放物品、调酒准备、更换织物、工程维修等。

1.清洁酒吧

(1)清洁吧台区

擦洗吧台、操作台台面,使其无污渍、水迹、灰尘,且光亮平滑;擦拭橱柜、酒水陈列架、酒杯架、瓶罐,确保无残留酒液、无灰尘;冲洗水池,使其内壁光亮,无污渍、渣滓。

(2)清洁设备

咖啡机、榨汁机、搅拌机等需每天清洗并消毒。每隔三天彻底清洁一次冰箱、冰柜,确保外表光洁,内部货架、夹层、壁面无水渍和污渍。

(3)清洁调酒用具和载杯

调酒用具和酒杯需随用随洗,未使用过的酒杯也要每天重新消毒。

(4)清洁地面

每日要多次用拖把擦洗吧台内外的地面,始终保持地面干燥光洁,无碎片、碎屑。

(5)清洁其他区域

酒吧其他区域主要包括吧台外的宾客座位、门厅和卫生间等场所,这些区域的清洁工作主要包括清扫和整理两部分,在整理过程中要将桌椅以及台面上的烟灰缸、花瓶和酒牌按规定摆放整齐。

2.补给物品

(1)消费品

根据酒吧存货标准以及上一班次的缺货记录领取酒水、食品、香烟等消费品,领取时务必清点数量、核对名称。将领回来的消费品分类放置,需要冷藏的酒水、食品及时放进冰箱,遵循先入先出(FIFO)的原则摆放,即先领用的先销售或使用,避免因存放过期而造成浪费。

(2)调酒用具和载杯

检查调酒用具、酒杯等是否种类齐全、完好无损、数量充足,如有缺损需及时领取补充,领回酒吧的酒具需清洗消毒后才能使用。

（3）服务用品

服务用品包括毛巾、餐巾纸、杯垫、吸管、长短搅棒、装饰雨伞、火柴、烟灰缸等，对这些物品进行清点，如有短缺需及时补充。

（4）其他用品

其他用品指各种表格（点酒单、领料单、调拨单等）、文具用品（笔、记录本、打印纸等）、棉织品（口布、刀叉布）、垃圾袋以及清洁剂等物品，一般每周领取一到两次。

3.摆放物品

（1）陈列酒品

陈列酒品要遵循几个原则：美观大方、便于操作；按类别分开陈列；价格悬殊的同类酒品不能并排摆放；散卖酒要放在操作台前伸手可及的位置，不常用的酒放在酒架的高处；酒瓶之间需余留一定间隙；所有酒标朝外。

（2）摆放载杯

酒杯可分悬挂与摆放两种。悬挂的酒杯主要起装饰作用，一般不使用，若急需时要清洗后再使用；摆放在操作台上的酒杯要方便操作，如加冰块的酒杯放在靠近冰桶的地方，不加冰块的酒杯放在其他空位；啤酒杯、鸡尾酒杯可放在冰柜中冰镇。

（3）摆放调酒用具

将调酒用具放置于操作台上，摆放要整齐且便于调酒操作，高的不常用的用具放在内侧，矮的常用的则置于外侧。

4.调酒准备

（1）准备冰块

启动制冰机制作冰块，将冰槽、保温冰桶中装满冰块并盖好盖子。

（2）准备配料

辣椒油、胡椒粉、盐、糖、豆蔻粉等配料放在操作台前面，以备调制时取用；鲜奶、淡奶、菠萝汁、番茄汁等开封后无法再密封的需装入塑料密封容器内，然后存放在冰箱中备用；浓缩橙汁、柠檬汁要先稀释后倒入瓶中，也需存放在冰箱内；其他调酒用的汽水放在伸手可及的位置。

（3）准备饰物

清洗及消毒所需水果，以备制作装饰物之用。橙角、柠檬片、柠檬角等预先切好摆放在碟子里用保鲜膜封好备用；从瓶中取出少量咸橄榄放在杯中备用；红樱桃取出后用冷开水冲掉上面的糖水，然后放入杯中备用。以上几种装饰物都放在操作台上。

（4）其他准备

将量杯、吧匙、冰夹浸泡在干净水中；杯垫、吸管、调酒棒和鸡尾酒签等装入专用器皿后置于操作台前。

5.更换织物

酒吧使用的棉织品有棉布和餐巾两种。棉布主要用于擦抹台面，需浸湿后使用，餐巾（镜布、口布）主要用于擦拭酒杯，要干用，不能沾水。棉织品要使用一次清洗一次，必须浸泡在指定消毒水中，需要用时再取出。

6.工程维修

检查各类电器、所有陈设以及装饰装潢，如有异常或损坏应立即报修。

（二）营业中的工作

营业中的工作主要有待客服务、酒水服务和清洁整理等内容。

1.待客服务

（1）迎接顾客

见到顾客时应主动上前迎接，面带微笑、使用敬语问候顾客，用专业优雅的手势请顾客进入酒吧。顾客需要存放衣物时，提醒客人将贵重物品和现金保管好。

（2）引领顾客入座

以顾客的步速走在顾客的右前方，用手势示意座位的方向。一般将单个顾客领到吧台前的吧椅就座，两个以上的顾客则引领到座位区就座，也可让顾客自行选择座位。入座前为顾客拉出椅子，等其站入座位后，用膝盖将椅子轻轻推入。

（3）呈递酒单

顾客坐定后，站在顾客的右侧，打开酒单或拿起台面上的酒牌，用双手呈递给顾客。如果顾客在交谈，应伺机行事，递上酒单的同时要表示歉意。

（4）恭候顾客点单

认真、耐心地听候顾客点选，随时回答顾客的询问。发现顾客犹豫不决时，可向顾客推荐饮品，在指示酒单中的酒品时切忌用手指或笔指指点点，应保持掌心向上的指示方式。

（5）开点酒单

顾客点完酒水后要向顾客重复其所点的酒水名称及数量，得到确认后再进行输入或填写。点酒单上要清楚地写明日期、时间、桌号、人数、服务员姓名、酒水品种、酒水数量及特殊要求。

（6）签单

邮轮上一般不使用现金，而是将顾客的房卡作为结账的依据。顾客点酒完毕时请顾客出示房卡，为顾客刷卡后出具账单，在递送酒水时将房卡、账单交给顾客，并请顾客在账单上签字。顾客每点一次酒水都要刷卡和签单。

（7）送客

顾客准备离席时，主动上前拉开椅子，提醒顾客拿好随身携带的物品。如顾客有衣物存放在酒吧，要为顾客取回衣物。送顾客至门口，感谢顾客惠顾，并欢迎再次光临。

2.酒水服务

（1）递送酒水

对于坐在吧台前的顾客，直接将出品的酒水、纸巾、杯垫和小食等放在顾客面前的吧台台面上。对于座位区的顾客，则要使用托盘，用左手端起托盘走向顾客，从顾客右侧递送酒水和物品。摆放时先放杯垫后上酒水，拿取酒杯时手指不能接触杯口，放下酒杯的同时轻声说出酒水的名称。

当顾客点选整瓶酒时，首先为顾客选配合适的酒杯，再用托盘将酒瓶、酒杯等托送至顾客台前。先放杯垫后放空杯，然后将酒瓶放于台面上，在顾客面前打开酒瓶，在询问顾客的饮用方式后为其斟酒。

（2）添加酒水

时刻观察顾客的饮用情况。对于饮用啤酒等整瓶酒水的顾客,当顾客杯中的酒水少于1/3时,应及时添加酒水直至顾客示意不要为止;对于饮用鸡尾酒等单杯酒水的顾客,在其即将饮用完毕前,应主动上前询问是否需要添加,添加时需更换酒杯。

3.清洁整理

（1）撤空杯或瓶罐

要撤下空杯或瓶罐时应征得顾客同意,同时询问顾客是否需要再次点酒水。如果顾客点的酒水与前一次不同,要为顾客更换酒杯。

（2）更换烟灰缸

当发现顾客的烟灰缸中已有两个烟头时,应立即更换。取干净的烟灰缸放在托盘上,走到顾客台前,轻声示意顾客,右手拿起一个干净的烟灰缸,盖在台面上已使用过的烟灰缸上,将两个烟灰缸一起放在托盘上,然后将干净的烟灰缸放回台面。

（3）清理台面

顾客离开后,将台面上所有物品收拾到托盘中,然后用湿抹布将台面擦干净,再摆上干净的烟灰缸和其他用品。

（4）处理垃圾

顾客使用过的一次性杯垫、吸管、餐巾纸等需分类扔到垃圾桶中,空杯则放入洗涤筐内送去清洗,空瓶罐和其他饮料包装要分类归放并及时送到垃圾间,以免长时间放置而产生异味。

▌（三）营业结束后的工作

营业结束后的工作俗称"收吧"（Closing Duties）,包括清理酒吧、填写报表和安全检查等内容。

1.清理酒吧

（1）清洗调酒用具和载杯

将使用过的酒杯全部收起放入洗杯机中清洗消毒。将使用过的调酒用具浸泡于消毒液中,稍后冲洗干净。

（2）清空垃圾

将垃圾桶分类送至垃圾间倒空,然后进行清洗直至无残留、无污渍。

（3）收回酒瓶

将所有陈列在酒架上的酒瓶小心取下放入橱柜中,散卖酒和调酒用过的基酒酒瓶要用湿毛巾把瓶口擦净后再放入柜中。

（4）清理冰箱

先将冰箱内部擦拭干净,用保鲜膜封好未用过的水果装饰物后放回冰箱中保存,开了罐的汽水、啤酒和其他易拉罐饮料要全部清除,存放超过48 h的果汁、水果也必须丢弃。

（5）清洁吧台区

吧台、操作台、水池要擦拭干净,冰槽、冰桶内的余冰需倒掉并清洗干净,地面用刷子和拖把拖干净。

2.填写报表

（1）以点酒单为依据统计并填写当日酒水销售数量。

(2)清点酒水,然后填写当日酒水实际盘存数。

(3)根据当日酒水销售量、实际盘存数以及预定情况填写领料单。

(4)填写交接班记录。

3.安全检查

(1)关闭除冷藏设备以外的所有电器开关。

(2)检查所有的水龙头、窗户是否关紧,橱柜是否锁好。

(3)对整个酒吧再次进行安全检查,及时消除火灾等安全隐患。

(4)关闭照明电源,将大门上锁。

复习与巩固

1.列举课本之外以特基拉为基酒的经典鸡尾酒。

2.简述特基拉产品等级。

3.列举特基拉的品牌及其特点。

4.列举酒吧常用碳酸饮料的品种及以碳酸饮料为配料的鸡尾酒。

5.列举知名品牌矿泉水的分级情况。

6.如何在酒架上陈列酒品?

7.酒吧营业中如何为客人递送酒水?

用分层法调制鸡尾酒 任务七

学习目标

1. 学会用分层法调制鸡尾酒
2. 了解一口酒
3. 了解啤酒
4. 了解葡萄酒
5. 了解甜食酒

一、 分层法

（一）定义

分层法指用不同颜色的酒水在载杯中形成彩虹或条纹效果。分层的关键是各种材料的比重，下一层的液体要比上一层的比重大，两层之间的比重相差越大，分离效果越好。用分层法调制的鸡尾酒主要有彩虹酒和漂漂酒。如图 1-7-1 和 1-7-2 所示。

图 1-7-1 彩虹酒

图 1-7-2 漂漂酒

（二）操作步骤

1.准备用具

量酒器、吧匙

2.放料顺序

依据鸡尾酒配方的分量将酒水按照其糖度含量的高低（糖度越高，比重就越大），依次倒入载杯中，先倒入糖度含量高的（比重大的），再倒入糖度含量低的（比重小的）酒水。

3.操作技法

（1）彩虹酒

调制彩虹酒时，调酒师必须熟练掌握各种酒水不同的含糖量（比重的大小），知道哪种酒水在下层，哪种酒水在上层，记住它们的倒入顺序。调制过程中必须做到心平气和，尽量避免手的颤动，以防酒液流速过快而冲击下层酒液，致使酒液色层溶合。具体步骤如下：

① 将吧匙放入载杯底部，匙背朝上，匙尖轻微接触酒杯内壁，将酒水轻轻倒在匙背上，使酒水沿匙背顺着酒杯内壁缓缓流入载杯中。

② 把匙尖放在第一层酒水的液面上，然后慢慢地将第二种酒水倒在第一层之上（见图1-7-3）。

③ 向上移动吧匙，重复以上步骤，直到所有的层次形成。如果两层酒水趋于混合，停顿片刻，当酒水稳定之后，层次会逐渐显现（见图1-7-4）。

图 1-7-3　分层法　　　　　　　　图 1-7-4　三层彩虹酒

（2）漂漂酒

调制漂漂酒时，根据酒水比重，直接兑和，不需要用吧匙引流，也不需要用吧匙搅拌，自然分层，较为美观。给鸡尾酒配上吸管或搅拌棒，客人饮用时根据需要来混合。兑入碳酸饮料的鸡尾酒特别适合用这种方法，能够维持饮品饮用时的冰镇度及碳酸感，如漂漂酒酷乐（见图1-7-5），先用摇和法将酒水摇匀倒入装冰块的载杯中，再兑上冰镇苏打水。

图 1-7-5　漂漂酒酷乐

二、 分层酒

（一）特基拉日出（Tequila Sunrise）

1.特基拉日出简介

这款鸡尾酒的现代版本是在 20 世纪 70 年代初由两个年轻的调酒师在加利福尼亚索萨里托泰鼎酒店创制的。1972 年,比尔格雷厄姆在泰鼎酒店举办了一场私人派对,以启动滚石乐队当年在美国的巡回演出。米克·贾格尔喝了一杯特基拉日出,对它产生了兴趣,其他随行人员也开始饮用此酒。结果他们在美国各地巡演时都要点特基拉日出。在 1973 年,金快活公司意识到这是一个销售机会,于是将特基拉日出的配方印在产品标签的背面。同年晚些时候,由于特基拉日出的人气不断飙升,老鹰乐队为他们的《亡命之徒》专辑录制了一首名为"特基拉日出"的歌曲。

2.调制特基拉日出（国际调酒师协会版）

［方法］
分层法
【准备材料】
工具:冰铲、量酒器、吧匙、冰夹
配方:45 mL 特基拉;90 mL 鲜榨橙汁;15 mL 红石榴糖浆
载杯:海波杯
【操作过程】
① 用冰铲取冰块将海波杯装满;
② 用量酒器量出所需特基拉和橙汁直接倒入海波杯中;
③ 用吧匙背引导红石榴糖浆沿杯壁流入杯中,以产生日出效果;
④ 用冰夹取半片橙片或一块橙皮放入杯中。

（二）B-52

1.B-52 简介

据说在 1977 年,加拿大艾伯塔省班夫市班夫温泉酒店的首席调酒师彼得·菲奇创制了 B-52,命名参照了 The B-52's 乐队的名称,该乐队的名字来源于 20 世纪 50 年代流行的蜂巢发型,这种发型类似于绞式蜂巢,被称为 B-52,因为 B-52 同温层堡垒轰炸机的机头就像个绞式蜂巢。

制作 B-52 火焰时,事先加热最后倒入载杯的酒液,或最后注入 65°～85°百加得 151 这类高度朗姆酒,然后点燃,产生蓝色火焰。在载杯杯口点火可以减少杯子表面与火焰接触的面积,从而降低载杯爆裂的可能性。建议将点燃的 B-52 放在吧台上,使用金属等防火吸管饮用。一旦点燃,应尽快饮用,以免载杯过热或吸管燃烧。鉴于有火灾和载杯爆裂的风险,应始终采取安全预防措施。

2.调制 B-52（经典版）

［方法］

分层法

【准备材料】

工具：量酒器、吧匙

配方：20 mL 咖啡利口酒；20 mL 百利甜酒；20 mL 金万利

载杯：子弹杯

【操作过程】

① 用量酒器量出所需咖啡利口酒倒入子弹杯中；

② 用量酒器量出所需百利甜酒慢慢地倒在吧匙背上，使其漂浮在咖啡利口酒之上；

③ 利用吧匙背将金万利倒入，使其漂浮在百利甜酒之上。

（三）黑丝绒（Black Velvet）

1.黑丝绒简介

这款酒最早是由伦敦布鲁克斯俱乐部的一位调酒师于1861年为悼念维多利亚女王的丈夫阿尔伯特亲王而制作的，据说俱乐部的调酒师在当时悲伤氛围的极大影响之下，要求香槟也要参与悼念，于是将吉尼斯黑啤混入香槟。

2.调制黑丝绒（经典版）

［方法］

分层法

【准备材料】

工具：量酒器、吧匙

配方：120 mL 香槟；120 mL 黑啤

载杯：笛型香槟杯

【操作过程】

① 用量酒器量出所需香槟倒入香槟杯中；

② 用量酒器量出所需黑啤慢慢倒在吧匙背上，使其漂浮在香槟之上。

三、 一口酒（Shooters）

一口酒是由少量烈酒、利口酒和无酒精饮料混合而成的烈性酒精饮料，一般饮用速度很快，一饮而尽的方式很常见。将一口酒作为大杯酒的配酒也十分常见。

一口酒可以使用摇和、调和、搅和、分层或兑和的方法制作。子弹杯或雪利杯通常用来盛放一口酒。一口酒是酒吧常见饮品，在到夜总会聚会的人群中也备受欢迎。一口酒的配方因调酒师和区域的差异而有所不同，具有相同名称的小杯烈酒，可能配方、口味都不尽相同。

四、 发酵酒（Fermented Alcoholic Beverage）

发酵酒又称原汁酒、酿造酒，是指将含有淀粉或糖分的酿酒原料，经过处理后加入酵母菌发酵而产生的含有乙醇的饮料。发酵酒酒精含量较低，一般不会超过 20% Vol，营养价值高,适量饮用对人体有益。如啤酒、葡萄酒等都属于发酵酒。

(一)啤酒(Beer)

以大麦芽、啤酒花、水为主要原料,经酵母发酵作用酿制而成的饱含二氧化碳的低酒精度酒。啤酒酒精含量通常为2%~5%Vol。啤酒含有蛋白质、多种维生素、氨基酸和矿物质,营养丰富,被誉为"液体面包"。

1.酿造啤酒的原料

酿造啤酒的原料有大麦、啤酒花、酵母和水。大麦是酿造啤酒的主要原料,在酿造啤酒时要先将大麦制成麦芽,再进行糖化和发酵;啤酒花,又称蛇麻花,是桑科、葎草属多年生草本蔓性植物。选择酒花应以色泽黄绿、有清香味为好;酵母,酿造啤酒的酵母必须是纯种培养的耐低温酵母。按发酵的特点可分为上发酵酵母和下发酵酵母两类。酿造啤酒所用水应符合饮用水标准,水质的选择对成品啤酒风味和质量影响很大。

2.啤酒的酿造工艺

首先是将大麦制造成麦芽,将麦芽干燥粉碎,放入糊化锅中加水煮至沸腾,得到麦芽汁。然后在煮沸锅中加热麦芽汁,加入啤酒花,小火煮沸。将麦芽汁冷却,温度降低到适合酵母繁殖的温度,加入酵母进行发酵,发酵完成就可以过滤灌装了。

3.啤酒的"度"

啤酒瓶酒标上标注的度数与白酒瓶酒标上标注的度数不同,它并不是啤酒的酒精度,而是原麦汁浓度,即啤酒发酵进罐时麦汁的浓度。由于麦汁浸出物主要是糖类,所以原麦汁浓度常被称为"糖度"。

4.啤酒的分类

(1)按原麦汁浓度分类

啤酒的原麦汁浓度主要有8、10、11、12、14、16、18度。日常生活中我们饮用的啤酒多为11、12度啤酒。

(2)按啤酒色泽分类

啤酒按照色泽可分为淡色啤酒、浓色啤酒和黑色啤酒。淡色啤酒的色度在5~14 EBC(European Brewing Convention,欧洲酿造协定)色度之间。淡色啤酒为啤酒产量最大的一种。淡色啤酒又分为浅黄色啤酒、金黄色啤酒。浅黄色啤酒口味淡爽,酒花香味突出。金黄色啤酒口味清爽而醇和,酒花香味也突出。浓色啤酒,即色泽呈红棕色或红褐色,色度在14~40 EBC之间。浓色啤酒麦芽香味突出、口味醇厚、酒花苦味较清。黑色啤酒,即色泽呈深红褐色乃至黑褐色,产量较低。黑色啤酒麦芽香味突出、口味浓醇、泡沫细腻,苦味根据产品类型而有较大差异。

(3)按杀菌方法分类

啤酒按照杀菌方法可分为鲜啤酒和熟啤酒。鲜啤酒即啤酒包装后,不经过低温灭菌(也称巴氏灭菌)直接销售的啤酒,这种啤酒味道鲜美,但容易变质,保质期在低温下7天左右,一般就地销售;熟啤酒即经过巴氏灭菌的啤酒,这种啤酒可以存放较长时间,可用于外地销售,优级啤酒保质期为120天。

(4)按包装容器分类

啤酒按照包装容器可分为瓶装啤酒、易拉罐装啤酒和桶装啤酒。瓶装啤酒即用玻璃瓶盛装的啤酒，常见的规格有 640 mL、355 mL、500 mL 和 330 mL 等；易拉罐装啤酒一般采用以铝合金为材料的罐，在罐顶部设计有易拉环，方便开启，规格多为 355 mL，便于携带，但成本较高；桶装啤酒包装材料一般为不锈钢或塑料，容量为 30 L。啤酒经瞬间高温灭菌，灭菌温度为72 ℃，灭菌时间为 30 s。

（5）按啤酒酵母性质分类

啤酒按照发酵时使用的酵母性质可分为上发酵啤酒和下发酵啤酒。上发酵啤酒采用的酵母在发酵过程中，酵母随二氧化碳浮到发酵面上，发酵温度为 15～20 ℃，啤酒的香味突出。下发酵啤酒采用的酵母在发酵完毕时凝聚沉淀到发酵容器底部，发酵温度为 5～10 ℃，啤酒的香味柔和。世界上绝大部分国家生产下发酵啤酒。

5.特色啤酒介绍

（1）干啤酒

20 世纪 80 年代末，日本朝日公司率先推出干啤酒。干啤酒便大受欢迎。干啤酒的发酵度高，残糖低，二氧化碳含量高，故具有口味干爽、杀口力强的特点。由于糖的含量低，其属于低热量啤酒。

（2）冰啤酒

冰啤酒由加拿大拉巴特（Labatt）公司开发，将啤酒处于冰点温度，使之产生冷混浊（冰晶、蛋白质等），然后滤除，生产出清澈的啤酒。一般啤酒的酒精度在 2%～5% Vol，而冰啤酒则为5.6% Vol以上，高者可达 10% Vol。冰啤酒色泽特别清亮，口感柔和、醇厚，尤其适合年轻人饮用。

（3）无醇啤酒

无醇啤酒，并不是不含一点酒精。国际标准认为酒精含量在 0.5%以下，具有普通啤酒的色泽、香味和泡沫等特征的啤酒就是无醇啤酒。无醇啤酒的制造方法可分为两大类，即限制发酵法和正常发酵后脱酒精法。

6.啤酒鉴赏

（1）看

看啤酒的酒体色泽，普通浅色啤酒应该是淡黄色或金黄色，黑啤酒为红棕色或淡褐色。看啤酒的透明度，酒液应清亮透明，无悬浮物或沉淀物；看啤酒的泡沫，啤酒注入无油腻的玻璃杯中时，泡沫应迅速升起，泡沫高度应占杯子的三分之一，当啤酒温度在 8～15 ℃时，5 min 内泡沫不应消失，同时泡沫还应细腻、洁白，散落杯壁后仍然留有泡沫的痕迹，即"挂杯"。

（2）闻

闻啤酒的香气，在酒杯上方，用鼻子轻轻吸气，应有明显的酒花香气，新鲜、无老化气味及生酒花气味。黑啤酒闻起来还应有焦麦芽的香气。

（3）尝

品尝啤酒的味道，入口纯正，没有酵母味或其他怪味、杂味；口感清爽、协调、柔和，苦味愉快而消失迅速，无明显的涩味，有二氧化碳的刺激，使人感到杀口。

7.啤酒的饮用

（1）饮用的温度

在炎热的夏天人们都喜欢饮用冰镇啤酒，冰镇的温度对啤酒的口感有很大影响。啤酒在 6~8 ℃时饮用,可以说是消暑解渴的佳品。但一旦冰镇温度低于 3 ℃时,就会改变啤酒的原有风味,倒入玻璃杯时难以起沫。啤酒里所含有的蛋白质还会形成白色的沉淀物。虽然这种啤酒在卫生上并不存在问题,却破坏了啤酒香味的调和性而变成杂乱的口味。

(2)使用干净的酒杯

有时倒啤酒不起沫,出现这一现象多是因为酒杯不干净。特别是沾了油脂的杯子,不起沫的主要原因是含有二氧化碳气体的泡沫接触油脂会失去表面张力,从而保持泡沫的能力就会被降低。还有洗涤时残留在玻璃杯上的洗涤剂也会使啤酒的起泡性变差。

(3)在开启酒瓶前不要剧烈摇晃瓶子

开启酒瓶前如果剧烈摇晃酒瓶,瓶内的二氧化碳会因受力突然逸出,造成泡沫剧烈喷涌而出。这样会造成大量的酒液随之喷出,甚至会造成酒瓶炸裂。

(4)掌握正确的斟倒方法

将啤酒倒入玻璃杯时,应缓慢地沿玻璃杯壁往下倒,瓶口距离杯子的高度为 3~5 cm,杯中酒液与泡沫的比例为 3∶2 时最为理想。

8.啤酒的保存

(1)低温保存

啤酒长时间放置在温度偏高的环境下,其口味调和性将会受到破坏,酒花的苦味质及单宁成分会被氧化,特别是啤酒的颜色会变红,混浊现象也会提前发生。因此,啤酒最好放置在阴凉处或冷藏室内保存。

(2)避免曝晒

经过日光暴晒的啤酒会产生一种令人不愉快的异味。啤酒瓶通常采用褐色或绿色瓶,就是为了遮蔽光线,减轻光化合作用,保持啤酒的质量。

(3)尽早饮用

当啤酒被灌装在容器的瞬间,无论放置在何种理想的条件下保存,随着时间的推移,啤酒的新鲜口味都会逐渐丧失,颜色会变深,甚至还会发生混浊和沉淀现象。如想真正尝到啤酒的美味,就要尽可能趁啤酒新鲜时饮用。

▌(二)葡萄酒(Wine)

葡萄酒是采集新鲜的葡萄,压榨成汁,经过发酵而形成的一种低酒精度的饮品,其酒精度在 8%~14% Vol 的范围之内。葡萄酒富含维生素,尤其是维生素 B 和维生素 C,可帮助消化,促进内分泌,增强活力。葡萄酒中还含有铁质和矿物质,经常饮用有助于健康长寿。

1.优质葡萄介绍

葡萄酒的酿造以优质的葡萄为基础,常用的葡萄品种有赤霞珠、品丽珠、美乐、雷司令等。

(1)赤霞珠(Cabernet Sauvignon),别名解百纳、解百纳索维浓、解百纳苏味浓。原产法国,是法国波尔多地区传统的酿制红葡萄酒的良种。世界上生产葡萄酒的国家均有较大面积的栽培。

(2)品丽珠(Cabernet Franc),品丽珠原产自法国,是法国波尔多三大红葡萄品种之一,比赤霞珠单宁含量更少,也更为细腻,颜色比较浅,拥有微妙的红色水果(覆盆子、草莓)和香料的味道，卢瓦尔河谷产区的品丽珠有时也带有很有特色的青椒香气。

（3）美乐（Merlot），美乐之所以受欢迎是因为它是早熟品种，葡萄果实较大，鲜嫩且产量较高，能够酿制出美味而柔滑的葡萄酒。其果汁颜色为宝石红色，澄清透明，香味浓重且酒体呈现出饱满的紫色。用美乐种酿造的葡萄酒芳香怡人，酒体优雅，入口柔顺，比较典型的口味有樱桃味、李子味、巧克力味以及甘草和薄荷混合味。

（4）雷司令（Riesling），也译为威士莲。雷司令葡萄是上好的白葡萄，其多样性是其他白葡萄种无法比拟的。依产地和藏酿的不同，它有从无甜味到甜味，从清花香、热带水果味到油质和蜡质等一系列品种。

2.葡萄酒的分类

（1）按含糖量分类

葡萄酒按照酒液中的含糖量可分为甜型葡萄酒、半甜型葡萄酒、半干型葡萄酒和干型葡萄酒，含糖量分别是5%以上、1.2%～5%、5‰～1.2%以及5‰以下。例如张裕解百纳干红，指的就是张裕葡萄酿酒公司生产的，以解百纳葡萄为主要原料的，含糖量在5‰以下的干型红葡萄酒。

（2）按酒液颜色分类

葡萄酒按照酒液的颜色可分为红葡萄酒、白葡萄酒和玫瑰葡萄酒。红葡萄酒是用红色或紫色葡萄为原料，将果皮、果肉与果汁混合在一起进行发酵，使果皮和果肉中的色素浸出，然后将发酵的酒与原料分离。其酒体丰满醇厚，略带涩味，适宜与颜色深、口味重的菜肴配合食用。白葡萄酒是将葡萄皮、果肉等与葡萄汁分离，仅用葡萄汁发酵而成，酒的颜色为浅金黄色或无色，外观清澈透明，果香芬芳清新，幽雅细腻，口感微酸，常与鱼虾、海鲜配合食用。玫瑰葡萄酒是经过两次发酵制成，第一次发酵将果汁和果皮、果肉等一起发酵，一段时间后去除沉渣再进行第二次发酵。这类酒的色泽应该是桃红色或玫瑰红、淡红色。既有白葡萄酒的酒香，又有红葡萄酒的和谐丰满，且单宁含量极少，可与各种菜肴配合饮用。

（3）按二氧化碳含量分类

葡萄酒按照酒液中的二氧化碳含量可分为无气葡萄酒、起泡葡萄酒和葡萄汽酒。无气葡萄酒也称静止葡萄酒，这种葡萄酒不含有自身发酵产生的二氧化碳或人工添加的二氧化碳。起泡葡萄酒中的二氧化碳是以葡萄原酒密闭二次发酵产生的，酒精度不低于8%Vol。香槟酒属于起泡葡萄酒。在法国按照原产地保护规定，只有在香槟地区出产的起泡葡萄酒才能称为香槟酒。葡萄汽酒中的二氧化碳是人工添加的，酒精度不低于4%Vol。

（4）按酿造方法分类

葡萄酒按照酿造方法可分为天然葡萄酒、加强葡萄酒、加香葡萄酒和蒸馏葡萄酒。天然葡萄酒即完全采用葡萄原料进行发酵，发酵过程中不添加糖分和酒精，选用提高原料含糖量的方法来提高成品酒精含量及控制残余糖量。加强葡萄酒即发酵成原酒后用添加白兰地等方法来提高酒精含量。雪莉酒和波特酒都是加强葡萄酒。加香葡萄酒即采用葡萄原酒浸泡苦艾、奎宁、丁香等芳香植物，再经调配而成。味美思就是知名的加香葡萄酒。蒸馏葡萄酒即采用优良品种葡萄原酒蒸馏，或发酵后经压榨的葡萄皮渣蒸馏，或由葡萄浆经葡萄汁分离机分离所得的皮渣加糖水发酵后蒸馏而得。

3.葡萄酒的年份

"年份"是指葡萄采收、榨汁酿造的时间，在国外叫作"收获年成号"，是欧美葡萄酒消费者十分重视的一件事。因为葡萄的生长受诸多因素的影响,尤其是气候要素,如光照时间、温度、降水量、空气湿度、风及各种自然现象影响。所以葡萄的生长随着每年气候的变化而不同。葡萄的收成有好年景、坏年景之分,可直接影响葡萄本身的质量,进而影响葡萄酒的质量。在法国等欧洲国家,每年都要对各个葡萄产地(如波尔多、勃艮第、梅多克等)的葡萄收成情况划分等级、进行公告,并形成了惯例。

4.法国葡萄酒的等级

法国于1935年7月30日颁布法律对葡萄酒的名品进行保护,建立了名酒的"名称监制制度"。依照欧盟对葡萄酒分类的要求,法国将葡萄酒分为以下四个等级。

(1)日常餐酒

日常餐酒是等级分类中最低档的一种,无须标注产地、葡萄种类和年份,酒精度在8.5%~15% Vol。可由法国本地葡萄酒或欧盟诸国葡萄酒混合调制而成,但后者需标明葡萄汁的原产国。日常餐酒产区主要集中在地中海沿岸各省,产量约占法国葡萄酒总产量的38%,酒标上明确注明"Vin De Table"(VDT)字样。

(2)地区餐酒

地区餐酒是限定在法国境内特定产区生产的葡萄酒,质量略优于日常餐酒,只能使用经认可的葡萄品种进行酿造,而且葡萄品种必须是酒标上的产地所种植的品种。地区餐酒主要产自地中海沿岸地区,产量约占法国葡萄酒总产量的15%,地中海产区要求酒精含量不得低于10% Vol,其他产区则不得低于9% Vol,酒标上注明"Vin De Pays"(VDP)和产区名。此外还必须具有一定的分析和品尝手段,出厂前必须通过品酒委员会的品尝与核准。

(3)优良产区餐酒

优良产区餐酒是法国的国家优质葡萄酒。该等级必须经过"国家法定产区名称管理局"(INAO)的审定,其生产条件必须符合相关规定,包括原产区、葡萄品种、单位面积最高产量以及酿制方法等。优良产区餐酒产量约占法国葡萄酒总产量的2%,酒标上应注明"Appellation+产区名+Qualite Superieure"(VDQS)。优良产区餐酒是普通地区餐酒向最高等级过渡所必须经历的级别。如果在VDQS时期酒质表现良好,则会升级为最高等级。

(4)法定产区酒

法定产区酒是法国最高级的葡萄酒。该等级酒的生产规定比优良产区餐酒更严格,必须满足由INAO所规定并由法令正式颁布的所有生产条件,包括葡萄产区、葡萄品种、葡萄栽培方法、每公顷最高产量、酿造工艺、最低酒精度、陈酿工艺以及储藏条件等。此外要经过分析和品尝检验,并由INAO正式批准方可冠名(Appellation d'Origine Controlee)。AOC产量约占法国葡萄酒总产量的35%,酒标上注明"Appellation+产区名+Controlee",Controlee是省、县或村,区域越小,质量越佳。

2009年法国葡萄酒的级别发生了变化,日常餐酒VDT更名为VDF(Vin de France),地区餐酒VDP变为IGP(Indication Geographique Protegee),法定产区酒AOC变成AOP(Appellation d'Origine Preotegee)。

5.葡萄酒的饮用

葡萄酒是一种带有鉴赏性的产品,因此饮用时也有一些讲究,这样才能使它更具生命力并将独特的风味发挥得淋漓尽致。

（1）饮用环境

宁静和空气清新的环境气氛是首要条件,餐室中室温和台桌上的布置会更增添气氛,诱发人们品尝的心情和食欲。

（2）酒杯选择

品尝和饮用葡萄酒对容器有一定的要求,甚至有"见杯而知酒"的说法。首先葡萄酒杯应杯身薄、无色透明,以便显现葡萄酒的本色。通常葡萄酒杯为口小腹大,状如郁金香,使酒香能聚集杯口,以便鉴赏酒香。酒杯容量较大,一般酒杯容量约150 mL,每次酌酒量为2/3,约为100 mL。

（3）饮用条件

葡萄酒饮用温度最为讲究,白葡萄酒应为7~10 ℃,红葡萄酒为10~13 ℃。最好的降温方法就是将酒瓶放入冰桶内,并且在饮用前半小时开瓶,使酒与软木塞之间异味消散并充分"呼吸"增加酒香。葡萄酒饮用时间也有讲究,一般认为,晚间是饮用葡萄酒的最佳时间。

（4）鉴赏内容

鉴赏内容主要有观色、闻香和品味。观色即是观察葡萄酒本身的色泽。晶亮透明、微黄带绿是典型白葡萄酒的颜色,宝石红色、紫红色是典型红葡萄酒的颜色。闻香即通过嗅觉,慢慢地领略酒中的香味,是一种果香的气味,无疑香味纯朴是上等葡萄酒所具有的特色。品味即是入口的滋味,慢慢地咽下领略其滋味,口感是酒本身质量最重要的体现,新鲜、醇厚、爽口、可口、纯正都是它的品味内容。

（5）适度饮用

虽然葡萄酒具有以上功效和诱人饮用的作用,但都有饮用适量的限制。联合国世界卫生组织(WHO)指出,适当饮酒基准量是每天相当于10~30 g酒精的含量。根据这个标准,可测算每天饮用葡萄酒200 mL为宜。

6.葡萄酒的保存

葡萄酒理想的贮酒温度在10~16 ℃,温度愈低,成熟愈缓,恒温比低温更重要,应找最凉爽而且不受日照影响的地方来储藏。酒瓶必须斜放、横躺或倒立,以便酒液与软木塞接触,以保持软木塞的湿润。避免强光、噪声及震动的伤害,还要避免与有异味、难闻的物品放置在一起,以免葡萄酒吸入异味。

五、 甜食酒

甜食酒又叫甜点酒,是以葡萄酒为主要原料,加入少量白兰地酒或食用酒精制成的配制酒。其主要特点是口味较甜,通常是佐餐后甜食时饮用的酒品。这种酒的酒精含量超过普通餐酒的一倍,开瓶后仍可保存较长时间。著名的甜点酒生产国有意大利、葡萄牙、西班牙。甜点酒种类有波特酒(Port)、雪利酒(Sherry)、马德拉酒(Madeira)和马萨拉酒(Marsala)等。

▍(一)甜食酒的种类

1.波特酒

波特酒又称为钵酒,是英语"Port"的音译。该酒是葡萄牙的国酒,产自葡萄牙北部杜罗河地区。波特酒以葡萄酒为基本原料,在发酵中添加白兰地酒,终止发酵,将酒精度提高至16%~20%Vol,但保留了酒中的糖分,是一种酒味浓醇、清香爽口的甜葡萄酒。

波特酒可分为红宝石波特酒(Ruby Port)、白波特酒(White Port)、茶色波特酒(Tawny Port)、丰年波特酒(Vintage Port)、陈酿波特酒(Crusted Port)等,知名品牌有山地文(Sandeman)、杜斯(Dow's)、幸运(Hanwood)、泰勒(Taylors)等,如图1-7-6至1-7-9所示。

图 1-7-6　山地文　　　图 1-7-7　杜斯　　　图 1-7-8　幸运　　　图 1-7-9　泰勒

2.雪利酒

许多国家都在生产雪利酒,但以西班牙的赫雷斯(Jerez)市周围生产的雪利酒为最好,属于顶级酒品。雪利酒以葡萄酒为基酒,先发酵提高其酸味,并添加葡萄蒸馏酒提高酒精度,然后采用独特的生物陈酿法陈酿,再用传统的叠桶法(Solera)进行勾兑。勾兑是在专门设置的酒窖里完成的,橡木桶被叠成6~10级,每级有几百个木桶,新酒从最顶部木桶灌入,陈酒从底部木桶取出。当最底部一级木桶的酒陈酿完毕,放出1/3装瓶,用上一级木桶内的酒将下一级木桶续满,如此逐级不断转移,使不同年份的酒被均匀掺和。这种酿造法使雪利酒形成独特的香气和细腻的口味。

西班牙的雪利酒有两大类:干型雪利酒和甜型雪利酒。其他品种均属这两类的变型酒品。干型雪利酒又名菲诺(Fino),以清淡著称,有新鲜的苹果或苦杏仁的香气,酒精含量为16%~18%Vol,常被用作开胃酒,需冰镇后饮用;甜型雪利酒又名奥罗露索(Oloroso),酒呈黄色,酒质芳醇,具有核桃仁香味,口感浓烈,甘甜可口。酒精含量为18%~20% Vol,酒龄长的酒精含量更高,是理想的甜食酒。

雪利酒的名品有:克罗夫特(Croft)、夏薇(Harveys)、派波(Tio Pepe)、惠灵顿(Wellington)等,如图1-7-10至1-7-13所示。

图 1-7-10　克罗夫特　　图 1-7-11　夏薇　　　图 1-7-12　派波　　　图 1-7-13　惠灵顿

3.马德拉酒

马德拉酒产自大西洋中的马德拉群岛(Madeira),以地名命名。马德拉酒以当地生产的葡萄酒为基酒,勾兑当地产的葡萄蒸馏酒,再经保温、加热和贮存等工序酿制而成。高级马德拉酒需在 30~40 ℃ 的恒温中酿藏 3~6 个月,然后在常温中静置 1~2 年,最后封存窖藏 5~10 年。马德拉酒的酒精含量为 16%~18% Vol,酒液颜色为淡黄或棕黄,有独特芳香味。

马德拉酒名品有马德拉酒(Madeira Wine)、鲍尔日(Borges)、巴贝都王冠(Crown Barbeito)、利高克(Leacock)等,如图 1-7-14 至 1-7-18 所示。

图 1-7-14　马德拉酒　　图 1-7-15　鲍尔日　　图 1-7-16　巴贝都王冠　　图 1-7-18　利高克

4.马萨拉酒

马萨拉酒产自意大利西西岛西北部的马萨拉地区,是将葡萄原汁酒和葡萄蒸馏酒勾兑混合而成的。马萨拉酒呈金黄色,略带棕褐色,香气芬芳,口感清冽。根据陈酿时间的长短可分为佳酿、优酿、精酿和特酿四种;根据口味又可分为辣味和甜味两种。著名的马萨拉酒品牌有厨师长(Gran Chef)、佛罗里欧(Florio)、佩勒克里诺(Peliegrino)、拉罗(Rallo)等,如图 1-7-19 至 1-7-22所示。

图 1-7-19　厨师长　　图 1-7-20　佛罗里欧　　图 1-7-21　佩勒克里诺　　图 1-7-22　拉罗

▌(二)甜食酒的饮用及服务

根据酒品本身的特点和不同国家的饮用习惯,甜食酒的品种中有的作为开胃酒,有的作为餐后酒。比如雪利酒中的菲诺类酒,常常被用来作为开胃酒,而奥罗露索类酒则用作甜食酒。

波特酒的饮用时机,根据不同国家的饮用习惯而有差异。英国常将其用作餐后酒饮用;法国、葡萄牙、德国以及其他国家常将其用作餐前酒。一般情况下,甜食酒中的干型酒用作开胃酒,较甜熟的可作为餐后酒,以常温提供。波特酒也可作为佐餐酒。

饮用甜食酒须使用专用的甜食酒杯,其标准用量为每杯 50 mL。不同的酒品,其饮用的温度不同。作为餐前酒的甜食酒,需冰镇后饮用;而作餐后酒饮用,可常温饮用。另外,陈年波特酒因有沉淀,饮用前需要进行滗酒处理。

六、 服务用具

1.红葡萄酒酒架（Red Wine Cradle）

红葡萄酒酒架在红葡萄酒服务流程中,用于展示酒瓶。设计精美的酒架能衬托出酒品的优雅并提升其品位,甚至能成为餐桌上的开门话题。

2.葡萄酒桶和支架（Wine Bucket, Stand）

白葡萄酒和起泡葡萄酒需经过冰镇后低温饮用,在葡萄酒桶内放入约半桶冰块能迅速降温,支架高度接近餐桌高度以方便服务。

3.撇沫器（Skimmer）

在斟倒啤酒时用来撇去多余泡沫的工具,使得泡沫上余留一薄层水,防止泡沫氧化以确保啤酒新鲜清凉。

4.托盘（Tray）

托盘是递送酒水和小食品时使用的装载工具,一般为圆形,盘面通常是防滑材质,常用的型号为10、14英寸。

5.装饰雨伞（Cocktail Umbrella）

装饰雨伞主要是作为热带鸡尾酒的装饰物,其颜色缤纷多彩,映衬出鸡尾酒的色彩并增添品酒者的情趣。

6.鸡尾酒餐巾（Cocktail Napkin）

鸡尾酒餐巾多用于鸡尾酒会,适合顾客置于手心当作餐盘,随意拿取开胃小点和甜食,也可作为杯垫使用,防止酒水溅洒在餐桌上。

7.调酒棒（Mixing Stir）

调酒棒不仅是一种搅拌工具,同时还具有一定的装饰作用,是由不锈钢、塑料和玻璃等制成的细棒。

8.吸管（Straw）

吸管是用于长饮饮料的饮用工具,一般为塑料制品,造型奇异的吸管可起到装饰作用。

9.杯垫（Coaster）

杯垫的材质多样、形状各异、图案精致,起到防滑、保护桌面、装饰、作广告等作用。

以上服务用具如图 1-7-23 至 1-7-31 所示。

图 1-7-23　红葡萄酒酒架　　　图 1-7-24　葡萄酒酒桶和支架　　　图 1-7-25　撇沫器

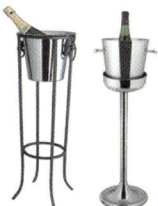

图 1-7-26　托盘

图 1-7-27　装饰雨伞

图 1-7-28　鸡尾酒餐巾

图 1-7-29　调酒棒

图 1-7-30　吸管

图 1-7-31　杯垫

复习与巩固

1. 列举课本之外的经典分层酒。
2. 简述啤酒的生产工艺及分类。
3. 简述葡萄酒的生产工艺及分类。
4. 列举甜食酒的品牌及其特点。
5. 列举酒吧服务用具及其用途。

用搅和法调制鸡尾酒　任务八

学习目标

1. 学会用搅和法调制鸡尾酒
2. 了解乳饮料
3. 识别酒吧常用设备并熟悉其英文名称

一、搅和法

（一）定义

搅和法是使用电动搅拌机进行酒水混合的一种方法,主要用来混合鸡尾酒配方中含有水果(如香蕉、草莓、苹果、西瓜等)较难混合的成分或碎冰时使用。这种调酒方法是通过高速马达的快速搅拌作用以达到混合的目的,采用此方法效果非常好,同时也能极大地提高调酒师调制的效率和调酒的出品量,较为流行。

（二）操作步骤

1.准备用具

准备量酒器、电动搅拌机。

用搅和法操作时要把酒水与碎冰块按配方分量同时放进电动搅拌机中,启动电动搅拌机运转10 s,连冰块带酒水一起倒入酒杯中。

2.放料顺序

依据鸡尾酒配方要求将碎冰与辅料及酒水依次放入搅拌杯中。

3.操作技法

（1）将水果去皮,切成丁、片、块等易于搅拌的形状,然后投入搅拌杯中。

（2）用碎冰机碎冰。

（3）将碎冰和其他材料放入搅拌杯中,将搅拌杯的杯盖盖好(以防高速搅拌时酒液四溅)开动电源使其混合搅拌。(注意使用电动搅拌机进行调酒时,搅拌的时间不宜过长,一般控制在10 s以内,以防止电机的损坏。如果鸡尾酒配方中的材料较难混合时,可以用点动方式进行搅拌调和。)

（4）检查饮料的黏稠度,如果太稀,加点冰再搅拌;如果太稠,则加入少量液体搅拌。

（5）整个搅拌过程结束后,将搅拌杯从搅拌机机座上取下,将搅拌混合好的酒液倒入载杯中。

搅和法(见图1-8-1)、调和法、摇和法、兑和法(见图1-8-2)是鸡尾酒调制最基本的四种方法,在实际的操作过程中,有些鸡尾酒用到一种方法,有些鸡尾酒会同时用到两种方法。如调制鸡尾酒美态(Mai Tai),先用摇和法将酒水和辅料摇均,倒入载杯中,再将10 mL的黑朗姆酒缓慢加入杯中,使其漂浮于液面之上。

图1-8-1 搅和法(波斯猫漫步)

图1-8-2 摇和法+兑和法(美态)

二、 用搅和法制作的鸡尾酒

（一）凤梨可乐达(Piña Colada)

1.凤梨可乐达简介

加勒比希尔顿酒店是波多黎各首府圣胡安的豪华酒店之一,其声称凤梨可乐达最早是在1954年由一名调酒师在其海岸巨浪酒吧创制的。据说当时酒店管理层要求这位调酒师制作一款能体现海岛风味的独创饮料,他花了3个月的时间尝试了数百种组合才调制出这款带甜味、泡沫丰富的由朗姆、椰子奶油和菠萝汁混合而成的鸡尾酒。加勒比希尔顿酒店的这位调酒师在酒店工作的35年期间总是为顾客调制这款鸡尾酒,直到1989年退休。

2. 制作凤梨可乐达(国际调酒师协会版)

［方法］

搅和法

【准备材料】

工具:碎冰机、量酒器、鸡尾酒、冰夹

配方:50 mL 白朗姆、30 mL 椰子奶油、50 mL 菠萝汁

载杯:飓风杯

【操作过程】

① 用碎冰机碎冰,然后投入搅拌杯中;

② 用量酒器量出所需酒水倒入搅拌杯中;

③ 开动搅拌机将材料混合均匀;

④ 将搅拌好的所有材料倒入飓风杯中;

⑤ 用冰夹取被鸡尾酒签串在一起的菠萝片和樱桃放入杯中。

(二)香蕉代基里(Banana Daiquiri)

1.香蕉代基里简介

据说,代基里是 1898 年在古巴发明的,而香蕉代基里在 20 世纪 50 年代创制于美属维尔京群岛的圣托马斯岛山顶的酒吧。这款冰凉怡人的鸡尾酒灵感来自一位英国船长,他认为香蕉和朗姆可能是一种很好的组合。

2.制作香蕉代基里(经典版)

[方法]

搅和法

【准备材料】

工具:吧刀、碎冰机、量酒器、鸡尾酒、冰夹

配方:45 mL 淡朗姆、15 mL 橙皮甜酒、45 mL 莱姆汁、1 根香蕉、1 茶匙糖

载杯:飓风杯

【操作过程】

① 用碎冰机碎冰,然后投入搅拌杯中;

② 将香蕉去皮,切成块状,然后投入搅拌杯中;

③ 将其他材料倒入搅拌杯中;

④ 低速搅拌几秒钟,然后高速搅拌直至均匀;

⑤ 将搅拌物倒进冰镇飓风杯中;

⑥ 用冰夹取樱桃嵌入杯口。

(三)布什瓦克(Bushwacker)

1.布什瓦克简介

布什瓦克起源于 1975 年春的美属维尔京群岛圣托马斯市赛法尔村的赛法尔酒吧,由一名调酒师和饭店经理合作创制。这款美味饮品以顾客的名叫布什瓦克的狗命名,不久被引入美国,并在佛罗里达州流行起来。

2.制作布什瓦克(经典版)

[方法]

搅和法

【准备材料】

工具:吧刀、碎冰机、量酒器、鸡尾酒、冰夹

配方:30 mL 深色朗姆、30 mL 卡鲁亚咖啡利口酒、30 mL 可可甜酒、60 mL 椰子奶油、60 mL 牛奶

载杯:飓风杯

【操作过程】

① 用碎冰机碎冰,然后投入搅拌杯中;

② 用量酒器量出所需酒水倒入搅拌杯中;

③ 开动搅拌机将材料混合均匀;

④ 将搅拌好的所有材料倒入飓风杯中。

三、乳饮料

乳饮料是指鲜牛奶和以鲜牛奶为原料加入其他添加剂加工制成的饮料的总称。

牛奶是人类最理想的天然饮品之一,被誉为"白色血液",所含营养成分几乎都能被人体消化吸收。牛奶含有丰富的供人体热量的蛋白质、脂肪、乳糖,以及人体所需的主要矿物质钙、磷和维生素。

乳饮料按成品组成成分可分为脂肪含量在 3.1% 以上的全脂牛乳,脂肪含量在 1.0%~2.0% 的低脂牛乳,脂肪含量在 0.5% 以下的脱脂牛乳,添加了维生素、锌等的强化牛乳,以及加入了咖啡、果汁等的花色牛乳。

(一)乳饮料的种类

1.鲜牛奶

纯鲜牛奶的主要特征是经过杀菌和消毒。鲜奶大多采用巴氏消毒法,即将牛奶加热至 60~63 ℃ 并维持 30 min,既能杀死全部致病菌,又能保持牛奶的营养成分,杀菌效果可达 99%。另外还可采用高温短时消毒法,即将牛奶加热至 80~85 ℃ 并维持 10~15 s,或加热至 72~75 ℃ 并维持 16~40 s。鲜奶呈乳白色或略带黄色,无沉淀、无凝块、无机械杂质、无黏稠现象,具有牛乳的脂香味。

2.酸奶

酸奶是一种具有较高营养价值的饮料,它是以新鲜的牛奶为原料,添加适量的砂糖,经巴氏杀菌和冷却后,加入纯乳酸菌发酵剂,经发酵后,再冷却灌装的牛奶制品。酸奶的钙质最易被人体吸收,能够增强食欲,刺激肠道蠕动,促进机体的新陈代谢,从而增进人体健康。目前市场上酸奶制品多以凝固型、搅拌型和添加各种果汁果酱等辅料的果味型为主。

印度奶昔(Indian Lassi)是印度人非常喜欢的一种传统酸奶饮料。印度奶昔通常有两种基本口味:甜味或咸味。另外还有各种水果口味的,如芒果、香蕉,以及多种水果混合的,其中都不添加香精,只采用新鲜果肉。由于印度菜的主菜多为羊肉、鸡肉和海鲜类,而且每道菜里洋葱和咖喱必不可少,比较油腻、不好消化,所以酸奶就成了印度菜的最佳拍档。用牛奶制作的醇浓酸奶可以化解掉饭菜里的油腻,这种酸奶非常浓,浓得没法喝而只能用小勺来吃。大部分印度人喝酸奶时不是加糖而是加盐,或者干脆原汁原味。

3.冰淇淋

冰淇淋以牛奶、奶油为主要原料,添加砂糖、食用香精、食用乳化稳定剂等经过搅拌、杀菌、冷冻等加工工艺制成的一种乳类冷饮。较为流行的冰淇淋制品有圣代(Sundae)、奶昔(Milk Shake)等。

（1）圣代

圣代是英文"Sundae"的音译,始创于美国。据说美国的一位州长认为星期日为安息日,不允许出售冰淇淋,冰淇淋生产商便将果浆、水果等覆盖在冰淇淋上,以避免禁售,这种水果冰淇淋因此而得名。圣代后来分为英式圣代和法式圣代。目前圣代一般指英式圣代,是由冰淇淋和压碎的水果、核桃仁或果汁等原料做成;法式圣代又称巴菲,除英式的材料外,加入红酒或糖浆制成。

（2）奶昔

奶昔是将冰淇淋、奶油或鲜奶等加以搅拌直至产生大量的泡沫,有手摇和机制两种。传统奶昔是手摇制成,酒吧多使用奶昔机制作奶昔。

4.乳酸菌饮料

乳酸菌饮料主要是以鲜乳或乳粉、植物蛋白乳(粉)、果蔬汁或糖类为原料,经杀菌、冷却、接种乳酸菌发酵剂、培养发酵、稀释而制成的活性或非活性乳酸菌饮料。相对酸奶而言,这种乳酸菌饮料的营养成分含量较少,仅为酸奶的1/3左右,且很少含有活体乳酸菌。

（二）乳饮料服务

1.热牛奶服务

将牛奶加热至77 ℃左右,用预热过的杯子盛装。加热过程中不宜放糖,因为牛奶和糖在高温下会发生反应,产生果糖基赖氨酸,这种物质会严重破坏牛奶中的蛋白质。

2.冰奶服务

将牛奶放在4 ℃以下的冷藏柜中冰镇,服务时倒入水杯或果汁杯上桌。

3.酸奶服务

酸奶在低温下饮用口味最理想。如需加温,不能直接放在火源上,而是放在不超过人体温的温水中缓慢加温。

四、 酒吧常用设备

酒吧常用设备一般可分为制冷、清洁、调制和销售终端四种类型,其种类繁多、用途各异,多数为电器及自功化设备,操作相对简单。尽管如此,只有熟悉它们的用途才能正确地选择和使用,从而减小劳动强度、提高工作效率。

（一）制冷设备

1.冷藏设备（Cooler/Freezer）

冷藏设备有立式和卧式两种。立式通常称为冷藏柜,用于冷藏葡萄酒、啤酒、果汁、碳酸饮料等,温度一般设定在4~8 ℃;卧式一般是冰柜,用于冷冻冰淇淋、小冰块等或冷藏冰镇饮料。常用的一种为内侧双开门三层储物设计，在门的旁边有一控温面板和通风口，控温面板上有调温旋钮，可以根据冰柜内存放的物品进行控温，通风口外有一空气过滤罩，用来阻隔灰尘。

2.制冰机（Ice Maker）

制冰机的型号较多，型号不同制作出来的冰块也存在差异。每个制冰机只能制作某一形状和型号的冰块。冰块形状分为四方形、圆柱形、扁圆形和长方形等多种，四方形的冰块使用起来较方便且不易溶化。在使用制冰机时需要考虑两个因素，即 24 h 的制冰量和冰块的大小、形状。

3.扎啤机（Beer Dispenser）

扎啤机是为客人提供生啤酒的机器，分为气瓶和制冷设备两部分。气瓶内装有二氧化碳，用输出管连接到生啤酒桶，有开关控制输出气压，气压低则表明气体已用完，需另换新气瓶；制冷设备是急冷型的，整桶生啤酒无须冷藏，连接制冷设备后，输出来的便是冷冻的生啤酒，泡沫厚度可由开关控制。扎啤服务设备是由啤酒柜、柜内的啤酒罐、二氧化碳罐和柜上的啤酒喷头，以及连接喷头和啤酒罐的输酒管（管越短越好）组成的。扎啤设备可放在前吧下面，也可放在后吧。如果吧台区域小，扎啤机可放在相邻的储藏室内，用管把酒头引到吧台内。扎啤操作较简单，只需按压开关就会流出啤酒，最初几杯啤酒泡沫较多是正常现象。开关向前打开为接取啤酒，向后打开接出啤酒沫。生啤机不用时，必须断开电源并摘掉连接生啤酒桶的管子。生啤机需每 15 天由专业人员清洗一次。

4.冰槽（Ice Bin）

冰槽由不锈钢制成，用于盛装冰块或碎冰，槽上的滑盖便于装入和拿取冰块并具有保温功能。有的冰槽配有冷板，其带有多个不锈钢管道接口，可以连接苏打枪，使得饮料经过冰槽时得以冷却。

（二）清洗设备

1.水池（Sink）

水池由不锈钢制成，通常为两槽或三槽水池，有的两侧有滴水板，水池的选择主要根据吧台内的规格及设计要求而定。三槽水池具有初洗、冲洗和消毒的功能，清洗槽通常专供调酒师洗手或初步清洗脏的杯具、玻璃器皿以及瓷器。消毒槽用于浸泡咖啡杯、茶具等器皿以去除咖啡渍、茶垢等污渍。

2.洗杯机（Glass Washer）

洗杯机是酒吧内必备的一种设备，是专门用来清洗杯具的专用清洗机。邮轮上一般使用大型洗杯机，具有清洗、过滤和烘干的功能。在清洗之前，一般将杯具倒扣在杯筐中再放进洗杯机里，调好程序按下电钮即可清洗。在清洗过后，应该及时取出杯具使其自然晾干。一天营业时间结束后，应该对洗杯机进行清洗，将洗杯机内的水排出。每天营业之前应注入新水。

（三）调制设备

1.搅拌机（Blender）

搅拌机主要是用来混合奶、鸡蛋、鲜榨果汁等的常用电动设备，多以硬塑料和不锈钢材为主。大多数酒吧搅拌机都有"开/关"按钮,双速搅拌机有"高速/低速"按钮,其他搅拌机甚至有"点动"按钮,可长按或点动。使用之前应该检查容器内是否干净,使用之后应该及时清洗容器,保持容器内的清洁。

2.碎冰机(Ice crusher)

碎冰机能均匀地破碎冰块,使其达到鸡尾酒所需要的粗细度,因此是一种理想的碎冰方法。使用碎冰机不仅高效而且省时省力,锋利的刀片能将冰块变成柔软、细致、蓬松的冰雪。

3.榨汁机(Juicer)

榨汁机用于榨取胡萝卜或甜菜等果蔬汁液,这些材料不宜使用搅拌机,因为可能会损坏搅拌机的刀片。使用时先将果蔬等材料切成小块,然后放入投料口内,按动开关先以低速旋转,过 2~3 s 后再让其高速旋转。使用之前应检查容器内是否干净,使用之后应及时清洗容器,保持容器内的清洁。

4.咖啡研磨机(Coffee Grinder)

咖啡研磨机是研磨咖啡豆的工具,有手动式和电动式两种,品牌和型号多样。邮轮酒吧通常使用电动式研磨机,且具有调整研磨粗细程度的功能。

5.浓缩咖啡机(Espresso Maker)

浓缩咖啡机通过加压使即将煮沸的热水流经碾磨咖啡和过滤器,从而冲泡出浓稠咖啡。喷头用于连接可拆卸过滤器。过滤器的滤网里盛放碾磨咖啡。咖啡机如配有蒸汽棒,能为咖啡饮品加热和打泡(如打奶泡)。

(四)销售终端(POS)

POS 机是邮轮酒店部计算机网络系统的一部分,具有账单记录,销售分析,监督和管理每日销售情况,分派和贮存酒水饮料数量等功能。酒吧管理人员可以根据其提供的数据来检查、分析酒吧的经营状况,制定出营销决策。

以上设备如图 1-8-3 至 1-8-14 所示。

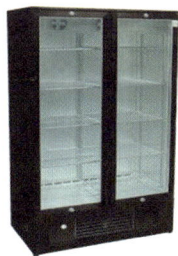
图 1-8-3 立式和卧式冷藏柜

图 1-8-4 制冰机

图 1-8-5 扎啤机

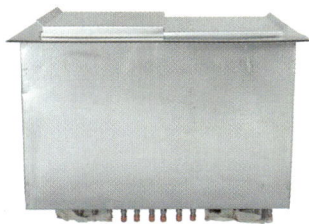
图 1-8-6 冰槽

图 1-8-7 水池

图 1-8-8　洗杯机　　　　图 1-8-9　搅拌机　　　　图 1-8-10　碎冰机　　　　图 1-8-11　榨汁机

图 1-8-12　咖啡研磨机　　　　图 1-8-13　浓缩咖啡机　　　　图 1-8-14　POS 机

复习与巩固

1. 列举课本之外使用搅和法制作的经典鸡尾酒。

2. 列举酒吧常用设备及其用途。

茶与咖啡饮品 任务九

学习目标

1. 学会制作茶饮料
2. 学会制作咖啡饮品
3. 了解茶
4. 了解咖啡

邮轮酒吧里也有茶与咖啡饮品,但酒吧里的茶与茶馆里的功夫茶表现形式不同,酒吧里的咖啡还能调成美酒加咖啡。

一、茶饮料

茶是一种健康的饮料。茶起源于中国,中国百姓生活俗语有"开门七件事:柴、米、油、盐、酱、醋、茶"。中医中对茶的评价很高:《本草拾遗》中记载,"茶为万病之药";《神农本草经》中言,"神农尝百草,日遇七十二毒,得茶而解之"。

下面介绍茶在酒吧中的几种表现形式。

1.冰柠檬茶(见图1-9-1)

[方法]

调和法

【准备材料】

工具:量杯、冰桶、冰夹、杯垫、吧匙

配方:1壶冰浓红茶、45 mL 糖浆、30 mL 柠檬汁

载杯:果汁杯

装饰物:柠檬片、吸管

【操作过程】

①洗净双手并擦干;

②把适量冰块放进果汁杯中,倒入糖浆、柠檬汁、倒入浓红茶至7分满,搅拌均匀,放入薄柠檬片;

③将调制好的冰柠檬茶置于杯垫上;

④清洁器具,清理工作台。

2.热红茶(英式奶茶)(见图1-9-2)

[方法]

调和法

【准备材料】

工具:茶壶、吧匙

配方:1袋茶包、细白糖、热牛奶

载杯:1套红茶杯

【操作过程】

①洗净双手并擦干;

②往壶中放入茶包(红茶),冲泡浓茶。往杯里加入1吧匙细白糖,往杯里冲入热牛奶至8分满;

③将红茶杯放于碟上,碟上配匙,出品;

④清洁器具,清理工作台。

图 1-9-1　冰柠檬茶　　　　　图 1-9-2　热红茶(英式奶茶)

3.泡沫红茶(见图1-9-3)

[方法]

摇和法

【准备材料】

工具:量杯、冰桶、冰夹、搅棒、杯垫

配方:45 mL糖浆、冲泡好的红茶

载杯:圆筒玻璃杯

装饰物:吸管

【操作过程】

①往摇酒壶中放入适量冰块;

②放入糖浆、红茶;

③摇匀,倒入杯中;

④垫上杯垫,配吸管,出品;

⑤整理操作台。

4.鸡尾酒-绿仙子奶茶(见图1-9-4)

[方法]

摇和法

【准备材料】

工具:量杯、冰桶、冰夹、搅棒、杯垫

配方:15 mL绿薄荷酒、15 mL糖浆、30 mL鲜奶、冲泡好的浓绿茶

载杯:圆筒玻璃杯

装饰物:薄荷、吸管

【操作过程】

①往摇酒壶中放入适量冰块,载杯中放入适量冰块;

②倒入绿茶、糖浆、鲜奶、绿薄荷酒;

③摇匀,倒入杯中;

④装饰薄荷叶,插入吸管;

⑤垫上杯垫,出品;

⑥整理操作台。

图1-9-3　泡沫红茶　　　　　图1-9-4　鸡尾酒绿仙子奶茶

二、　咖啡饮品

　　咖啡原产于非洲埃塞俄比亚的卡法(Kaffa)地区。咖啡的营养价值很高,它含有脂肪、蛋白质、咖啡因、糖分、碳水化合物、无机盐和多种维生素。咖啡具有振奋精神、解渴防暑、除湿利尿、提神醒脑、增强心肌收缩能力,以及促进血液循环等功效,深受人们喜爱。

　　1.热咖啡(见图1-9-5)

【准备材料】

配方:1个热咖啡壶、1包糖、1粒奶泡

载杯:1套咖啡杯

【操作过程】

①洗净双手并擦干;

②将热咖啡壶中的热咖啡倒入咖啡杯中,至7分满;

③将咖啡杯、勺放于碟上，碟上配上糖、奶泡、出品；

④清洁器具，清理工作台。

图 1-9-5　热咖啡

2.皇室咖啡、柠檬燃情皇室咖啡（见图 1-9-6、图 1-9-7）

【准备材料】

工具：量杯、打火机

配方：1 个热咖啡壶、1 粒方糖、1 粒奶泡、15 mL 白兰地

载杯：1 套咖啡杯

【操作过程】

①用咖啡壶冲制好咖啡，倒入杯中 7 分满；

②用酒精灯加热皇室咖啡专用银匙，将方糖放在银匙上，用量杯量 15 mL 白兰地，将白兰地倒在方糖上，点火；

③将银匙中的方糖和白兰地一起放入杯中搅拌。

注：加入白兰地可以使咖啡更香浓，提神醒脑，帮助消化。欧洲人爱在热咖啡中加入烈酒共饮，可能是由于气候寒冷的关系，需要不时补充热饮以御寒，再加上酒精促进血液循环，可活血。

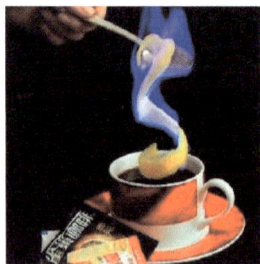

图 1-9-6　皇室咖啡　　　　　　　　　　　图 1-9-7　柠檬燃情皇室咖啡

3.爱尔兰咖啡（见图 1-9-8）

【准备材料】

工具：量杯、酒精灯、打火机

配方：30 mL 爱尔兰威士忌、方糖、1 杯热咖啡、适量鲜奶油

载杯：爱尔兰咖啡杯

【操作过程】

①爱尔兰咖啡杯中先加 30 mL 爱尔兰威士忌，加入方糖（或 2 小匙砂糖），再放于专用架，用酒精灯烧热使方糖溶化，点火；

②将冲调好的咖啡倒入杯中，约 7 分满；

③注入适量的鲜奶油；
④垫上杯垫，出品。

图 1-9-8 爱尔兰咖啡

三、 茶

（一）茶的主要成分

茶是以茶叶为原料，经过沸水泡制而成的热饮品或凉饮品。茶是风靡世界的三大无酒精饮料之一。茶的主要成分有茶多酚、生物碱、茶多糖、茶黄素、矿物质元素等。茶多酚又称茶单宁，是茶中多酚类化合物的总称。茶多酚具有增强毛细血管的弹性、抗菌、消炎、抗病毒、抗辐射的作用；生物碱包括咖啡碱、茶碱、可可碱、腺碱等，可以兴奋精神、解除疲劳、强心利尿；茶多糖能够提高人体的非特异免疫功能，对降血糖防治糖尿病有一定效果；茶黄素可以降血脂保护心血管，防止血管硬化，延缓衰老。另外，茶叶中还含有几十种矿物元素，如磷、钾、钠、硫、钙、锰、铅等，特别是其他食物中少有的微量元素，对人体有一定的营养价值和药理作用。

（二）茶的分类

茶叶按照制作工艺的不同，大体可分为两大类，即基本茶类和再加工茶类。基本茶类包括绿茶、红茶、青茶、白茶、黄茶、黑茶等。再加工茶类包括花茶、紧压茶、果味茶、草药茶等。

1.绿茶

绿茶是中国最古老的茶类，是一种不发酵的茶，在很大程度上保留了茶的本味。绿茶的制作工艺流程分为杀青、揉捻、干燥三个步骤。杀青是利用高温杀死青叶中的催化酶，使酶失去活性，保持叶片的绿色。揉捻是将杀青的鲜叶反复搓揉，使松散的叶子成条索状。揉捻的目的：一是为了造型；二是为了使茶汁揉出附于叶表，便于用热水冲泡供人们饮用。干燥是蒸发掉水分，便于保存。品质优良的绿茶的特点是干茶色绿，冲泡后茶水色绿汤清，香气清新芬芳，滋味鲜醇爽口，浓而不涩。冲泡绿茶时，水温控制在80℃～90℃，以玻璃杯为宜。采用透明玻璃杯泡饮细嫩绿茶，便于观察茶在水中的缓慢舒展、游动、变幻过程，人们称其为"绿茶舞"。

代表品种有西湖龙井、黄山毛峰、洞庭碧螺春、庐山云雾等。

西湖龙井是中国最早的十大名茶之一，产自浙江省杭州市西湖西南龙井村周围的群山之中。最早的龙井茶仅指杭州西湖狮峰山下老龙井茶地所产之茶，后来范围扩大，泛指西湖山区出产的西湖龙井。西湖龙井因产地不同，分为"狮、龙、云、虎、梅"五个品类。"狮"为龙井狮峰一带所产，"龙"为龙井、翁家山一带所产，"云"为云栖、五云山一带所产，"虎"为虎跑一带所产，"梅"为梅家坞一带所产。其中以"狮峰龙井"品质最佳。龙井茶色泽黄绿，外形扁平光滑，形似"碗钉"，汤色碧绿明亮，香腹如兰，滋味甘醇鲜爽。因此，龙井茶以"色绿、香腹、味甘、形美"四绝名扬天下。

黄山毛峰产自素以奇峰、怪石、云海、温泉四绝而闻名于世的安徽省黄山市黄山风景区内的桃花峰、紫云峰一带。其制作工艺始于清朝光绪年间谢裕泰茶庄。由于新制茶叶白毫披身，芽尖峰芒，且鲜叶采自黄山高峰，遂命名为黄山毛峰。黄山毛峰分为特级和一、二、三级，以特级为代表。特级黄山毛峰在清明至谷雨前采制，以一芽一叶初展为标准，当地称之为"麻雀嘴稍开"，手工炒制。该茶形似雀舌，芽壮多毫，色如象牙，香清高长，汤色清碧微黄，香气如兰，滋味鲜浓醇厚，堪称"名茶极品"。其品质特征可用八个字来形容：香高、味醇、汤清、色润。

洞庭碧螺春产自江苏省吴县太湖洞庭山，为绿茶中的珍品，早在清康熙年间就已成为宫廷贡茶。碧，碧绿；螺，外形卷曲如螺；春，采制于早春。碧螺春条索纤细，卷曲如螺，满身披毫，银白隐翠，汤色碧绿清澈，香气清新幽雅而持久，滋味鲜醇甘厚，回味绵长。因此，碧螺春以"形美、色艳、香浓、味醇"四绝闻名中外。

庐山云雾产自风景秀丽、云雾缭绕的著名避暑胜地江西庐山一带，素以"味醇、色秀、香馨、汤清"享有盛名。庐山种茶，始于汉代，后来随着佛教的传入，山中寺庙甚多，各自在云雾山间栽茶制茶，均称"云雾茶"。宋代，庐山云雾已成贡茶。有诗赞曰："庐山云雾茶，味浓性泼辣。若得长时饮，延年益寿法。"庐山云雾条索紧结粗壮，色泽碧嫩光滑，香气芬芳高长，汤色绿而明亮，滋味爽快醇厚，叶底嫩绿微黄。

2.红茶

红茶是中国第二大茶类，是世界上生产量和消费量最大的茶类。红茶属于全发酵茶，是以鲜芽叶的一芽到三叶为原料，经过"萎凋、揉捻、发酵、干燥"四个工序加工而成。萎凋的目的是使鲜叶蒸发掉一部分水分，使叶片软化，便于揉捻成团或切成小颗粒，为发酵做准备。发酵是红茶制作工艺中的关键工序，又称渥红。其原理是使叶子中的单宁氧化，从而形成"红叶红汤"所特有的香气和滋味。红茶干叶为褐红色，香气高甜，滋味鲜浓，调配性好。冲泡红茶时，水温控制在90℃～100℃，以白瓷杯为宜。采用白瓷杯冲泡能更好地衬托茶汤的颜色。

红茶代表品种有正山小种、祁门功夫、滇红功夫等。

正山小种是世界上最早的红茶，亦称红茶鼻祖，由福建武夷山深处茶农于明朝中后期创制而成。武夷山市桐木关是生产正山小种红茶的发源地，至今已经有400多年的历史。茶叶是用松针或松柴熏制而成的，有着非常浓烈的香味。因为是熏制，茶叶呈灰黑色，但茶汤为深琥珀色。"正山小种"红茶一词在欧洲最早称 WUYI BOHEA，其中 WUYI 是武夷的谐音，在英国，它是中国茶的象征。"正山"即指正确、正宗的意义，而"小种"是指其茶树品种为小叶种，且产地及产量受地域的小气候所限之意；故"正山小种"又称桐木关小种。

祁门功夫是中国传统工夫红茶的珍品，有百余年的生产历史，也是中国传统出口商品。主产地祁门县位于安徽省最南端，境内峰峦起伏、山势陡峻、林木丰茂，茶园多分布于海拔100～350 m的山坡与丘陵地带。祁门功夫茶条索紧秀，锋苗好，色泽乌黑泛灰光，俗称"宝光";内质香气浓郁高长,似蜜糖香,又蕴藏有兰花香,汤色红艳,滋味醇厚,回味隽永,叶底微软红亮,在国内外享有盛誉。

滇红功夫茶属大叶种类型的工夫茶,外形肥硕紧实,叶身显露金毫,亦有浓郁的香气和滋味,沁人心脾。滇红功夫茶肥硕雄壮,条索紧结,色泽乌润,金毫特显,汤色鲜亮,为功夫茶之上品。滇红功夫茶产于云南省南部与西南部的临沧、保山、凤庆、西双版纳、德宏等地。产地的境内群峰起伏,平均海拔 1 000 m 以上。冲泡后汤色红鲜明亮,金圈突出,香气鲜爽,滋味浓强,富有刺激性,叶底红匀鲜亮,加牛奶仍有较强茶味,呈棕色、粉红色或姜黄色,色泽鲜亮,以浓、强、鲜为其特色。

3.青茶(乌龙茶)

乌龙茶是青茶的一种,但由于其香气馥郁很有特色,因此人们常用"乌龙茶"这一名称来代表青茶。乌龙茶是介于红茶和绿茶之间的一种半发酵茶。半发酵茶是指在加工过程中,茶叶经过适当的发酵,叶片适当红变,但发酵程序又不及全发酵茶。它既有绿茶的鲜灵清纯,又有红茶的醇厚甘爽,还具有花茶的芬芳幽香,集众美于一体,被称为"茶中之王"。乌龙茶冲泡后,叶片周边是红色的,中间是青色的,三分红边七分青叶,素有"绿叶红镶边"之美称。冲泡乌龙茶时,水温控制在 100 ℃左右,以紫砂壶为宜。

乌龙茶代表品种有大红袍、铁观音、凤凰单枞、冻顶乌龙等。

大红袍产自福建武夷山,品质优异。武夷岩茶具有绿茶之清香,红茶之甘醇,是中国乌龙茶中之极品。生长在武夷山九龙窠景区的大红袍母树有三棵六株,至今已有 350 多年的历史,根据联合国批准的武夷山列入《世界自然与文化遗产名录》,大红袍母树作为古树名木列入《武夷山世界自然与文化遗产名录》。

铁观音产自闽南安溪县西平乡,因其色泽褐绿,重实如铁,饮能生津,香美赛过观音,故名铁观音。冲泡后汤色金黄浓郁似琥珀,有天然馥郁的兰花香,滋味醇厚甘鲜,回甘悠久,俗称"观音韵",有"七泡有余香"之誉。

凤凰单枞产自广东省潮州市凤凰镇,因需单株采摘、单株制作加工、包装储藏等,故得名"凤凰单枞"。凤凰单枞茶条索卷曲紧结而肥壮,色泽黄褐油润有光,并有朱砂红点,冲泡清香持久,有独特的天然兰花香,滋味浓郁鲜爽,汤色清澈呈黄色,叶底边缘朱红,具有独特的山韵品格。

冻顶乌龙茶俗称冻顶茶,产自台湾省南投县冻顶山一带,为台湾历史名茶。相传清咸丰年间台湾省台南县有一青年从福建武夷山引入乌龙茶苗植于冻顶山,并加以精心培育,单独采制,因其起源于冻顶山,故名冻顶茶。冻顶乌龙茶外形卷曲呈半球形,色泽墨绿,茶汤清爽怡人,汤色蜜绿带金黄,茶香清新典雅,喉韵回甘浓郁且持久,饮后杯底不留残渣。品质以春茶最好,香高味浓,色艳;秋茶次之;夏茶品质较差。

4.白茶

白茶属于轻微发酵茶,是我国茶类中的特殊珍品。基本工序是萎凋、烘焙或阴干、挑剔、复火等,其中萎凋是形成白茶品质的关键工序。茶色之所以为白色,是由于人们采摘了细嫩、叶背多白茸毛的芽叶,加工时不炒不揉,仅萎凋、晒干或用文火烘干,使白茸毛在茶的外表完整地保留下来,故名白茶。白茶外形芽毫完整或形态自然成朵,满身披白毫,素有"绿妆素裹"之美感,芽头肥壮,汤色黄绿清澈,滋味清淡回甘,叶底嫩匀。冲泡白茶时,水温控制在 80 ℃~85 ℃,以玻璃杯为宜。

白茶代表品种有白毫银针、白牡丹等。

白毫银针简称银针，又叫白毫，是白茶中的珍品，素有茶中"美女""茶王"之美称。主产于福建省福鼎和政和两县。由于鲜叶原料全部是茶芽，制成成品茶后，形状似针，白毫密被，色白如银，因此被命名为白毫银针。白毫银针外形芽壮肥硕显毫，茶在杯中冲泡，即出现白云疑光闪，满盏浮花乳，芽芽挺立，蔚为奇观。

白牡丹是白茶中的上乘佳品，采用福鼎大白茶、福鼎大毫茶为原料，经过传统工艺加工而成，因其绿叶夹银白毫心，形似花朵，冲泡后绿叶托着嫩芽，宛如蓓蕾初放，故得名白牡丹。白牡丹外形毫心肥壮，叶张肥嫩，呈波纹隆起，芽叶连枝，叶缘垂卷，叶态自然，叶色灰绿，夹以银白毫心，呈"抱心形"，叶背遍布洁白茸毛，叶缘向叶背微卷，芽叶连枝。汤色杏黄或橙黄清澈，香味鲜醇，叶底浅灰，叶脉微红，布于绿叶之中，有"红装素裹"之誉。

5.黄茶

黄茶属轻微发酵茶，它的加工工艺与绿茶相似，但多了一道闷黄工序，使得黄茶具有"黄汤黄叶"的特点。闷黄是形成黄茶特点的关键，主要做法是将杀青和揉捻后的茶叶用纸包好，或堆积后盖上湿布，促使茶坯在湿热作用下进行非酶性的自动氧化，形成黄色。冲泡黄茶时，水温控制在85 ℃左右，以玻璃杯为宜。

黄茶代表品种有君山银针、蒙顶黄芽等。

君山银针为黄茶中的珍品，产自湖南省岳阳市洞庭湖君山岛，因形细如针，故名君山银针。从古至今，君山银针以其色、香、味、奇称绝，饮誉中外。其成品茶芽头苗壮挺直，长短大小均匀，茶芽内面呈金黄色，外层白毫显露完整，而且包裹坚实，茶芽外形像一根根银针，雅称"金镶玉"。君山银针茶香气清高，味醇甘爽，汤黄澄高，芽壮多毫，滋味甘醇甜爽，久置不变其味。冲泡时，芽竖悬汤中冲升水面，徐徐下沉，再升再沉，三起三落，蔚成趣观。

蒙顶黄芽自古为茶中珍品，民谣称"扬子江中水，蒙山顶上茶"，可见蒙顶茶名之盛。特级蒙顶黄芽茶青采用明前全芽头制作、每市斤干茶需要4万~5万个芽头。蒙顶黄芽做工精细，采用传统炒闷结合的工艺，采用嫩芽杀青，草纸包裹置灶边上保温变黄，让茶青在湿热的环境下自然发酵，然后做型，再包黄烘干。其口感鲜醇甘爽，为黄茶之极品。

6.黑茶

黑茶是后发酵茶，由于采用的材料粗老，在加工过程中鲜叶经渥堆发酵变黑，故称黑茶。黑茶原主要供边区少数民族饮用，所以又称边销茶。黑茶是藏族、蒙古族和维吾尔族等少数民族日常生活的必需品，有"宁可一日无食，不可一日无茶"之说。黑茶茶色呈暗褐色，叶粗、梗多，茶汤黄褐色，香气浓郁，滋味醇厚。黑茶茶性温和、耐泡、耐煮、耐存放，具有解毒、降血脂、减肥等功效。冲泡黑茶时，水温控制在100 ℃左右，以紫砂壶为宜。

黑茶代表品种有云南普洱茶、广西六堡茶等。

云南普洱茶是以云南省一定区域内的云南大叶种晒青茶为原料，由茶农采用特定工艺，经后发酵加工形成的散茶和紧压茶，是中国名茶中最讲究冲泡技巧和品饮艺术的茶类，其饮用方法异常丰富，既可清饮，也可混饮。耐泡是普洱茶的一个优点，用盖碗或紫砂壶冲泡陈年普洱茶，最多可以泡20次以上。

广西六堡茶，原产、主产于中国广西梧州六堡镇，享誉海内外，红、浓、陈、醇，有独特槟榔香气、越陈越佳，采摘一芽二三叶，经摊青、杀青、揉捻、沤堆、干燥等工艺制成。六堡茶红透的汤色是一种喜庆的汤色,给人的感觉温暖、喜庆和醇红。中国红,寄寓着平安喜庆、和谐团圆、兴旺发达!中国红,经历了上下五千年的传承,可谓是对中华民族源远流长、生生不息、繁荣兴旺历史的高度概括,既是民族的主题色彩,更是民族的哲学观。

7.花茶

花茶属于再加工茶,是用茶叶和香花进行拼和窖藏从而使茶叶吸收花香而制成的香茶,又称窖花茶、熏花茶或香片。利用茶善于吸收异味的特点,将有香味的鲜花和新茶一起闷,茶将香味吸收后再把干花筛除,制成的花茶香味浓郁,茶汤色深。花茶又可细分为花草茶和花果茶。营养学专家认为,常喝鲜花茶可调节神经,促进新陈代谢,提高机体免疫力。

花茶代表品种有茉莉花茶等。

茉莉花茶,又叫茉莉香片,有"在中国的花茶里,可闻春天的气味"之美誉。茉莉花茶是将茶叶和茉莉鲜花进行拼和、窖制,使茶叶吸收花香而制成的,茶香与茉莉花香交互融合,"窖得茉莉无上味,列作人间第一香"。茉莉花茶的茉莉花香气是在加工过程中就逐步具有的,所以成品茶中的茉莉干花起的仅仅是点缀、提鲜、美观的作用,但有无干花做点缀并不能作为判断花茶品质好坏的标准,判断茶叶好坏还应该以茶叶本身的滋味为标准。

8.紧压茶

紧压茶属于再加工茶,是用各类茶叶经过加工蒸压成一定形状而制成的。紧压茶的多数品种比较粗老,干茶色泽黑褐,汤色澄黄或澄红。紧压茶有防潮性能好,便于运输和储藏,茶味醇厚,适合减肥等特点。紧压茶一般都是销往蒙藏地区,这些地区牧民多食肉,日常需大量消耗茶,但是居无定所,因此青睐容易携带的紧压茶。

紧压茶代表品种有云南普洱茶砖、重庆沱茶等。

云南普洱茶砖的用料一般是选用上乘晒青毛茶精制,条索肥壮,汤色红浓明亮,香气纯高芬芳,口感茶韵味足,醇厚爽滑回甜,汤质稠滑。云南普洱茶砖品性温和,对人体不刺激,还能够促进新陈代谢,加速身体内脂肪、毒素的消解和转化。

重庆沱茶,属上乘紧压茶。制作时选用中上等晒青、烘青和炒青毛茶,运用传统工艺和现代化生产手段,对原料进行搭配、筛分、整形,再进行大拼堆、称料、蒸制、揉袋压形。成品茶形似碗臼,色泽乌黑油润,汤色澄黄明亮,叶底较嫩匀,滋味醇厚甘和,馥郁陈香。

▍(三)邮轮上常用的茶品

邮轮上向客人提供的茶主要是袋装茶。袋装茶包好处在于冲泡方便,但却损失了茶叶的美感。邮轮上常见的袋装茶有立顿(Lipton)、斐思(Firsttea)等。

1.立顿(Lipton)

立顿是全球最大的茶叶品牌,其创始人汤姆斯·立顿于1890年正式在英国推出立顿红茶。100多年来,立顿始终保持着历代相传的优良品质和芳香美味,其秘诀在于茶叶的拼配,拼配之后的茶叶品质和风味更加精细。与酒一样,茶叶的质量、风味是由其生产的地域、气候条件、海拔高度以及土壤结构所决定的,没有完全相同的两种茶叶,即便它们来自同一产地。但立顿拥有来自世界各地的品茶专家和调茶师,他们经验丰富,熟悉茶艺科学,在他们的精心拼配下,可以严格保证茶叶质量稳定,达到既定的质量标准。

立顿茶包主要有九个品种,分别是立顿乐活绿茶、立顿乐活茉莉花茶、立顿黄牌精选红茶、立顿温润红茶、立顿绿茶、立顿茉莉花茶、车仔红茶、车仔绿茶、车仔茉莉花茶。

2.斐思(Firsttea)

斐思品牌创始人 Rens de Vos(Mr. Rens)是来自欧洲著名的咖啡世家,精研于咖啡选材,能准确辨析出咖啡口感的细微差别。20 世纪 80 年代一次日本之行的茶道体验,让 Mr. Rens 对茶所独具特色的文化和丰富层次的口感有了全新的认识。此后的 20 多年中,Mr. Rens 环游世界,孜孜不倦地选择最优质的有机茶叶带回欧洲,由 Grand Flimado Company B. V.制作成为融合东西方口味的各式茶品。由此,Mr. Rens 和他的 Firsttea 在欧洲声名鹊起。斐思共有白标、黑标、普标三大产品系列,白标系列产品有伯爵红茶(Earl Grey)、有机绿茶(Organic Green)、法式薰衣草(French Lavender)、锡兰红茶(Dark Ceylon)等。黑标系列产品有蜜糖香草(Vanilla Honey)、玫瑰果茶(Rose Hip)、菩提树茶(Linden Leaf)、香草路易波士(Vanilla Rooibos)等。普标系列产品有英式红茶(English Breakfast)、早餐茶(Fresh Morning)、甘菊茶(Camomile)、薄荷茶(Peppermint)等。斐思独特的三角茶包是由可 100% 生物降解的透明硬纱制成的的。透过三角茶包,冲泡时可以看见热水浸泡后在茶包中舒展的原叶,闻到热气升腾中散发的淡淡茶香。

四、 咖啡

咖啡是以咖啡豆为原料,经过烘焙、研磨或提炼并经水煮或冲泡而成的饮品。咖啡与茶叶、可可并称为世界三大饮料植物。"Coffee"一词源自埃塞俄比亚的一个名叫卡法(Kaffa)地区,在阿拉伯语中的意思是"力量与热情"。

咖啡树属于热带作物,是一种常绿灌木或小乔木。气候是种植咖啡树的决定性因素,咖啡树只适合生长在热带或亚热带,所以南北纬25°之间的地带最适合栽种咖啡树。咖啡树最理想的种植条件为:温度介于 15℃~25℃ 的温暖气候,而且全年降雨量达 1 500~2 000 mm,同时降雨时间要能配合咖啡树的开花周期;排水良好的火山土壤;在半山或有树影的森林中;理想海拔高度为500~2 000 m。目前,世界咖啡产量居第一位的是巴西,其次是哥伦比亚。中国云南、海南、广东、广西等省区也有栽种。

(一)咖啡的主要成分

咖啡的主要成分有咖啡因、挥发性脂肪、蛋白质、糖、纤维、矿物质等。咖啡因有特别强烈的苦味,适量的咖啡因亦可缓解肌肉疲劳,促进消化液分泌,但摄取过多会导致咖啡因中毒。挥发性脂肪是咖啡香气的主要来源。蛋白质是卡路里的主要来源,所占比例并不高。咖啡末的蛋白质在煮咖啡时,多半不会溶出来,所以摄取到的蛋白质有限。咖啡生豆所含的糖约 8%,经过烘焙后大部分糖分会转化成焦糖,使咖啡形成褐色,并与丹宁酸互相结合产生甜味。生豆中的纤维烘焙后会炭化,与焦糖互相结合便形成咖啡的色调。咖啡中还含有少量碳酸钙、铁质、磷、碳酸钠等矿物质。

(二)咖啡豆的品种

目前,世界上主要的咖啡豆来自阿拉比卡(Arabica)种、罗布斯塔(Robusta)种。

阿拉比卡种咖啡树原产地为埃塞俄比亚,目前巴西、哥伦比亚、危地马拉、牙买加、墨西哥等地均大量种植,中国的云南、海南、台湾地区也有少量种植。世界著名的咖啡品种几乎全是阿拉比卡种,阿拉比卡咖啡豆颗粒大小一致,豆形较小,正面呈长椭圆形,中间裂纹窄而曲折,背面圆弧形较平整,颜色均匀有光泽,著名的牙买加蓝山、也门摩卡、巴西圣多斯等都属于阿拉比卡种的优质咖啡豆。

罗布斯塔种咖啡树原产地为非洲的刚果。罗伯斯塔咖啡树对环境的适应性极强,但其生产出的咖啡豆香气较差,苦味强,酸度不足,而且咖啡因的含量也比较高,所以大多用来做混合调配咖啡或即溶咖啡。罗布斯塔咖啡豆豆形较大,正面渐趋圆形,中间裂纹直,背面呈圆凸形。

(三)咖啡豆的烘焙

烘焙是为了使咖啡豆适于饮用而进行的热处理。在烘焙过程中咖啡的成分会发生化学变化,生成挥发性的芳香,并变成焦糖色。咖啡特有的酸味、苦味、甘味、涩味、香醇等,均是因烘焙而产生的。

咖啡的味道80%取决于烘焙,烘焙的温度在200~230 ℃为宜,烘焙程度可分为8个等级:轻度烘焙(Light Roast)、肉桂烘焙(Cinnamon Roast)、中度烘焙(Medium Roast)、高度烘焙(High Roast)、城市烘焙(City Roast)、全城市烘焙(Full City Roast)、法式烘焙(French Roast)、意式烘焙(Italian Roast)。烘焙程度越低,酸味越强;烘焙程度越高,酸味渐失,苦味越重。如图1-9-9所示。

烘焙程度

轻度烘焙 Light Roast   肉桂烘焙 Cinnamon Roast   城市烘焙 City Roast   全城市烘焙 Full City Roast

中度烘焙 Medium Roast   高度烘焙 High Roast   法式烘焙 French Roast   意式烘焙 Italian Roast

图1-9-9 咖啡烘焙程度

(四)咖啡豆的研磨

根据咖啡豆研磨的粗细程度大致分为细度研磨、中度研磨和粗度研磨三种方法(见图1-9-10)。咖啡豆的研磨要求:

(1)降低研磨热度。邮轮上一般使用电动磨豆机,研磨时一次不要磨得过多,磨豆机使用时间越长,越容易发热,研磨热度将导致咖啡香味提早溢散。

(2)研磨的最佳时机是在冲泡前。咖啡豆磨成粉状后表面积增加,使其容易氧化或潮湿,从而影响咖啡的味道,因此研磨后应尽快冲泡才能保持咖啡的原味。

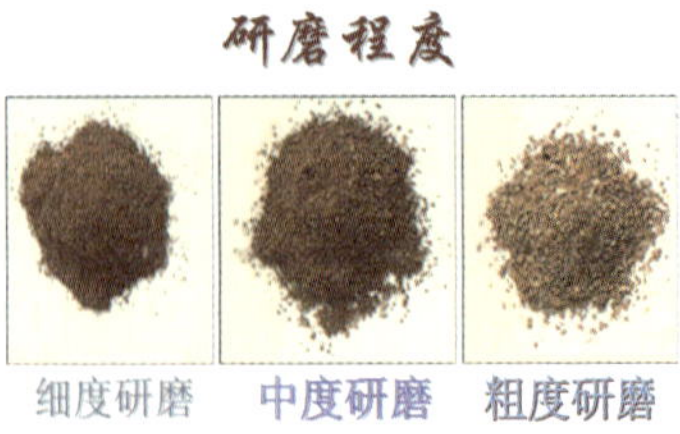

研磨程度

| 细度研磨 | 中度研磨 | 粗度研磨 |

图 1-9-10　咖啡研磨程度

（五）常见咖啡品种

1. 单品咖啡

（1）蓝山咖啡（Blue Mountain）

蓝山咖啡是咖啡中的极品，被人们称作"黑色宝石""咖啡之王"，产自牙买加蓝山。蓝山地处咖啡带，拥有肥沃的火山土壤，空气清新，没有污染，气候湿润，终年多雾多雨。这样的气候造就了享誉世界的牙买加蓝山咖啡。牙买加蓝山地区的咖啡有三个等级：蓝山咖啡、高山咖啡和牙买加咖啡。

蓝山咖啡豆的形状饱满，比一般豆子稍大。它的味道非常微妙，酸、香、醇、甘味均匀而强烈，略带苦味，口感调和，风味极佳，适合做单品咖啡。蓝山咖啡适合中度烘焙，可最大限度地保留咖啡的原味，而且会增强它的余味。

（2）摩卡咖啡（Mocha）

摩卡是阿拉伯也门共和国的一个港口，由于历史上阿拉伯地区种植的咖啡豆都通过摩卡港装船出口，因此这些咖啡被统称为摩卡咖啡。

摩卡咖啡的原产地为埃塞俄比亚，其果实较小，密度高、酸度大，香味独特，与其他著名咖啡品种相比，酸味较浓，口感平滑，气味芬芳，是最受人们欢迎的饭后咖啡，同时也是混合式咖啡不可缺少的原料，常与巴西、哥伦比亚咖啡一起调和饮用。

（3）曼特宁咖啡（Mandeling）

曼特宁咖啡产自印度尼西亚的苏门答腊岛，别称"苏门答腊咖啡"。印度尼西亚是咖啡产量大国，咖啡的主要产地有爪哇、苏门答腊和苏拉威西，罗布斯塔种占总产量的90%，而苏门答腊曼特宁则是稀少的阿拉比卡种。

曼特宁咖啡被认为是世界上最醇厚的咖啡，其咖啡豆颗粒较大，豆质较硬，香气浓郁，口感丰富，甜味适中，是极具特色的一种单品咖啡，但也是调配混合咖啡不可或缺的品种。

2. 花式咖啡

花式咖啡就是加入了调味品以及其他饮品的咖啡，它不能算是真正的咖啡，只能算是一种饮料。由于花式咖啡中加入了牛奶、巧克力酱、酒、茶、奶油等其他原料，所以不像单品咖啡那样单纯、浓郁、香气四溢。

（1）爱尔兰咖啡（Irish Coffee）

爱尔兰咖啡是一种既像酒又像咖啡的饮料，据说由都柏林机场的一位酒吧服务员首创，是专门为其心仪的女孩调制的。其原料是爱尔兰威士忌和咖啡，特殊的咖啡杯，特殊的煮法，让饮用者在品味咖啡的苦涩与芬芳的同时也感受到酒精的浓烈。

做法:爱尔兰咖啡高脚杯中先加入 15~30 mL 的爱尔兰威士忌,加入方糖(或 2 小匙砂糖),放在专用架上,用酒精灯加热至糖溶化,将冲好的咖啡倒入杯中约 8 分满,最后加入适量的鲜奶油。

特色:爱尔兰咖啡是含酒咖啡的代表作品,灼热的威士忌和浓郁的咖啡,味道透过漂浮着的鲜奶油沁入鼻息,这种味道是思念发酵的味道,适于男性饮用。

(2)卡布奇诺咖啡(Cappuccino)

卡布奇诺是一种来自意大利的咖啡,它是在意大利特浓咖啡上,再加一层漂亮的牛奶泡沫。此时咖啡的颜色,就像卡布其诺教会的修士在深褐色的外衣上覆上一条头巾一样,咖啡因此得名。

做法:一杯 8 分满的意大利热咖啡,上面旋转加入一层奶油,再加入切成细丁的柠檬皮,最后撒上肉桂粉,附糖包上桌。

特色:卡布奇诺被誉为与爱情有关的咖啡,它充分洋溢着南欧的浪漫风情。上面一层起泡的鲜奶,可以中和意大利咖啡的强烈浓苦,使其口感香醇,是当今最流行的花式热咖啡。

(3)维也纳咖啡(Vienna Coffee)

维也纳咖啡是奥地利最著名的咖啡,是一位马车夫发明的,因此人们偶尔也称其为"单头马车"。它以浓浓的鲜奶油和巧克力的甜美风味迷倒喜爱咖啡的人。在雪白的鲜奶油上洒上五彩缤纷的七彩米,外表非常漂亮;隔着甜甜的巧克力糖浆、冰凉的鲜奶油啜饮滚烫的热咖啡,别有一番风味。

做法:一杯 8 分满的热咖啡,上面以旋转方式加入鲜奶油,再淋上适量巧克力糖浆,最后撒上七彩米,附糖包上桌。

特色:维也纳咖啡具有三段式的变化口味,即首先是冰凉的奶油,柔和爽口;然后是浓香的咖啡,润滑却微苦;最后是甜蜜的糖浆。因此,品尝维也纳咖啡的最佳方式是不去搅拌咖啡,而是享受杯中三段式的快乐。

(4)拿铁咖啡(Latte)

"Latte"是意大利文"Caffe Latte"的简称,意思是牛奶咖啡,是意大利浓缩咖啡(Espresso)与牛奶的经典混合,意大利人很喜欢把拿铁作为早餐饮料。

做法:意大利式拿铁咖啡做法极其简单,就是在刚刚做好的意大利浓缩咖啡中倒入接近沸腾的牛奶中。加入多少牛奶没有具体的规定,可依个人口味自由调配。美式拿铁则是再加上一层打成泡沫的冷牛奶,星巴克拿铁是其典型代表,具体做法是底部为意大利浓缩咖啡,中间是加热到 60~65 ℃的牛奶,最后是一层不超过 0.5 cm 的冷牛奶泡沫。欧蕾咖啡可被视为欧式拿铁,其与意式拿铁和美式拿铁最大的区别在于将牛奶和浓缩咖啡同时注入杯中,然后在液体表面放两勺打成泡沫的奶油。

特色:一杯地道的拿铁咖啡,配制的比例是牛奶占 70%、奶沫占 20%、咖啡占 10%。虽然咖啡的成分最少,但有了牛奶的温润调味,让原本甘苦的咖啡变得柔滑香甜、甘美浓郁,就连不习惯喝咖啡的人,也难敌拿铁芳醇的滋味。拿铁中的牛奶成分多,适合搭配早餐饮用。

(六)咖啡饮用礼仪

饮用咖啡时,可以用右手拿着咖啡杯的杯耳,左手轻轻托着咖啡碟,慢慢地移向嘴边轻啜。不宜满把握杯、大口吞咽，也不宜俯首去拿咖啡杯。喝咖啡时切记不要发出声响。如果咖啡太热，可以用咖啡匙在咖啡杯中轻轻搅拌使之冷却，或者等待其自然冷却后再饮用。不要用咖啡匙来喝咖啡，因为咖啡匙只是用来加糖和起搅拌作用的。也不要用咖啡匙用力去捣碎杯中的方糖。在用咖啡匙把咖啡搅匀以后，应把咖啡匙放在碟子外边或左边，以不妨碍喝咖啡为原则。给咖啡加糖时，如果是砂糖，可用汤匙舀取，直接加入杯内；如果是方糖，则应先用糖夹子把方糖夹在咖啡碟的近身一侧，再用汤匙把方糖加在杯子里。如果直接用糖夹子或手把方糖放入杯子内，可能会使咖啡溅出，从而弄脏衣服或台布。饮用咖啡时可以吃点心，但不要一手端着咖啡杯，一手拿着点心，吃一口喝一口地交替进行。饮咖啡时应当放下点心，吃点心时则应当放下咖啡杯。

复习与巩固

1.列举课本之外的茶、咖啡饮品。

2.简述茶的分类及代表品种。

3.简述咖啡豆的烘培程度及研磨程度。

4.简述花式咖啡的种类及其制作方法。

鸡尾酒创作与调酒考试　任务十

学习目标

1. 了解鸡尾酒创作的原则
2. 了解高级调酒师操作技能考试题型

一、创作鸡尾酒

（一）创作灵感

自创鸡尾酒的另一个重要因素是灵感。灵感是知识、技能和激情的结晶,源自对材料、技巧和鸡尾酒理论的理解。对于专业调酒师而言,几乎每周都需要有灵感产生,因为随着季节变化酒吧需要更新酒品。当调酒师在使用一种有趣的新材料时,可能灵感就突然产生。通过品尝发现新材料的风味特征,他们能发掘出它与某些烈酒或利口酒之间的相似之处。经过多次尝试,一款新鸡尾酒就诞生了。然而对于初学者来说,找到灵感并非易事,因此建议从经典鸡尾酒开始,更换配方中的一个或两个成分,并给予饮品一个新的名称,也许这是最简单的创制一款新饮品的方法。

（二）以夏季为灵感的鸡尾酒

当天气越来越炎热时,鸡尾酒应让你感到清凉,用当季食材和碎冰能调制出上好的夏令鸡尾酒。

1.西瓜莫吉托

（1）创作来源

此款鸡尾酒的原型是莫吉托,一款古巴传统宾治酒,其诞生地是哈瓦那,但对它的确切起源一直存在争议。有一种说法认为弗朗西斯·德雷克爵士大约在 16 世纪登陆哈瓦那，试图洗劫这座城市的黄金，但不仅入侵没有成功，他的船员还患上了痢疾和坏血病。众所周知，当地的南美印第安人有许多治疗热带疾病的方法，所以一小部分人上岸前往古巴，带回了一种有效药物，成分包括朗姆酒、莱姆汁、甘蔗汁和薄荷叶，这种药物后来演变成一款十分流行的鸡尾酒。

（2）调制西瓜莫吉托

［方法］

搅和法

【准备材料】

工具：碎冰机、量酒器、搅拌机、冰夹

配方：30 mL 朗姆酒、15 mL 莱姆汁、2 杯西瓜块、1 把鲜薄荷叶

载杯：海波杯

【操作过程】

① 用碎冰机碎冰，然后投入搅拌杯中；

② 将西瓜以外的所有材料放入搅拌杯中搅拌；

③ 将西瓜一点点地投入搅拌杯中搅拌直至起冰沙；

④ 将搅拌好的所有材料倒入海波杯中；

⑤ 用冰夹取西瓜块嵌入杯口，薄荷叶放入杯中。

2. 黄瓜酷乐

（1）创作来源

黄瓜酷乐是金菲士的变体，金菲士诞生于 1750 年左右，当时水手们容易受到维生素 C 缺乏症和坏血病的影响，纳尔逊上将想出了将杜松子酒与柠檬混合的主意，以帮助他的士兵预防这种疾病。这种饮料很奏效，而且非常受水手们的欢迎，以至于他们假装坏血病的症状只是为了喝这种饮料。即使在岸上，水手们也会继续饮用这种饮料，并添加其他成分，比如添加糖和苏打水。

金菲士的配方首次出现在 1876 年出版的《杰瑞·托马斯调酒师指南》中，1900—1940 年间，这款鸡尾酒在美国广受欢迎。

（2）调制黄瓜酷乐

［方法］

摇和法+兑和法

【准备材料】

工具：冰夹、摇壶、吧匙、量酒器

配方：30 mL 金酒、15 mL 莱姆汁、15 mL 单糖浆、苏打水、3 片黄瓜

载杯：海波杯

【操作过程】

① 用冰夹取 2 片黄瓜放入摇壶中；

② 用吧匙将黄瓜捣碎；

③ 用量酒器量出所需金酒、单糖浆和莱姆汁并倒入摇壶中；

④ 用冰铲取冰块加入摇壶，用力摇动 30 s；

⑤ 用碎冰机碎冰，然后投入海波杯中；

⑥ 将摇壶中的酒液滤入海波杯中；

⑦ 将苏打水倒入海波杯中；

⑧ 用冰夹取黄瓜片嵌入杯口。

(三)基本原则

自创鸡尾酒有趣而且刺激,但是需要遵循一些基本原则。

1.鸡尾酒的构成

所有鸡尾酒的成分一般可分为三类:

(1)基酒

基酒又称为酒底,通常以蒸馏酒为主。基酒是鸡尾酒的灵魂,含量一般不低于总容量的一半,以确定其基本酒味。一般情况下基酒采用一种酒品,有时也可用两种,但不能再多,否则会导致气味混杂而破坏酒味。有些鸡尾酒使用葡萄酒和配制酒作为基酒,个别的使用软饮料调制成为不含酒精成分的鸡尾酒。

(2)调缓剂

调缓剂是添加到基酒中的辅料,以彰显饮料独特的风味和口感,有助于缓解烈酒的烧灼感。常用的调缓剂有味美思、苦酒、果汁、碳酸饮料、奶油或糖,这些调缓剂使鸡尾酒具有醇和的特点。

(3)特殊配料

特殊配料用于调味或增色,这些配料主要有利口酒和糖浆,如红石榴糖浆和杏仁糖浆等。

2.鸡尾酒的分类

除了极少数的鸡尾酒外,所有鸡尾酒,不管是用哪种烈酒作为基酒,都可以根据所用的调缓剂分为两种:

(1)芳香型

芳香型鸡尾酒是那些使用味美思或芳香葡萄酒作为调缓剂的鸡尾酒,比如曼哈顿,它使用味美思作为威士忌的调缓剂。

(2)酸型

酸型鸡尾酒是指那些使用柑橘类果汁作为调缓剂的鸡尾酒,比如代基里,它在朗姆酒中加入柠檬汁作为调缓剂。很多鸡尾酒都是酸型的,因为柑橘类果汁与几乎所有烈酒都能很好地混合。

3.鸡尾酒的特点

(1)鸡尾酒有怡人的口感。各种材料的味道和谐融和,而不是突出其中的甜味、酸味或苦味。一杯可口鸡尾酒的甜味是不明显的,可以唤醒并激发味蕾。

(2)鸡尾酒能活跃大脑。出色的鸡尾酒令人感官愉悦,使得紧绷的神经放松,疲惫的眼睛变亮,舌头舒展,从而促进饮用者间的友谊。

(3)鸡尾酒有充足的酒味。真正的鸡尾酒不会掩盖它的酒味,相反会凸显它。

(4)鸡尾酒需要充分冰镇。冰在鸡尾酒中有双重作用,即冷却和稀释。

(5)鸡尾酒应该美观。每一种鸡尾酒首先呈现给饮用者的是其外观,因此在外观上多花费些时间和心思,会使顾客感觉受到特别礼遇。

（6）鸡尾酒成分简单。大多数上乘的鸡尾酒只有三种材料，比如古典鸡尾酒、曼哈顿和内格罗尼等。简单的鸡尾酒不仅味道好，而且更容易制作，因此自创鸡尾酒时选料宜控制在五种以内。

4.用料比例

制作杰出的饮品需要更多的技巧和练习，制作精致、全新的饮品则还需一些趣味创造力。当然如果你遵循基本的方法和配方，就很容易做出上好的饮品。对于零起点的人，可按照以下方法练习：首先确定基酒（烈酒），然后用柑橘类果汁等调缓剂来突出基酒。最后加入少量利口酒或糖浆作为第三或第四种材料。材料之间的比例为2：1：1，即2份烈酒，1份酸味材料，1份甜味材料。如果希望饮品甜味或酸味减弱或两种味道都减弱，可尝试3：2：1的比例。使用这个简单方法，可以调制出各种饮品。

5.鸡尾酒的风味

烈酒可以通过添加另一种成分来展现或完全改变、掩盖其某种味道。不匹配的材料或不恰当的用料比例致使鸡尾酒严重失衡且令人不快。但是将互补的成分搭配在一起，就可以创造出美妙的新鸡尾酒和风味组合。在鸡尾酒中可以感知以下八种基本味道，有必要知道如何使得它们互相提升或抵消。

甜味：蜂蜜、水果、糖浆中糖的甜味。

酸味：柑橘、醋、酸奶中的酸味。

苦味：一种明显而不愉快的感觉，常与龙胆根或金鸡纳树皮等植物有关。

咸味：海盐、橄榄、腌菜、奶酪中的咸味。

鲜味：对鲜味或肉味的感觉，如西红柿、洋葱、腌肉和某些奶酪。

辣味：在食用辣椒和黑胡椒等食物时感受到的强烈味道。

清凉：从薄荷中得到的感觉。

酒味：酒精含量高时所特有的风味和香气，它可能强烈、温暖、刺鼻或辛辣。

以上味道间的相互作用：

甜味增进咸味，还能抑制苦味、酸味、咸味和辣味。

酸味增进咸味和鲜味，也能中和甜味、苦味和辣味。

苦味能中和甜味和咸味。

咸味能增进甜味，抵消苦味。

辣味可以中和甜味和酸味。

清凉有助于中和酒味、甜味和酸味。

酒味可被甜味或苦味中和。

二、 高级调酒师操作技能考试题型

操作技能考试，共6道题（25分钟，分三场进行）。

例：（1）调酒的操作25分，考核时间3分钟（调酒）

（2）自创鸡尾酒的制作35分，考核时间8分钟

（3）软饮料的制作15分，考核时间2分钟

（4）酒精饮料的制作15分，考核时间2分钟

(5)问答 5 分,考核时间 5 分钟(口答)
①酒吧的服务用品有哪些?
②酒吧的刀具应如何保养?
(6)翻译 5 分,考核时间 5 分钟 (笔答)
①5 个英译汉词语;
②5 个汉译英词语;
③2 个汉译英句子。

(一)调酒操作(14 款鸡尾酒中选一款)(25 分,3 分钟)

1.用调和法调制鸡尾酒
试题 1 调制鸡尾酒天堂(Paradise)(见图 1-10-1)
【准备材料】
工具:调酒壶、吧匙、量酒器、冰桶、冰夹、杯垫
配方:30 mL 金酒、30 mL 杏仁白兰地(杏仁利口酒)、30 mL 橙汁
载杯:鸡尾酒杯
【操作过程】
① 洗净双手并擦干;
② 用冰铲取 5~6 块冰块放入调酒壶中;
③ 用量酒器量所需橙汁、杏仁白兰地、金酒依次倒入调酒壶中;
④ 用吧匙进行调和,搅拌 10 次左右即可;
⑤ 使用滤冰器过滤冰块,将酒倒入鸡尾酒杯中;
⑥ 将调制好的鸡尾酒置于杯垫上;
⑦ 清洁器具,清理工作台。
试题 2 调制鸡尾酒飘仙 1 号(Pimm's No.1)(见图 1-10-2)

图 1-10-1　天堂　　　　　　　图 1-10-2　飘仙 1 号

【准备材料】
工具:吧匙、量酒器、冰桶、冰夹、杯垫、水果刀
配方:30 mL 飘仙 1 号、20 mL 柠檬汁、雪碧
载杯:柯林杯
装饰:黄瓜
【操作过程】
① 洗净双手并擦干;
② 用冰铲取 7~8 块冰块放入柯林杯中;

③ 用量酒器量所需柠檬汁、飘仙1号依次倒入杯中；

④ 用吧匙进行调和，搅拌10次左右即可；

⑤ 倒入雪碧至7分满；

⑥ 用冰夹取黄瓜放入杯中，将调制好的鸡尾酒置于杯垫上；

⑦ 清洁器具，清理工作台。

试题3 调制鸡尾酒海波（High Ball）（见图1-10-3）

【准备材料】

工具：吧匙、量酒器、冰桶、冰夹、杯垫

配方：30 mL威士忌、1听冰镇姜汁汽水

载杯：柯林杯

【操作过程】

① 洗净双手并擦干；

② 向柯林杯中加满冰块；

③ 用量酒器量所需威士忌倒入柯林杯中，并用吧匙搅拌几次；

④ 稍稍倾斜杯身，将冰镇过的姜汁汽水慢慢注入杯中，此时注意要尽量避免姜汁汽水直接浇注在冰块上，以防碳酸的散失，注到8分满；

⑤ 用吧匙轻轻搅动杯中冰块半圈左右以稍稍抬起底部威士忌，然后轻轻从杯中抽出吧匙，应避免反复搅拌而造成碳酸气泡发生；

⑥ 将调制好的鸡尾酒置于杯垫上；

⑦ 清洁器具，清理工作台。

试题4 调制鸡尾酒马颈（Horse's Neck）（见图1-10-4）

【准备材料】

工具：吧勺、量酒器、冰桶、冰夹、杯垫

载杯：柯林杯

配方：45 mL白兰地，1听冰镇干姜水、削成1 cm宽的螺旋状的柠檬皮

【操作过程】

① 洗净双手并擦干；

② 以螺旋状柠檬皮垂于柯林杯中，往柯林杯中放入适量冰块；

③ 倒入白兰地，倒进干姜水至8分满；

④ 用吧勺轻轻略搅；

⑤ 将调制好的鸡尾酒置于杯垫上；

⑥ 清洁器具，清理工作台。

图1-10-3 海波　　　　　　　图1-10-4 马颈

试题 5　调制鸡尾酒金菲士(Gin Fizz)(见图 1-10-5)

【准备材料】

工具:调酒壶、吧勺、量酒器、冰桶、冰夹、杯垫、牙签

配方:30 mL 金酒、20 mL 柠檬汁、1 个蛋白、20 mL 糖浆、苏打水

载杯:柯林杯

装饰:柠檬角与红樱桃,用牙签串起

【操作过程】

① 洗净双手并擦干;

② 把适量冰块放进柯林杯中,依次倒入糖浆、柠檬汁、蛋白、金酒,用吧勺搅拌调和;

③ 再倒进苏打水至 8 分满。

④ 在杯缘挂上装饰物,配上吸管;

⑤ 将调制好的鸡尾酒置于杯垫上;

⑥ 清洁器具,清理工作台。

图 1-10-5　金飞士

2.用摇和法调制鸡尾酒

试题 1　调制鸡尾酒白兰地蛋诺(Brandy Eggnog)(见图 1-10-6)

【准备材料】

工具:摇酒壶、吧勺、量酒器、冰桶、冰夹、杯垫

配方:30 mL 白兰地,15 mL 糖浆,120~150 mL 牛奶,1 个鸡蛋

载杯:柯林杯

装饰物:豆蔻粉、红樱桃

【操作过程】

① 洗净双手并擦干;

② 往摇酒壶中加入 5~6 块冰块,将糖浆、1 个鸡蛋、白兰地倒入调酒壶中,用力摇壶,将酒摇匀;

③ 往柯林杯中加入适量冰块,将摇和好的酒倒入柯林杯中,加牛奶至 8 分满,用吧勺调和;

④ 洒一些豆蔻粉,夹红樱桃在杯口装饰;

⑤ 将调制好的鸡尾酒置于杯垫上;

⑥ 清洁器具,清理工作台。

试题 2　调制鸡尾酒蓝色玛格丽特(Blue Margarita)(见图 1-10-7)

【准备材料】

工具:摇酒壶、量酒器、冰桶冰块冰夹、杯垫

配方：30 mL 特基拉、15 mL 蓝橙利口酒、23 mL 酸甜柠檬汁

载杯:鸡尾酒杯(玛格丽特杯)

装饰物:盐、柠檬角

【操作过程】

① 洗净双手并擦干；

② 将鸡尾酒杯的杯沿用柠檬片蘸湿,将蘸湿的杯子在细盐面中蘸一下,沾上一层"盐霜"；

③ 往摇酒壶中加入 5~6 块冰块,将酸甜柠檬汁、蓝橙利口酒、特基拉倒入摇酒壶中,用力摇壶,将酒摇匀；

④ 往鸡尾酒杯中加入适量冰块,将摇和好的酒倒入鸡尾酒杯中；

⑤ 夹柠檬角在杯口装饰；

⑥ 将调制好的鸡尾酒置于杯垫上；

⑦ 清洁器具,清理工作台。

图 1-10-6　白兰地蛋诺　　　　　　　　图 1-10-7　蓝色玛格丽特

试题 3　调制鸡尾酒金手指(Golden Finger)(见图 1-10-8)

【准备材料】

工具:摇酒壶、量酒器、冰桶、冰夹、杯垫

配方：30 mL 伏特加、15 mL 佳露甜酒、23 mL 菠萝汁

载杯:鸡尾酒杯

【操作过程】

① 洗净双手并擦干；

② 往摇酒壶中加入 5~6 块冰块,将菠萝汁、佳露甜酒、伏特加倒入调酒壶中,用力摇壶,将酒摇匀；

③ 将摇和好的酒倒入鸡尾酒杯中；

④ 将调制好的鸡尾酒置于杯垫上；

⑤ 清洁器具,清理工作台。

试题 4　调制鸡尾酒旁车(Side Car)(见图 1-10-9)

【准备材料】

工具:摇酒壶、量酒器、冰桶、冰夹、杯垫

配方：30 mL 白兰地、15 mL 君度、15 mL 柠檬汁

载杯:鸡尾酒杯

装饰物:柠檬角

【操作过程】

① 洗净双手并擦干;

② 往摇酒壶中加入5~6块冰块,将柠檬汁、君度、白兰地倒入调酒壶中,用力摇壶,将酒摇匀;

③ 将摇和好的酒倒入鸡尾酒杯中;

④ 将调制好的鸡尾酒置于杯垫上;

⑤ 清洁器具,清理工作台。

试题5 调制鸡尾酒百万金元(Million Dollars)(见图1-10-10)

【准备材料】

工具:摇酒壶、量酒器、冰桶、冰夹、杯垫

配方:45 mL 威士忌、15 mL 橙味甜酒、30 mL 红石榴糖浆、1 个鸡蛋蛋清

载杯:鸡尾酒杯

装饰物:红樱桃

【操作过程】

① 洗净双手并擦干;

② 往摇酒壶中加入5~6块冰块,将红石榴糖浆、蛋清、橙味甜酒、威士忌倒入摇酒壶中,用力摇壶,将酒摇匀;

③ 将摇和好的酒倒入鸡尾酒杯中;

④ 用红樱桃在杯边做装饰;

⑤ 将调制好的鸡尾酒置于杯垫上;

⑥ 清洁器具,清理工作台。

图1-10-8　金手指　　　　图1-10-9　旁车　　　　图1-10-10　百万金元

3.用兑和法(分层法)调制鸡尾酒

试题1 调制鸡尾酒彩虹酒(Pousse Café)(见图1-10-11)

【准备材料】

工具:吧匙、量酒器、杯垫

配方:1/6 杯红石榴糖浆、1/6 杯甘露咖啡利口酒、1/6 杯绿薄荷酒、1/6 杯可可利口酒、1/6杯蓝橙利口酒、1/6杯加利安奴利口酒

载杯:利口酒杯

【操作过程】

① 洗净双手并擦干;

② 将红石榴糖浆直接倒入利口酒杯中;

③ 吧匙紧贴杯内壁液体上方,依次将甘露咖啡利口酒、绿薄荷酒、可可利口酒、蓝橙利

口酒、加利安奴利口酒缓缓倒入；

④ 将调制好的鸡尾酒置于杯垫上；

⑤ 清洁器具，清理工作台。

试题2 调制鸡尾酒 BB（B & B）（见图1-10-12）

【准备材料】

工具：吧匙、量酒器、冰桶、冰夹、杯垫

配方：1/2 杯白兰地，1/2 杯当酒

载杯：利口酒杯

【操作过程】

① 洗净双手并擦干；

② 将当酒直接倒入杯中；

③ 吧匙紧贴杯内壁液体上方，在当酒的上面缓缓倒入白兰地，注意不要让它们相互混合；

④ 将调制好的鸡尾酒置于杯垫上；

⑤ 清洁器具，清理工作台。

图1-10-11　彩虹酒　　　　　　　　　　图1-10-12　BB

试题3 调制鸡尾酒佳露热饮（Galliano Hot Shot）（见图1-10-13）

【准备材料】

工具：吧匙、量酒器、杯垫

配方：1/3 杯佳露甜酒、1/3 杯热咖啡、1/6 杯三花淡奶、1/6 杯泡沫奶

载杯：子弹杯

【操作过程】

① 洗净双手并擦干；

② 在子弹杯中倒入 1/3 杯佳露甜酒；

③ 吧匙紧贴杯内壁液体上方，在佳露甜酒的上面缓缓倒入热咖啡，再倒入三花淡奶、泡沫奶；注意不要让它们相互混合；

④ 将调制好的鸡尾酒置于杯垫上；

⑤ 清洁器具，清理工作台。

4.用调和法和兑和法调制鸡尾酒

试题1 调制鸡尾酒美态（见图1-10-14）

【准备材料】

工具：摇酒壶、吧匙、量酒器、冰桶冰块冰夹、吸管、杯垫

配方：30 mL 白朗姆酒、10 mL 黑朗姆酒、10 mL 橙味甜酒、30 mL 橙汁、30 mL 菠萝汁、30 mL 柠檬汁、15 mL 红石榴糖浆。

载杯:柯林杯

装饰:橙片、红樱桃

【操作过程】

① 洗净双手并擦干;

② 在摇酒壶中加入适量冰块,将红石榴糖浆、橙汁、菠萝汁、柠檬汁、橙味甜酒、白朗姆酒倒入摇酒壶中,用力摇壶,将酒摇匀,往柯林杯中加入适量的冰块,将摇酒壶中的酒倒入杯中;

③ 吧匙紧贴杯内壁液体上方,将黑朗姆酒缓缓地倒在上面,注意不要让它们相互混合;

④ 装饰橙片和红樱桃挂杯,配上吸管;

⑤ 将调制好的鸡尾酒置于杯垫上;

⑥ 清洁器具,清理工作台。

图 1-10-13　佳露热饮　　　　　　　　图 1-10-14　美态

(二)自创鸡尾酒(35 分,8 分钟)

试题 1

基酒可选:威士忌、白兰地、朗姆酒

辅酒可选:黑可可酒、干味美思

饮料可选:橙汁、柠檬汁、可乐、苏打水

酒杯:卡伦杯(柯林杯)

饰品可选:红樱桃、柠檬

1.超级海波威士忌(调和法+兑和法)

2.柠檬海波威士忌(15 mL 的柠檬汁)(调和法)

3.柠檬威士忌苏打(调和法+兑和法)

4.杰克丹尼可乐

5.威士忌酸(以上见图 1-10-15 至 1-10-19)

图 1-10-15　超级海波威士忌　　　图 1-10-16　柠檬海波威士忌　　　图 1-10-17　柠檬威士忌苏打

试题 2

基酒可选：伏特加、金酒、朗姆酒

辅酒可选：黑可可酒、干味美思

饮料可选：橙汁、柠檬汁、可乐、苏打水

载杯：柯林杯

饰品可选：红樱桃、柠檬

1.伏特加苏打水

方法：调和法

配方：45 mL 伏特加、苏打水

载杯：柯林杯

装饰物：柠檬圆片放入杯中

2.卡匹洛斯卡（见图 1-10-20）

方法：调和法

配方：45 mL 伏特加、1 个鲜酸橙、30 mL 糖浆

载杯：古典杯

装饰物：鲜酸橙（切成细块）

| 图 1-10-18　杰克丹尼可乐 | 图 1-10-19　威士忌酸 | 图 1-10-20　卡匹洛斯卡 |

试题 3

基酒可选：特基拉、威士忌、金酒

辅酒可选：黑可可酒、干味美思

饮料可选：橙汁、柠檬汁、可乐、苏打水

载杯：卡伦杯（柯林杯）

饰品可选：红樱桃、柠檬

百老汇醉鬼（见图 1-10-21）

方法：摇和法

配方：30 mL 特基拉、15 mL 橙汁、15 mL 柠檬汁、15 mL 糖浆

载杯：鸡尾酒杯

装饰物：盐霜、柠檬角

试题 4

基酒可选：金酒、白兰地、朗姆酒

辅酒可选：黑可可酒、干味美思

饮料可选：橙汁、柠檬汁、可乐、苏打水

载杯：柯林杯

饰品可选:红樱桃、柠檬

1.柳橙菲士(见图 1-10-22)

方法:摇和法

配方:45 mL 金酒、23 mL 橙汁、15 mL 柠檬汁、30 mL 糖浆、苏打水

载杯:柯林杯

2.马天尼洛克(见图 1-10-23)

方法:调和法

配方:45 mL 金酒、15 mL 干味美思

载杯:古典杯

装饰:咸橄榄

图 1-10-21　百老汇醉鬼　　　图 1-10-22　柳橙菲士　　　图 1-10-23　马天尼洛克

3.朗姆乡村姑娘(见图 1-10-24)

方法:调和法

配方:30 mL 朗姆酒、30 mL 青柠汁、2 g 细砂糖

载杯:古典杯

装饰:青柠片

试题 5

基酒可选:伏特加、白兰地、特基拉

辅酒可选:黑可可酒、干味美思

饮料可选:橙汁、柠檬汁、可乐、苏打水

载杯:柯林杯

饰品可选:红樱桃、柠檬

1.白兰地司令(见图 1-10-25)

方法:兑和法

配方:30 mL 白兰地、30 mL 柠檬汁、30 mL 糖浆、矿泉水倒 8 分满

载杯:柯林杯

装饰:柠檬片

2.酷乐(见图 1-10-26)

方法:兑和法

配方:45 mL 白兰地、23 mL 柠檬汁、30 mL 糖浆、苏打水适量

载杯:洛克杯

装饰:柠檬片

图 1-10-24　朗姆乡村姑娘　　　图 1-10-25　白兰地司令　　　图 1-10-26　酷乐

▌(三)软饮料的制作(15 分 ,2 分钟)

试题 1 果汁出品(见图 1-10-27)

【准备材料】

工具:冰桶、冰夹、杯垫

配方:1 瓶果汁(任意品种)

载杯:果汁杯

【操作过程】

① 洗净双手并擦干;

② 把适量冰块放进果汁杯中,倒入果汁至 8 分满;

③ 将调制好的果汁置于杯垫上;

④ 清洁器具,清理工作台。

试题 2 热咖啡出品(见图 1-10-28)

【准备材料】

配方:1 壶热咖啡、1 包糖、1 粒奶泡

载杯:咖啡杯 1 套

【操作过程】

① 洗净双手并擦干;

② 将热咖啡壶中的热咖啡倒入咖啡杯中,至 7 分满;

③ 将咖啡杯、勺放于碟上,碟上配上 1 包糖、1 粒奶泡,出品;

④ 清洁器具,清理工作台。

试题 3 冰柠檬茶出品(见图 1-10-29)

【准备材料】

工具:冰桶、冰夹、杯垫、吧勺

配方:1 壶冰红茶,30 mL 糖浆,柠檬片

载杯:果汁杯

【操作过程】

① 洗净双手并擦干;

② 把适量冰块放进果汁杯中,倒入糖浆,倒入冰红茶至 7 分满,搅拌均匀,放入薄柠檬片;

③ 将调制好的冰柠檬茶置于杯垫上;

④ 清洁器具,清理工作台。

图 1-10-27 果汁　　　　图 1-10-28 热咖啡　　　　图 1-10-29 冰柠檬茶

试题 4 热红茶出品(见图 1-10-30)

【准备材料】:

工具:茶匙、茶壶、杯垫

配方:1 袋泡茶、砂糖、热牛奶

载杯:红茶杯 1 套

【操作过程】

①洗净双手并擦干;

②往壶中放入泡茶(红茶),冲泡浓茶,往杯里倒入 1 吧匙糖、热牛奶;

③将红茶杯放于碟上,碟上配匙,出品;

④清洁器具,清理工作台。

(四)酒精饮料的制作 (15 分,2 分钟)

试题 1 红酒出品(见图 1-10-31)

【准备材料】

工具:酒钻、杯垫

配方:1 瓶红葡萄酒

载杯:红葡萄酒杯

【操作过程】

① 洗净双手并擦干;

② 用酒钻开红葡萄酒;

③ 往红葡萄酒杯中倒红葡萄酒,至 1/2 杯;

④ 将红酒置于杯垫上,出品;

⑤ 清洁器具,清理工作台。

试题 2 甜食酒出品(见图 1-10-32)

【准备材料】

工具:酒钻、杯垫

配方:1 瓶甜食酒

载杯:甜食酒杯

【操作过程】

① 洗净双手并擦干;

② 用酒钻开酒;

③ 往甜食酒杯中倒甜食酒(红 1/2 杯,白 2/3 杯);

④ 将酒杯置于杯垫上,出品;

⑤ 清洁器具,清理工作台。

图 1-10-30   热红茶

图 1-10-31   红酒

图 1-10-32   甜食酒

试题 3 瓶装啤酒出品(见图 1-10-33)

【准备材料】

工具:开瓶器、杯垫

配方:瓶装啤酒

载杯:啤酒杯

【操作过程】

① 洗净双手并擦干;

② 用开瓶器开酒;

③ 往啤酒杯中倒啤酒至 10 分满(8 分酒液,两分泡沫);

④ 将酒杯置于杯垫上,出品;

⑤ 清洁器具,清理工作台。

试题 4 特基拉碰出品(见图 1-10-34)

图 1-10-33   瓶装啤酒

图 1-10-34   特基拉碰

【准备材料】

工具:量酒器、冰桶、冰夹、杯垫

配方:30 mL 特基拉、1/3 杯雪碧

载杯:古典杯

装饰:盐霜、柠檬

【操作过程】

① 洗净双手并擦干;

② 在杯中加入适量冰块;

③ 加入特基拉,注雪碧至 1/3 杯;

④ 配上杯垫、柠檬角和盐,将酒杯置于杯垫上,出品;

⑤ 清洁器具,清理工作台。

复习与巩固

1.简述鸡尾酒创作的原则。

2.掌握高级调酒师操作技能考试题型。

爱达·魔都号
ADORA MAGIC CITY

模块 二

酒 水 服 务

基本服务技巧 任务一

在酒吧服务过程中许多操作是在顾客目视下完成的,因此酒水服务人员不仅需要一定的专业技术功底,而且还需要具有较高的表演天分。邮轮酒吧服务更强调操作动作的正确、迅速、简便、优美和流畅。以下进行几项基本服务技巧训练。

实训目标

通过实训,提高学生各项技巧的熟练程度。

实训方法

教师讲解、示范,学生分组或单独操练,教师指导纠正。

一、 归类写单

1.教师示范

假设一位顾客同时点了几种酒水时,要尽量按照类别进行归类写单,以提高调酒师的工作效率。例如,某个顾客点了 5 杯饮料,分别是加冰波本(a Bourbon on the rocks)、加水波本(a Bourbon water)、加苏打水苏格兰威士忌(a Scotch & soda)、加七喜波本(a Bourbon & seven-up)和加水苏格兰威士忌(a Scotch and water)。在这种情况下,不要简单地按照顾客点选的顺序记录,而是有意识地进行归类填写,如表2-1-1所示。

表 2-1-1　写单

依据顾客点选顺序记录		有意识地进行归类填写	
序号	酒水名称	序号	酒水名称
1	B/rock	1	B/rock
2	B/water	2	B/water
3	S/soda	3	B/seven-up
4	B/seven-up	4	S/soda
5	S/water	5	S/water

如此写单的话,调酒师就无须两次操作波本和苏格兰威士忌酒瓶,从而加快服务速度。通常归类写单的顺序是:首先是净饮酒和高杯酒,其次是鸡尾酒,再次是果汁,最后是乳饮料及啤酒。

2.学生操练

(1)教师设计一份酒单。

(2)将学生分成若干组,每组5~6人,一名学生练习写单,其余学生负责点单。

(3)负责点单的学生随机点选一组酒水,如:加冰波本(a Bourbon on the rocks)、加水波本(a Bourbon water)、加苏打水苏格兰威士忌(a Scotch & soda)、加七喜波本(a Bourbon & seven-up)、加水苏格兰威士忌(a Scotch & water)、血腥玛丽(Bloody Mary)、百威啤酒(Budweiser)、玛格丽特(Margarita)、曼哈顿酒(Manhattan)、加冰苏格兰威士忌(a Scotch & ice)、金菲士(Gin Fizz)、加冰柠檬水(Iced lemonade)。

(4)练习写单的学生根据归类原则进行写单,正确的顺序是加水波本(a Bourbon water)、加七喜波本(a Bourbon & seven-up)、加冰波本(a Bourbon on the rocks)、加苏打水苏格兰威士忌(a Scotch & soda)、加水苏格兰威士忌(a Scotch & water)、加冰苏格兰威士忌(a Scotch & ice)、曼哈顿酒(Manhattan)、血腥玛丽(Bloody Mary)、玛格丽特(Margarita)、金菲士(Gin Fizz)、加冰柠檬水(Iced lemonade)、百威啤酒(Budweiser)。

(5)每组学生转换角色进行操练。

(6)小组操练比赛。

二、 示瓶

当顾客点选整瓶酒水时,开瓶之前应在顾客面前展示酒瓶,基本操作程序如下:

(1)检查酒标是否清洁完整,擦净瓶身、瓶口;

(2)站在点酒顾客的右侧,左手托瓶底,右手扶瓶颈,酒标朝向顾客;

(3)请顾客确认酒标上的名称、产地、等级等内容;

(4)待顾客认可后,方可进行下一步操作。

三、 冰镇

（一）冰镇酒瓶

冰镇就是对酒品进行降温处理，一般有两种方法：一种是直接将整瓶酒放于冷藏柜中降温，适用于啤酒和碳酸型饮料；另一种是将酒瓶（酒标朝上）插入盛有冰块的冰桶内降温，用冰桶架将冰桶放在顾客桌台一侧，此法多用于白葡萄酒和香槟酒，如图 2-1-1 所示。

图 2-1-1 冰镇酒瓶

（二）冰镇载杯

许多鸡尾酒适合盛放在冰镇的载杯中。例如，一杯马提尼会很快吸收杯子里的热量而丧失清凉感。在不加冰的情况下要使鸡尾酒有清凉感，最好的办法就是冰镇载杯。

（1）将载杯放入冷冻柜 1~2 h，或置于冷藏柜 3~4 h 进行降温处理。

（2）在不具备冷藏设备的情况下，可将载杯倒置于装满冰的冰桶中静置 15~30 min。

（3）将海波杯等平底载杯装满碎冰，静置直至杯壁上出现薄霜。

（4）溜杯是对鸡尾酒杯进行降温的一种方法。基本的操作方法是：手持杯脚，将一块冰块放入酒杯中，然后旋转酒杯，使冰块产生离心力在杯壁上溜滑，以此降低酒杯的温度。一些酒品对酒杯的降温要求较高，溜杯操作需持续到杯壁上出现薄霜为止。

四、 开瓶

酒水的品种繁多，包装方式也各不相同，常见的酒瓶封口方式有瓶盖和瓶塞两种。开瓶是指开启瓶盖或瓶塞，其基本要求如下：

（1）使用正确的开瓶器：开启软木瓶塞时使用螺旋开瓶器，开启瓶盖时则用启盖扳手。

（2）无论开启何种酒瓶，开口方向应朝着自己，并用手遮掩，以示对顾客的礼貌。

（3）开瓶时动作要轻，尽量减少瓶体的晃动，尽量避免气泡冲冒、沉淀物窜腾等现象的发生，开拔软木塞的动作要慢且发出的声音越轻越好。

（4）对拔出来的软木塞要进行检查，通过嗅闻软木塞被酒液浸泡的部分来辨别是否是病酒或坏酒。

（5）开启瓶塞（瓶盖）后，要仔细擦拭瓶口，将积垢、污渍擦除。擦拭时，注意不要将污垢落入酒瓶中。

（6）开瓶后酒瓶留在顾客的桌台上，酒瓶的封皮、软木塞、瓶盖等杂物放入小碟中，在顾客确认后撤走。

五、 计量酒水

▌(一)量杯计量

量杯型号的选用与服务饮料的用杯容量有关。量酒前先在酒瓶上安放酒嘴以便控制出酒量,使用不锈钢组合量杯时通常将酒倒至量杯的杯沿,用玻璃量杯时则应将酒倒至刻度线处。每次量酒完毕,须把量杯内的酒液倒尽,然后把量杯倒扣在滴漏板上,将量杯中剩余的酒沥干,防止不同种类酒的味道混合在一起。如果量杯盛过黏性饮料,如牛奶、果汁等,应冲洗干净后方可量取其他饮料。

▌(二)数数计量

用数数的方式代替量杯计量,此方法需经过多次练习才能保证量取的准确性,具体练习步骤如下:

(1)将空酒瓶装满水;

(2)在瓶口上安放酒嘴;

(3)将酒瓶中的水倒入容量为 30 mL 的子弹杯中,边倒边数数;

(4)重复第 3 步,直至能在数到 4 时倒出 30 mL 的酒,这样就可以轻松地判断所需倒出酒的容量,如表 2-1-2 所示。

表 2-1-2　数数计量

数数	倒出容量
1	7.5 mL
2	15 mL
3	22.5 mL
4	30 mL
5	37.5 mL
6	45 mL

六、 斟酒

▌(一)斟酒方式

斟酒的基本方式有两种:一种是桌斟,指将顾客的酒杯放在台面上,服务员用右手持瓶向杯中斟倒酒水。斟倒时瓶口对准酒杯中心,缓缓地将酒水注入杯中,但斟啤酒或气泡酒液时需沿杯壁注入杯中。此外还要控制好斟酒量,对于红葡萄酒和香槟一般斟至酒杯的 1/2,而白葡萄酒则斟至酒杯的 2/3。另一种是捧斟,指服务员右手握瓶,左手持杯,向杯中斟酒,斟倒完毕将酒杯放于顾客的右手处。捧斟方式一般适用于非冰镇酒品。桌斟如图 2-1-2 所示,捧斟如图 2-1-3 所示。

图 2-1-2　桌斟

图 2-1-3　捧斟

(二)持瓶手法

服务员持瓶手法是否正确是保证斟酒准确、规范的关键。正确的持瓶手法是:叉开右手拇指,其余四指并拢,掌心贴于瓶身中部,手指用力均匀,使酒瓶握实在手中。采用这种持瓶方法,可避免酒液晃动,防止斟酒时动作不稳。

(三)斟酒时的用力

斟酒时的用力要灵巧。正确的用力应是右侧大臂以肩为轴,小臂用力,利用腕部转动,将酒斟至杯中。腕力灵活,斟酒时握瓶及倾倒角度的控制就比较自如。腕力用得巧,斟酒时酒液流出的量就准确。斟酒时忌讳大臂用力以及大臂与身体之间角度过大,角度过大会影响顾客的视线,并迫使顾客出现躲闪的状况。

(四)斟酒服务的站位

斟酒服务时,服务员应站在客人的右侧身后,规范的站立是:服务员的右腿在前,脚掌落地,左腿在后,左脚尖着地呈后蹬势,使身体略向右倾斜,服务员右手持瓶,面向顾客进行斟酒。每斟一杯酒需更换一次位置,站到下一位顾客的右侧,换位要做到进退有序。

(五)注意事项

1. 无论采用何种斟酒方式,瓶口与杯口保持 1~2 cm 的距离,动作要轻、稳、准、雅,而且不能讲话,以免口水四溅引发卫生、礼仪等问题。

2. 斟酒完毕,右手利用腕力将酒瓶旋转至自己身体一侧,同时左手迅速、自然地用餐巾盖住瓶口,防止最后一滴酒液溅落于台面上或顾客身上。

3. 切忌同时为左右两位顾客斟酒或探身为对面的顾客斟酒。

4. 整个服务过程要显得规范、优雅,不能将自己的身体倚靠在顾客身上或座椅上,斟酒完毕身体应迅速恢复直立状。

七、 预备载杯

（一）擦拭载杯

步骤如下：

（1）先用桶或其他容器装满热开水；

（2）用食指和中指夹住杯腿，将杯口朝向热水；

（3）让蒸汽进入酒杯，注意避免酒杯接触热水，以防杯子开裂；

（4）当杯中充满蒸汽时，用清洁的餐巾擦拭；

（5）擦拭时将餐巾平铺在左手掌上，左手拇指将餐巾一角固定在杯身中部，握住杯底，右手拿起另一角塞入酒杯，将内壁擦干，然后交互旋转擦拭载杯外侧；

（6）擦干后对着灯光照一下，检查是否有漏擦的污点。

在整个擦拭过程中用力不能过猛，以免损伤酒杯，此外手指始终不能接触酒杯的内侧和杯口。

（二）加热载杯

冰冷的载杯会迅速吸收饮品的热量而使其冷却。如果顾客需要热饮时饮品是温热的，他会很失望，所以有必要将热饮盛放在加热的杯子中。

将载杯装满热水可适当加热杯子。热水可取自咖啡机，因为咖啡机的喷头可随时放出热水。载杯装满热水后静置，待饮品调制完成后将杯中的热水倒掉。

（三）杯口挂霜

挂霜指沿着载杯的杯口镶上一层食用霜。糖和盐通常用来挂霜。挂霜不仅为饮品增加了另一道风味，而且使其更加美观。一般使用不加碘的粗盐和细砂糖挂霜。具体步骤如下：

（1）将盐或糖倒入碟中，厚度至少为 0.3 cm。

（2）用一块新鲜的柑橘或纸巾沾取少量配方中的酒液，小心地沿杯口擦拭以使其湿润。

（3）然后将杯子侧向一边，使杯口的一部分轻触碟中的盐或糖，同时转动载杯，直到整个杯口都挂上盐或糖。

（四）杯内涂层

一些鸡尾酒需要突出某种烈酒的味道，因此将载杯内壁覆盖一层这种烈酒以至于每酌一口都能品味到这一烈酒。将少量烈酒倒入载杯中，旋转杯子使酒液覆盖到整个内壁，然后倒掉多余的酒液。这一操作所需的酒量随着配方而变化，主要取决于所要达到的风味效果，但一般用量较小。

八、制冰

酒吧里需要使用大量的冰,选用任何一种冰都要确保是当天制成,晶莹剔透,没有任何异味。调制饮品时一般先放冰,后倒入各种原料和配料。以下介绍几种常用冰的种类:

1.大冰块(Block of Ice)

大冰块的重量一般在 1 kg 或 1 kg 以上,适宜用于在大型鸡尾酒会上调制混合饮料宾治(Punches)时使用,如图 2-2-4 所示。

2.碎冰(Chipped Ice)

碎冰也称冰片,是酒吧制冰机制作出来的最小规格的冰块制品,常直接加入碳酸饮料中或放入电动搅拌机内使用,如图 2-2-5 所示。

3.粗碎冰(Cracked Ice)

粗碎冰指使用冰锥将大冰块敲碎而成的粗冰块,直径为 3~4 cm。高档酒吧使用此种加工方法制作冰块较多,如图 2-2-6 所示。

4.细碎冰(Crushed Ice)

细碎冰指敲得很碎的粒状冰,常用来调制热带口味的鸡尾酒。加工方法是用清洁的餐巾包裹冰块(不能使用毛巾包裹冰块,以防止毛巾的细小纤维黏附在碎冰上),然后使用专用碎冰器将其敲打成碎粒状冰块,如图 2-2-7 所示。

5.方块冰(Cubed Ice)

方块冰指由制冰机制出的正方体冰块,在酒吧中适用范围最广,可直接放于调酒壶、酒杯中使用,如图 2-2-8 所示。

6.块状碎冰(Lump of Ice)

块状碎冰也称岩石冰,传统上用于威士忌加冰(On The Rocks)饮用时使用。块状碎冰比方块冰要大,一般使用冰锥手工制成,如图 2-2-9 所示。

7.刨冰(Shaved Ice)

刨冰是细碎冰的进一步加工,一般需制成冰屑状,使用刨冰机来制取,用来在夏季制作刨冰类冷饮,如图 2-2-10 所示。

图 2-2-4　大冰块

图 2-2-5　碎冰

图 2-2-6　粗碎冰

图 2-2-7　细碎冰

图 2-2-8　方块冰

图 2-2-9　块状碎冰

图 2-2-10　刨冰

九、　分离蛋清和蛋黄

某些鸡尾酒需使用鸡蛋的蛋清或蛋黄，以下是分离蛋清和蛋黄的几种方法：

（1）用鸡蛋的中部敲击盘子的边缘，将蛋壳分成两半，将蛋黄从一半蛋壳中传送到另一半蛋壳中，直到蛋白完全分离并滑入盘中。

（2）敲开蛋壳，将整个鸡蛋打入盘中，用容量为 500 mL 的空纯净水瓶将蛋黄吸入。

（3）将漏勺放入碗中，敲开蛋壳，将整个鸡蛋打入漏勺，蛋清则顺着漏缝流到碗里。

使用鸡蛋前要确保鸡蛋是新鲜的，在摇酒前总是先将鸡蛋放入调酒杯和摇酒壶中，然后再加入烈酒。在摇酒时，利用块冰或粗碎冰打散鸡蛋使之与其他配料混合。

十、　准备装饰物

为了使饮品更具吸引力，同时为了增添风味，可以使用不同种类的新鲜水果作为装饰物，酒吧里常用的水果有橘子、柠檬、橙子、菠萝和苹果等。使用水果时，应注意以下几点：

（1）使用新鲜优质的水果，使用之前彻底清洗表皮。

（2）使用干净的水果案板和水果刀。

（3）水果切片的厚度大致为 0.5 cm，从切片中心划开一道细缝以使切片能固定在杯沿上。

（4）柠檬和橙子通常切成半月形，先切除两端，然后纵向切成两半，再横向切成半月形，每片的厚度基本一致。

（5）水果也可切成其他形状，比如螺旋形和扭曲形。当配方要求使用扭曲形柠檬皮时，切出一细长条柠檬皮沿着杯口摩擦直至皮中的油渗出并附着在杯口上，然后扭转柠檬皮让皮中的油（通常一小滴）滴入饮料中，最后将呈扭曲状的柠檬皮放入饮料中。柠檬油使得鸡尾酒的口味更加独特，许多顾客都喜欢这种口味的鸡尾酒。

（6）从每种水果中取少量排放在果盘中，果盘放在烈酒和冰桶附近以方便操作。

（7）在装饰鸡尾酒时不能用手拿取水果，而要使用夹子或鸡尾酒签。

（8）暂时不使用的水果切片要及时封好并储存在冰箱内，需要时再取出。每天收吧时要将所有未使用的水果封好并储存在冰箱里。

十一、　燃烧

燃烧是将烈酒升温的一种方法，具体操作是：先将酒杯、烈酒预热，然后取一勺烈酒置于火上加热并点燃，最后将点燃的烈酒小心地倒入酒杯中，使整杯酒燃烧起来，如图2-2-11所示。

图 2-2-11　燃烧

复习与巩固

1. 如何高效地写单？
2. 简述斟酒的注意事项。
3. 如何在载杯的杯口上挂霜？
4. 酒吧中的常用冰有哪些种类？
5. 如何制作半月形水果切片？

啤酒服务 任务二

一、 啤酒服务实训

实训目标

通过本次实训,学生能够掌握啤酒的服务流程和标准。

实训方法

教师讲解、示范,学生按步骤操作,学生之间相互观察并进行评点,教师指导纠正。

实训步骤

啤酒服务操作程序及标准如表 2-2-1 所示。

表 2-2-1　啤酒服务操作程序及标准

操作程序	操作标准
准备工作	熟悉啤酒的特点和饮用要求;将啤酒瓶和啤酒杯放入冷藏柜中冰镇。
检查酒瓶	商标完整,瓶身洁净。
开瓶	瓶口朝向自己,用启盖扳手启开瓶盖,用力均匀,不晃动瓶身,不发出声音或溅出酒液。

续表

操作程序	操作标准
斟酒	将酒杯放在杯垫上；瓶口与杯口保持 1~2 cm 的距离；将啤酒缓慢倒入杯中，使酒液沿杯壁流入；斟酒至酒杯的 2/3 处，余留空间使其释放泡沫；将啤酒瓶置于顾客右侧，酒标朝向顾客。
添酒	顾客瓶中的啤酒仅剩 1/3 时，主动询问顾客是否需要再添加一瓶。

二、啤酒服务要点

(一)温度要求

啤酒在冰镇后饮用，最佳饮用温度为 8~10 ℃。啤酒中所含二氧化碳的溶解度是随温度高低而变化的。温度高，二氧化碳逸出量大，泡沫随之增加，但消失快；温度低，二氧化碳逸出量少、泡沫也随之减少。啤酒泡沫的稳定程度与酒液表面张力有关，而表面张力又与温度有关。一般情况下，温度升高，表面张力下降，泡沫持久性降低。因此啤酒的饮用温度很重要，适宜的温度可以使啤酒的各种成分协调平衡，给人一种最佳的口感。冬季饮用啤酒时不必冰镇，如需热饮，可将酒瓶放入 30 ℃ 左右的水中浴热，然后取出摇匀即可。

啤酒绝不能冷冻保存。啤酒的冰点为 −1.5 ℃，冷冻的啤酒不仅不好喝，而且会破坏啤酒的营养成分，使酒液中的蛋白质发生分解、游离。同时啤酒是经过人工气体加压制成的饮料，在过度冷冻中，由于体积膨胀造成瓶内气压上升，容易发生酒瓶爆裂。

(二)酒杯选择

在多数人看来，啤酒杯的形状大致与图 2-2-1 中右边第一个相同，其实那只是众多啤酒杯类型中的一种，即扎啤杯。根据形状、杯壁厚度等可划分出不同类型的啤酒杯，不同酒杯对不同啤酒的表现力各不相同。

1.啤酒杯的形状对啤酒风味的影响

啤酒风味包括麦香、酒花香、醇香、入口感等几个要素。啤酒的原料是麦芽，包括大麦芽、小麦芽，所以麦香是啤酒风味的基础；啤酒花也是啤酒的主要原料，是啤酒苦味和植物香味的来源；作为发酵产物，啤酒里含有大量的酵母代谢物，主要有酯类、酸类物质，使得啤酒具有香蕉等水果香味；入口感是啤酒入口后的杀口感，指啤酒中的二氧化碳小气泡在舌头上破裂时产生的一种外在刺激感。二氧化碳含量越高，杀口感越强。

图 2-2-2 有两种啤酒杯，选择不同的酒杯会带来不同的感受。选择酒杯 A 时，必定要抬高下巴才可饮用，因此冰凉的啤酒能够迅速滑过喉咙，瞬间让人感到清凉。而如果选用酒杯 B，抬头饮用时啤酒可能会沾到脸上，因此不要抬高下巴，小口慢饮，这样啤酒停留在口腔中的时间变长，舌头可充分发挥作用，尽享啤酒的各种风味。根据啤酒种类或当时所处的情况而改变喝酒的容器也是喝啤酒的一种乐趣所在，这时候不只是在喝啤酒，而是在享受啤酒文化。

图 2-2-1 啤酒杯

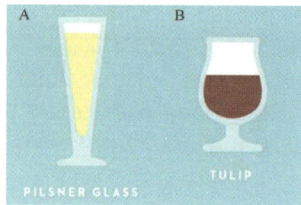

图 2-2-2 皮尔森杯和郁金香杯

2.酒杯种类

（1）扎啤杯

扎啤杯是最常用的啤酒杯，一般都是大、厚、重、带有把手的杯子。无论什么形状、多少容量，都很结实，方便碰杯，由于杯壁较厚，长时间握杯也不会影响啤酒的温度，很适用于畅饮。还有一些特别的设计，如德国的啤酒杯带有盖子，可防止蚊蝇等飞进去；英国的啤酒杯大多没有把手，据说是为了防止人们饮酒过量后直接利用杯子打架。

扎啤杯适用的啤酒最多，美式、德式、欧式以及世界范围的大部分啤酒都适用，因为大部分啤酒都强调碰杯和畅饮，但强调口味和品尝的比利时啤酒则不太适合此类杯型。

（2）皮尔森杯

皮尔森杯是继扎啤杯之后应用最广的啤酒杯。其特点为口大底小，呈圆锥形，杯身细长，杯壁较薄。这种设计有助于欣赏皮尔森型啤酒晶莹透彻的金黄色，以及气泡上升的过程，此外宽杯口可在顶部保留适当的泡沫层，并延长它的存留时间。

皮尔森杯用途广泛，美式淡色啤酒、德式的下发酵啤酒、欧式的淡色啤酒都适用。

（3）笛形杯

笛形杯多用于饮用香槟，也可以用来喝啤酒，因为在斟倒啤酒时狭长的杯身能够激起充足的泡沫，并使其缓慢消逝，有利于更好地展现气泡的涌动。高脚设计便于饮用者握住杯脚，以免手掌接触杯身将手温传递给啤酒而破坏口感。

一般呈通透金黄色的啤酒都非常适用此杯型，如美式淡色爱尔啤酒、法式淡色啤酒、德式的下发酵淡色啤酒和捷克的皮尔森型啤酒等。

（4）圣杯

圣杯的英文是"Goblet"，意思是高脚杯。由于这种杯型曾出现在耶稣的圣餐中，因此也可称之为圣杯。圣杯的特点是开口大，杯身浅，杯壁厚，杯脚细长，杯底宽平。有些圣杯的杯口处镶嵌着一圈金属边，碰杯时能发出悦耳的声音。宽口浅身的设计有助于酒液内更多的气泡生成以补充泡沫层的厚度，减缓泡沫消失的速度。圣杯强调泡沫的表现，所以一般能产生两指宽细腻泡沫的啤酒才使用圣杯盛装。

使用圣杯盛装的啤酒种类并不多，但基本都属于精良的啤酒类型，如比利时的修道院啤酒（Trappist、Abbey Beer）、烈性淡色爱尔啤酒（Strong Pale Ale）、烈性深色爱尔啤酒（Strong Dark Ale）、双料啤酒（Dubbel）、三料啤酒（Tripel）都适用于此类酒杯。

（5）郁金香杯

郁金香杯常用于饮用白兰地，杯口收缩，杯腹较大，杯身较浅，杯脚粗短，杯底宽平。利用此杯型饮啤酒能充分发挥其特点：收缩的杯口有利于聚拢酒香，杯口的宽度恰好适合饮用者用鼻子捕捉杯口内的香气。此外，大腹小口的设计便于摇晃酒杯以搅动啤酒，促进啤酒内沉淀物更快速地溶解。

郁金香杯适用于各类口味比较强烈的带有沉淀物的啤酒,比如美式的大麦酒(Barley wine)、烈性爱尔、深色爱尔、双料淡色爱尔(Dubble IPA)、双料司陶特(Dubble Stout),以及比利时的淡色爱尔、烈性淡色爱尔、烈性深色爱尔、法柔(Faro)、混酿(Gueuze)等。

(6)开口郁金香杯

此杯型在郁金香杯特点的基础上更强调泡沫的展现,因此开口敞开的设计可让更多的泡沫产生。

此类酒杯更适合泡沫丰富的啤酒,比如美式淡色爱尔,比利时烈性爱尔、深色爱尔、法兰德斯红色爱尔(Flanders Red Ale)等。

(7)黑啤酒杯

这种类似蘑菇云的黑啤酒杯适用范围很小,一般只适合德式的下发酵黑啤酒(Schwarzbier)。黑啤酒杯底部细短,便于观赏黑啤本身的颜色,顶部宽大则是为了留存更多的泡沫,此外这种设计非常便于手持酒杯。

(8)品脱杯

品脱杯一般近似圆柱形,但略带锥体特质,杯口较宽,接近杯口处有一圈突起,便于握杯,而且突起处有助于延长泡沫和酒液气味保留的时间。

品脱杯一般适用于英式啤酒,包括淡色爱尔、棕色爱尔、深色爱尔等主流上发酵啤酒,以及司陶特(Stout)、波特(Porter)等上发酵黑啤。此外,印度淡色爱尔(Indian Pale Ale)、美式印度淡色爱尔、美式淡色爱尔等都适用于这种杯型。

(9)小麦啤酒杯

这是一款具有德国风格并且近似小麦造型的啤酒杯,杯口略小,杯身细长且自上向下收缩。这种设计一方面可以显示出小麦啤酒特有的云雾外观和颜色,另一方面可以让更多的泡沫留在杯口处,并将小麦啤酒特有的水果香味保留较长时间。

适用此杯型的啤酒较少,其中包括德国的小麦啤酒(Weizen)、半酵母型小麦啤酒(Hefeweizen)、小麦黑啤(Dunkel Weizen)、烈性小麦(Weizenbock)等。

(10)直口杯

这是一种非常传统的德国风格直口杯,呈圆柱形,杯身细长挺直,便于观察啤酒内部气泡的涌动,适合畅饮。

直口杯一般适用于捷克的皮尔森啤酒、德国的博克(Bock)烈性啤酒以及比利时的法柔、混酿、水果啤酒等。

以上啤酒杯如图2-2-3至图2-2-12所示。

图 2-2-3　扎啤杯　　　　图 2-2-4　皮尔森杯　　　　图 2-2-5　笛形杯

图 2-2-6　圣杯

图 2-2-7　郁金香杯

图 2-2-8　开口郁金香杯

图 2-2-9　黑啤酒杯

图 2-2-10　品脱杯

图 2-2-11　小麦啤酒杯

图 2-2-12　直口杯

（三）斟酒技巧

1. 瓶装啤酒

瓶装啤酒的斟酒（见图 2-2-13）步骤如下：

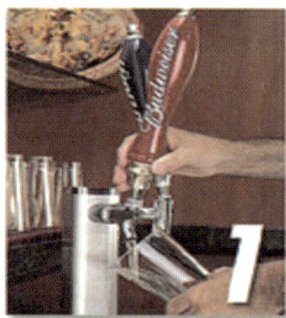
(a)打开啤酒栓柄

(b)使酒杯倾斜

(c)将酒杯放正

(d)以2.5 cm厚的泡沫收尾

图 2-2-13　生啤斟酒操作步骤

（1）清洗双手，酒水服务员双手是否清洁始终是顾客关注的焦点；

（2）选择适当的啤酒杯，确保所选用的酒杯是干净的，而且没有裂痕和缺口；

（3）缓慢打开酒瓶,让气体逐渐释放出来,不要摇晃瓶子;

（4）一手拿酒杯,另一只手拿酒瓶,将酒标朝向顾客并让其能看见酒标;

（5）为了更好地展示服务技能,采用捧斟法,即将酒杯、酒瓶从台面上拿起,使酒杯和酒瓶相向倾斜,在酒杯内侧斟酒,确保酒瓶不触碰杯沿或酒液液面;

（6）在斟酒时,根据杯中泡沫层形成的速度相应加快或减慢斟酒的速度,对于司陶特啤酒,斟酒速度要更慢以防止产生过量的泡沫;

（7）斟酒至酒杯的 2/3 处,将酒杯放在杯垫上,将酒瓶放在顾客的右侧,酒标朝向顾客;

（8）当顾客瓶中的啤酒仅剩酒杯的 1/3 时,主动询问顾客是否需要再添加一瓶啤酒。

2.生啤

不同类型和品牌的生啤配有不同类型的啤酒栓,按照啤酒厂提供的说明书从啤酒栓中接取啤酒,生啤斟酒操作步骤(见图 2-2-13)如下:

（1）挑选干净、无裂痕和缺口的酒杯;

（2）将酒杯倾斜着靠近啤酒栓;

（3）朝前扳动啤酒栓柄使其与地面平行,让啤酒流入杯中。在啤酒栓前有一个流量控制按钮,一旦设定好就不要再次调整;

（4）酒液注入酒杯至 1/2 时将酒杯放正,当啤酒液面距杯沿约 2.5 cm 时,朝后扳动啤酒栓柄关掉啤酒栓;

（5）将啤酒静置 1 min 使其释放出泡沫;

（6）把握好关啤酒栓的时机,确保泡沫层恰好与杯沿平齐,从而防止啤酒溢出酒杯。

(四)啤酒配菜

啤酒配菜的相关要求,如图 2-2-14 所示。

啤酒	酿造国家	发酵形式	上酒温度	配菜
Ale	英国,比利时	高温发酵	10 ℃	作为开胃酒,瘦肉
Alt	德国	高温发酵	8～10 ℃	香肠
Abbaye	比利时	高温发酵	10～12 ℃	肉蘸醋汁,奶酪
Stout	爱尔兰,英国	高温发酵	12～14 ℃	餐后,牡蛎
Porter	英国	高温发酵	12～14 ℃	餐后,贝类,螃蟹和其他海产品
Blanche	比利时,德国	高温发酵	8 ℃	作为开胃酒,配醋汁就白鱼
Pils	捷克,德国,比利时,法国	低温发酵	8 ℃	作为开胃酒,淡醋汁做的菜
Bock	德国	低温发酵	10 ℃	熏鱼
Gueuze	比利时	自然发酵	10～12 ℃	作为开胃酒,炸肉排
Lambic	比利时	自然发酵	10～12 ℃	作为开胃酒

图 2-2-14　啤酒配菜的相关要求

复习与巩固

1.如何选用啤酒杯?

2.如何为客人倒瓶装啤酒?

葡萄酒服务 任务三

一、 葡萄酒服务实训

实训目标

通过本次实训，学生能够掌握葡萄酒的服务流程和标准。

实训时间

2学时

实训方法

教师讲解、示范，学生按步骤操作，学生之间相互观察并进行评点，教师指导纠正。

实训步骤

葡萄酒服务操作程序及操作标准，如表2-3-1所示。

表 2-3-1　葡萄酒服务操作程序及操作标准

操作程序	操作标准
准备工作	准备实训器具,将空葡萄酒酒瓶装满水
检查酒瓶	酒标完整,瓶盖完好,瓶身清洁美观
示瓶	酒标朝向顾客,红葡萄酒放入酒篮或酒架中展示;白葡萄酒需从冰桶中取出,用口布裹住瓶身
开瓶	用螺旋开瓶器取出软木塞,用力均匀,不损坏木塞,不发出声音或溅出酒液
展示瓶塞	将木塞放入小盘中,木塞接触过酒液的一端朝上
品酒	为主客斟倒 30 mL 酒液,请其品尝
斟酒	按女士优先、先宾后主的原则,从主客右侧的顾客开始按顺时针方向依次斟酒;白葡萄酒倒至酒杯容量的 2/3,红葡萄酒则为 1/2
添酒	顾客瓶中的葡萄酒仅剩一杯左右时,主动询问顾客是否需要再添加一瓶

二、 葡萄酒服务要点

(一)温度要求

不同种类葡萄酒的侍酒温度有所不同,只有在合适的温度下才能充分发挥自身的特色。甜酒、香槟和汽酒的侍酒温度为 6 ℃,过于低温会抑制香味的散发;干性白酒和玫瑰红酒也应稍微冰镇,但要比甜酒和汽酒的温度略高,在 8~12 ℃,过高的温度会使其失去新鲜感;清淡红酒,圆润且带有果味,最适于在 12~14 ℃品尝;较馥郁丰厚的红酒则应在凉爽的室温下侍酒,即在 15~18 ℃。一般来说,年份近的酒的侍酒温度要比陈年酒略低。

将红葡萄酒调整为室温(此处室温指 16~18 ℃)最理想的方法是:从冷藏柜中拿出来的葡萄酒的温度一般在 11~14 ℃,要想达到室温,只要将它放在较温暖的室内,直到它上升到所需要的温度,但应避免将酒直接靠近热源。酒倒入杯中后,酒温上升很快,所以侍酒温度宁可略低,也不要过高。

(二)酒杯选择

葡萄酒有如身材各异的人们,每个人都以不同服饰装点自己,从而散发个人的独特魅力。葡萄酒杯宛如外衣,不同形状点缀着不同品种,让葡萄酒表现得更为精彩。为了充分展现葡萄酒的特色,可以选择不同形状的酒杯,通常只需准备 4 种酒杯,就足以品尝全世界各种葡萄酒的美味。

1.香槟杯

香槟杯杯身细长,仿佛一朵纤细的郁金香,可让气泡有足够的上升空间,给人细致、爽口、芳香之感。此杯型适合香槟、起泡酒、冰酒。

2.白葡萄酒杯

与红葡萄酒杯相比,白葡萄酒杯杯身较长,杯腹较瘦,这种设计能减少酒液和空气的接触,令香气更持久一些。此杯型适合所有白葡萄酒。

3.勃艮第红酒杯

勃艮第红酒杯杯身较短，杯腹较宽，近似球状，杯口大且向内收窄，便于散发酒香，适合将鼻子伸入嗅闻。勃艮第红酒（Bourgogne Rouge）的果味很重，在口里流动的幅度较大，球状杯身可以令勃艮第红酒先流向舌头中间再向四周流散，使果味、酸味相互融合。此杯型适合勃艮第红酒、黑皮诺葡萄种（Pinot Noir）酿造的葡萄酒。

4.波尔多红酒杯

波尔多红酒杯比勃艮第红酒杯杯身长，杯口窄，这种设计有利于凝聚酒香。波尔多红酒（Bordeaux）的酸味和涩味较重，适合用杯身较长且杯壁有弧度的酒杯，杯壁的弧度可以适度调控酒液在口里的扩散，而且较宽的杯口可以令饮者更好地感受到波尔多酒渐变的香气。此杯型也适合波尔多红酒以及勃艮第红酒之外的其他红葡萄酒。以上酒杯如图 2-3-1 至图 2-3-4 所示。

图 2-3-1　香槟杯　图 2-3-2　白葡萄酒杯　图 2-3-3　勃艮第红酒杯　图 2-3-4　波尔多红酒杯

（三）服务程序

1.验酒

验酒的目的是让顾客查看酒标，确认酒的名称、产地、等级是否符合所点的酒品。具体步骤如下：

（1）检查酒标是否清晰完整，擦净瓶身、瓶口。

（2）红葡萄酒放入酒篮或酒架，篮内或架下垫一块餐巾，然后送至顾客台面上，酒标朝向顾客；在进行白葡萄酒服务时，先准备冰桶，加入 1/2 桶冰块，再加冷水至 7 分满，将酒瓶插入冰桶，连同冰桶和冰桶架一起送到顾客桌旁。站在顾客右侧，将餐巾铺垫在左手上，右手拿起酒瓶放在左手餐巾上，酒标朝向顾客。

（3）等待顾客查看酒标，顾客认可后询问是否可以开瓶（见图 2-3-5）。

图 2-3-5　酒水示瓶

2.开瓶

(1)用螺旋开瓶器上的小刀沿瓶口下沿平整地切开封瓶铝箔纸,切下的部分呈瓶盖状;

(2)将螺旋钻头斜着钻入软木塞中心,旋转钻头使其深入木塞直至钻头的最后一环;

(3)用海马刀的第一级卡住瓶口,一只手固定海马刀,另一只手抬起开瓶器的手柄,利用杠杆原理拔出木塞。注意用力均匀,避免用力过猛使木塞破碎,拔出时声音越轻越好;

(4)取出木塞后小心地从钻头上旋转取下,将木塞接触过酒液的一端向上放在碟中,请顾客查看;

(5)用口布轻轻擦拭一下瓶口,避免瓶口有橡木塞的残渣。

葡萄酒开瓶方法,如图2-3-6所示。

3.品酒

(1)将取下来的软木塞给顾客,让其检阅软木塞;

(2)向主客(点酒顾客)的酒杯中斟倒1/5杯的酒液,帮助顾客轻轻晃动酒杯,使酒液与空气充分接触;

(3)待主客品尝之后,询问是否可以开始为其他顾客斟酒。

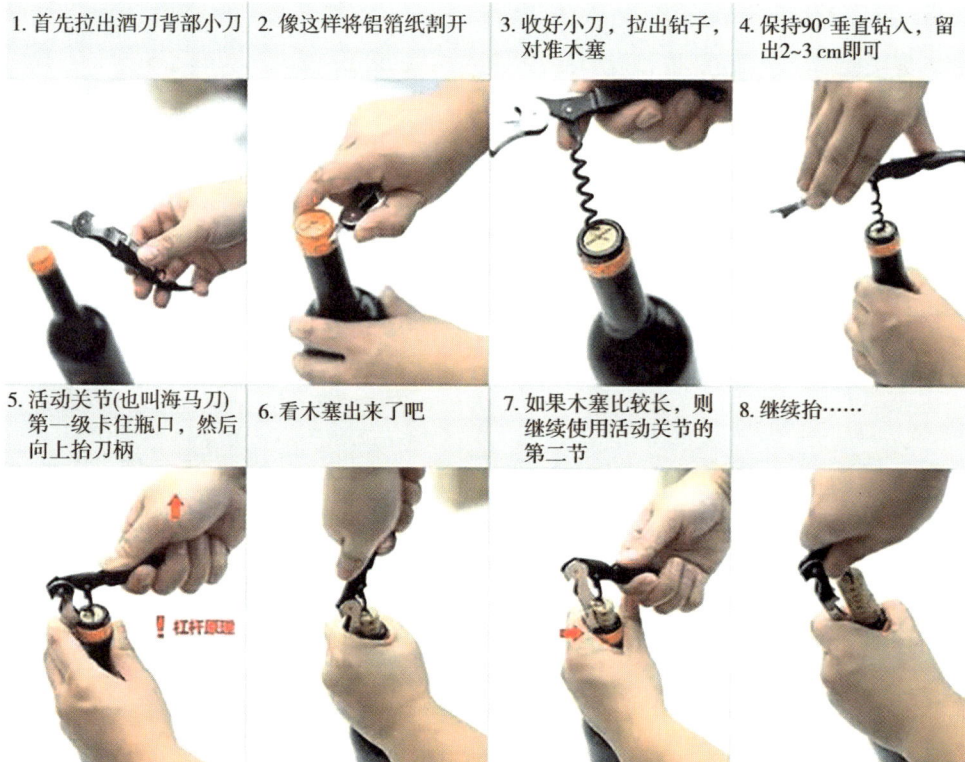

图 2-3-6　葡萄酒开瓶方法

(四)斟酒

(1)按女士优先、先宾后主的原则,从主客右侧的顾客开始按顺时针方向依次为顾客斟酒,倒酒时需用餐巾轻裹瓶身,以防酒液滴漏。

（2）每倒完一杯酒后，将瓶口向内旋转一圈，防止酒液滴出，然后站到下一位顾客的右侧斟酒。

（3）白葡萄酒倒至酒杯容量的2/3，红葡萄酒则为酒杯容量的1/2。为所有顾客斟倒完后，白葡萄酒酒瓶需放回冰桶，红葡萄酒酒瓶则放回酒篮或酒架，然后放在顾客桌台上或附近的工作台上，瓶口不能指向顾客。

（4）当瓶中的酒剩余一杯左右时，询问主客是否再添加一瓶。

复习与巩固

1.葡萄酒服务温度要求是什么？

2.如何选择葡萄酒杯？

3.简述葡萄酒服务流程。

蒸馏酒服务 任务四

实训目标

通过实训,学生能够熟悉蒸馏酒的服务方式。

实训方法

教师讲解、示范,学生分组操练,教师指导纠正。

一、 白兰地酒服务

白兰地是一种高雅、庄重的美酒,人们在高兴的时候,享受一杯白兰地,会使情趣倍增。白兰地的饮用方法多种多样,可作消食酒,也可作开胃酒;可以不掺兑任何东西净饮,也可以加冰块饮,掺兑矿泉水饮或掺兑茶水饮。对于具有绝妙香味的白兰地来说,无论怎样饮用都可以。究竟如何饮用,随个人的习惯和所好而异。一般来说,不同档次的白兰地,采用不同的饮用方法,可以收到更好的效果。

例如:X.O级白兰地,是在橡木桶里经过十几个春夏秋冬的储藏陈酿而成,是酒中的珍品和极品,这种白兰地最好的饮用方法是原浆原味,更能体会到这种艺术的精髓和灵魂。

有些白兰地贮存年限短,如V.O级白兰地或V.S级白兰地,只有3~4年的酒龄,如果直接饮用,难免有酒精的刺口辣喉感,而掺兑矿泉水或夏季加冰块饮用,既能使酒精浓度得到充分稀释、减轻刺激,又能保持白兰地的风味不变,这种方法已被广泛采用。特别值得提倡的是,中档次白兰地,冬天掺热茶饮,使得茶水的颜色和白兰地颜色一致。茶叶中含有丰富的茶碱和单宁,白兰地中也含有丰富的多酚物质和单宁。用这样的浓茶掺兑白兰地,能保护白兰地的颜色、香味和酒体的丰满程度不变,只是降低了酒精度,减少了酒精的刺激,可以使干渴的喉咙得到滋润。

白兰地掺兑矿泉水、冰块、茶水、果汁等的新品酒方式,已经在世界范围内流行起来,勾兑后的白兰地既是夏天午后的消暑饮料,又是精美晚餐上的主要佐餐饮品。白兰地饮用的具体服务方式如下:

(1)净饮服务:根据顾客需要的品牌,用量杯量出 30 mL 白兰地,倒入白兰地酒杯中,调酒师用右手将酒放至吧台顾客的右手处,或由服务员使用托盘将酒送至顾客面前,在顾客的右手边先放置一个杯垫,然后将酒杯放在杯垫上。净饮时可按照客人要求另外配一杯常温矿泉水或一杯冰水,起到清新味觉的作用。

(2)冰镇服务:冰镇服务有两种,第一种是加冰水,即将白兰地酒倒于白兰地酒杯中,再加入适量冰水,用吧匙轻轻搅拌;第二种是加冰块,先在白兰地酒杯中放入 2~3 块冰块(或根据顾客要求的数量),再将白兰地酒缓慢淋在冰块上,然后送至顾客面前。国人多喜欢加冰,那只是喝一般牌子的白兰地。对于陈年上佳的干邑白兰地来说,加水、加冰是浪费了几十年的陈化时间,丢失了香甜浓醇的味道,所以一般推荐喝陈年的白兰地最好不要加水和冰,任其原味散发出去。

(3)混饮服务:先将 4 块冰块放入高杯或海波杯中,然后倒入 30 mL 白兰地,再倒入白兰地5~6 倍量的冰镇苏打水、矿泉水或汽水,用吧匙轻轻搅拌后送至顾客面前。给大家推荐两种混饮方式:一是加雪碧(可乐),即按1:0.8 的比例将酒饮掺和,然后摇动掺酒壶,等雪碧的泡泡出来后,将酒倒入杯中喝下,可感受喉咙和胃里酒精与气泡挥发的混合冲击。二是掺冰红(绿)茶,即按上面加雪碧(可乐)方法的比例,在白兰地中掺冰红茶或绿茶,以稀释其烈性酒的口感。这种饮用方式是酒吧里比较常见的喝法,通过充分搅拌可以感觉茶的味道和酒精的味道完美地结合在一起了,更接近大众口味。

二、威士忌酒服务

1.加水服务

堪称是全世界最普及的威士忌饮用方式,即使在苏格兰,加水饮用仍大行其道。许多人认为加水会破坏威士忌的原味,其实加适量的水并不至于让威士忌失去原味,相反地,此举可能让酒精味变淡,引出威士忌潜藏的香气。

将威士忌加水稀释到 20%Vol 的酒精度,最能表现出威士忌所有香气的最佳状态。不过加水的主要目的是降低酒精对嗅觉的过度刺激,然而酒精对嗅觉的刺激度,并非单单取决于酒精浓度。就威士忌而言,同样的酒精浓度,低年份比较高年份有更强的刺激性,因此要达到最佳释放香气的状态,低年份威士忌所需稀释用水的量,便会高于高年份威士忌。

一般而言,根据顾客需要的品牌,用量杯量出 30 mL 威士忌:1:1 的比例,最适用于 12 年威士忌;低于 12 年,水量要增加;高于 12 年,水量要减少;如果是高于 25 年的威士忌,建议是加一点水,或是不需要加水。将其倒入威士忌酒杯或古典杯中,然后送至顾客面前。

2.加冰服务

此种饮法又称为"on the rock",主要是给想降低酒精刺激,又不想稀释威士忌的酒客们另一种选择。然而,威士忌加冰块虽能抑制酒精味,但也连带因降温而让部分香气闭锁,难以品尝出威士忌原有的风味特色。

在古典杯中加入 3~4 块冰块(或根据顾客要求的数量,或冰球),再将威士忌酒缓慢淋在冰块上,然后送至顾客面前。如顾客要求饮用"Whisky on the rock",调酒师可根据酒杯的大小多放一些冰块,一般放至杯子的 1/2 处。

3.混饮服务

可选用口味温和的威士忌(如波本),将 4 块冰块放入高杯或海波杯中,倒入 30 mL 威士忌,再倒入威士忌 4~5 倍量的冰镇苏打水、矿泉水、汽水或果汁,用吧匙轻轻搅拌后送至顾客面前。加可乐是最受欢迎的喝法,不过综合比较下来,以加上可乐所呈现的口感而言,美国的玉米威士忌普遍优于麦芽威士忌及谷类威士忌,因此 Highball 喝法中,加可乐普遍用于美国威士忌,至于其他种类威士忌,大多是用姜汁汽水等其他的苏打水调制。

4.苏格兰传统热饮服务

在寒冷的苏格兰,有一名为 Hot Toddy 的传统威士忌酒谱,它不但可祛寒,还可治愈小感冒。Hot Toddy 的调制法相当多样,主流调配法多以苏格兰威士忌为基酒,调入柠檬汁、蜂蜜,再依个人需求与喜好加入红糖、肉桂,最后拌以热水,即成御寒又好喝的调酒。

三、　金酒服务

1.净饮服务:在调酒杯中放入 3~4 块冰块,用量杯量出 30 mL 金酒倒入调酒杯,用吧匙轻轻搅拌后滤入鸡尾酒杯中,再放入一片柠檬,然后送至顾客面前。

2.冰镇服务:在古典杯中加入 4 块冰块(或根据顾客要求的数量),将金酒缓慢淋在冰块上,杯中放入一片柠檬,然后送至顾客面前。

3.混饮服务:将 4 块冰块放入高杯中,然后倒入 30 mL 金酒,再倒入金酒 5 倍量的汽水、奎宁水或果汁,用吧匙轻轻搅拌,再放入一片柠檬,然后送至顾客面前。

四、　伏特加酒服务

1.净饮服务:与金酒净饮服务一致。

2.冰镇服务:与金酒冰镇服务一致。

3.混饮服务:将 4 块冰块放入高杯或海波杯中,然后倒入 30 mL 伏特加,再倒入伏特加 5~6 倍量的汽水或 4 倍量的果汁,用吧匙轻轻搅拌。与汽水混饮的伏特加通常用高杯盛装,与果汁混饮的伏特加则常用海波杯盛装,然后送至顾客面前。

五、　朗姆酒服务

1.净饮服务:用量杯量出 30 mL 朗姆酒倒入鸡尾酒杯中,杯中放入一片柠檬,然后送至顾客面前。

2.冰镇服务:与金酒冰镇服务一致。

3.混饮服务:与伏特加酒混饮服务一致。

六、 特基拉酒服务

1.净饮服务：用量杯量出 30 mL 特基拉酒倒入鸡尾酒杯中，将一个柠檬角和少许精盐或盐巴放在小碟中，将酒与碟子一起送至顾客面前。

2.混饮服务：将 4 块冰块放入高杯中，然后倒入 30 mL 特基拉，再倒入特基拉 5~6 倍量的七喜或雪碧汽水，用吧匙轻轻搅拌，然后送至顾客面前。如顾客要求饮用"Tequila Pop"（特基拉炸弹），调酒师将 30 mL 特基拉倒入较厚的古典杯中，再加入雪碧至杯子的 1/3 处，在杯口上和杯底下各放一个较厚的杯垫。顾客饮用前，用右手按住杯口上的杯垫将酒杯举起，然后用力将杯底砸在桌上的杯垫上，这一动作使得特基拉和雪碧均匀地混合并产生泡沫，当涌起的泡沫充满整个酒杯时，用左手迅速撤下杯口上的杯垫，将酒一饮而尽。

以上蒸馏服务如图 2-4-1 至图 2-4-6 所示。

图 2-4-1　白兰地酒服务

图 2-4-2　威士忌酒服务

图 2-4-3　金酒服务

图 2-4-4　伏特加酒服务

图 2-4-5　朗姆酒服务

图 2-4-6　特基拉酒服务

复习与巩固

1.简述不同档次白兰地的饮用方式。

2.威士忌加水饮用所需水量取决于什么?

3.特基拉炸弹是如何饮用的?

中国黄酒与日本清酒服务　任务五

中国黄酒与日本清酒都是发酵酒、原汁酒、低度酒、米酒。在邮轮酒吧或 VIP 包厢，有些中国客人或日本客人会点自己喜欢的本土酒，酒吧服务人员要了解这些酒，并为客人提供恰当的饮用服务。

一、中国黄酒

（一）黄酒饮用服务操作

黄酒因具有香气协调，脂香浓郁，入口清爽、鲜甜甘美、酒味柔和无刺激性特点，以及自身特有的活血舒筋功效，因此在饮用上有其特殊要求。

1. 温酒

黄酒需加温后饮用，温度与人的体温相近，最佳饮用温度为 30~40 ℃，健胃，适合冬春季饮用，可解除疲劳、愉悦身心、通筋活络。加热时，可根据顾客需要，在黄酒里加入少量姜丝或话梅或红糖等来提高口感，加热方法简单：（1）将酒倒入瓷盆中，用小火加热；（2）使用温酒器，将酒倒入温酒器中，隔热水温烫。温酒时，注意控制温度，过度加热，酒精汽化，酒味会变淡。温酒器和姜丝如图 2-5-1 所示。

客人点了中国黄酒，需要温酒时，可为每位客人提供一个温酒器。温酒器由三部分构成，即温壶、酒壶、酒杯兼盖子。在温壶中注入半瓶热水，将装了黄酒的小酒壶放入温壶中，将杯盖盖上，温好饮用时，将杯盖拿下当酒杯使用。温酒壶中的水冷却时，及时给客人换热水。

2. 兑饮

在日常和酒吧的消费习惯中，黄酒还可以与可乐、雪碧等碳酸饮料兑饮，此饮法醇甜可口；还可与中国白酒兑饮，增强酒味。

图 2-5-1　温酒器和姜丝

3.泡制酒

以黄酒为基酒,分别浸泡红枣、当归、茴香、山楂、玫瑰花和菊花等辅料饮用,泡制的时间为 1 个月至 1 年不等。

(二)黄酒的特点

黄酒是中国最古老的、特有的酒精饮料。我国劳动人民在 4000 余年的黄酒生产过程中积累了丰富的黄酒酿制经验,使黄酒成为一种风味独特、品质优异的酒品。黄酒的主要原料是糯米、粳米(稻米,我们常吃的大米)、黍米(高粱)。原料经蒸煮、摊晾后,加入酒曲和浸米水或加入酵母搅拌,在缸内进行糖化和发酵,经多种微生物共同作用,酿成了这种低度原汁酒,经压榨收集的米酒液,因色泽澄黄,故称为黄酒。黄酒的主要成分有:糖、糊精、有机酸、氨基酸、酯类、甘油、微量的高级醇,以及一定数量的维生素等。

黄酒色泽黄亮,香气浓郁,口味醇厚,风格独特,酒度适中,营养丰富,并有健胃明目之功能。黄酒不仅是我国传统的饮料,许多地方还作为女子产后的滋补品,代替水来炖鸡,当汤汁的温度超过 78.3°时,汤汁中的酒精就从汤中逸出,汤中留下的是黄酒的营养物质,此汤具有活血补血、促进体力恢复的功效。

我国黄酒知名品牌有:绍兴黄酒、绍兴花雕酒(见图 2-5-2)和龙岩沉缸酒(见图 2-5-3)等。

图 2-5-2　绍兴花雕酒

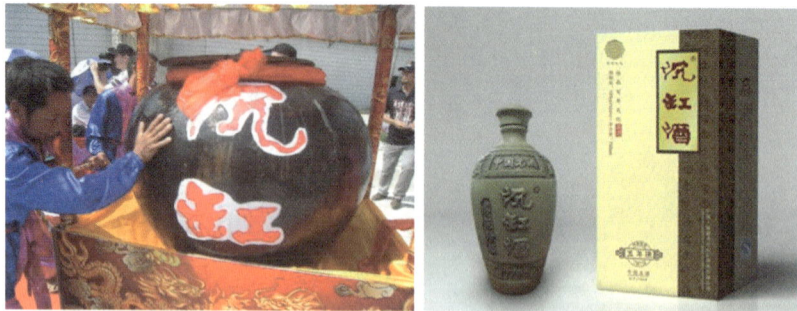

图 2-5-3　龙岩沉缸酒

黄酒的包装有坛装、瓶装,陶坛造型别具一格,有强烈的民族特色,如花雕酒坛上的图案,色彩艳丽,大多为传统故事与图案。

（三）黄酒的分类

黄酒的品种很多,分类方法各异,这里仅按原料、风味、产区不同,将酒分类为:南方糯米和粳米黄酒、北方黍米黄酒、红曲黄酒、大米精酒。

二、 日本清酒

（一）清酒的饮用服务

1.酒杯

一般要求使用褐色或青紫色玻璃杯。酒杯应清洗干净。日本清酒酒杯如图 2-5-4 所示。

图 2-5-4　日本清酒酒杯

2.饮用温度

一般以 16 ℃ 左右最为适宜,低于 13 ℃ ,则酒香难以挥发和感知。有的人还将其与苏打水混合,加上柠檬等水果制成各式各样的鸡尾酒,深得女士们喜爱。清酒也可加温后饮用,加温一般加至 40℃ ~50℃ 。清酒使用浅平碗或小陶瓷杯盛载。

3.清酒可作为餐后用酒,也可作为佐餐酒饮用。

以日本清酒为基酒调制的鸡尾酒如图 2-5-5 所示。

图 2-5-5 以日本清酒为基酒调制的鸡尾酒

(二)清酒的特点

清酒(Sake)在日本俗称日本酒,是借鉴中国黄酒的酿造法而发展起来的。清酒在日本享有国酒之誉,并以英文 Sake 闻名世界,行销 60 多个国家和地区。日本人常说,清酒是上帝的恩赐,一千多年来,清酒一直是日本人最常喝的饮品。在大型的宴会上,在结婚典礼中,在酒吧间或寻常百姓的餐桌上,人们都可以看到清酒。

清酒以精白大米为主要原料。精白大米是将大米的外层透明物质磨掉,剩下白色米芯,所以清酒与中国的黄酒相比,比较清亮透明。而黄酒有些浑浊,主要是富含矿物质、维生素、蛋白质等原因。清酒是以久负盛名的滩之宫水为水源,并采用优质微生物"米曲霉纯菌"作为酿酒的糖化剂,以纯种的清酒酵母为发酵剂,在低温的环境边糖化边发酵,酿制出清酒原酒,然后经过过滤、杀菌、储藏、勾兑等工艺酿制而成的一种低酒精含量的酒品。

清酒的牌名很多,大约有 500 个,命名方法各异,一般是以人名、动物、植物、名胜古迹及酿制方法取名。著名的品牌有:月桂冠、樱正宗、大关、白鹰、松竹梅及秀兰等。月桂冠如图 2-5-6 所示。

清酒呈淡黄色或无色,清亮透明,具有独特的清酒香,口味酸度小、微苦,呈琥珀酸味,绵柔爽口,其酸、甜、苦、辣、涩味协调。清酒的酒精浓度一般在 15%～17% Vol 的范围内,含多种氨基酸、维生素,是营养丰富的饮料酒。

图 2-5-6 月桂冠

复习与巩固

1.简述黄酒的饮用方式。
2.简述清酒饮用服务的注意事项。

茶饮服务流程　任务六

实训目标

通过本次实训，学生能够掌握十三道茶道服务流程。

实训方法

教师讲解、示范，学生按步骤操作，学生之间相互观察并进行评点，教师指导纠正。

实训步骤

十三道茶道服务的内容如表 2-6-1 所示。

表 2-6-1　十三道茶道服务的内容

茶道流程	茶道名称	具体步骤
第一道	净手和煮水	1.洗手，餐饮服务卫生尤为重要。 2.先引茶入荷，再请宾客赏茶。 3.好茶必须用好水，首选纯净水、矿泉水等软性水。一定要煮沸后放凉至所需水温再冲泡，不得烧至所需水温直接冲泡。
第二道	烫杯温壶	4.用开水冲洗茶具一遍，起到清洁和茶具预热的目的，同时也锁住了茶香，此过程也叫作洁具提温。
第三道	马龙入宫	5.将茶叶放到茶壶中。可以加入花式手法，增加茶韵。

续表

茶道流程	茶道名称	具体步骤
第四道	摇香、洗茶	6.摇香。摇动有干茶的盖碗,根据不同外形的干茶使用不同的手法,唤醒茶叶,也叫作醒茶,使茶香、茶韵更好地展现。 7.洗茶。又称润茶,即是茶头汤,用沸水浸润茶叶,第二次唤醒茶叶。好茶的头汤被称为"还魂汤",可保留至最后引用。而一般品质的茶,头汤可倒掉不饮。
第五道	冲泡 (见图2-6-1)	8.将沸水倒入壶中,此过程中壶嘴需"点头"三次,不能一次把壶倒满,寓意为"凤凰三点头",表示对宾客的尊敬。 9.正式冲泡,即一道茶汤。根据茶和主泡器的不同选择适当的手法。若用盖碗泡茶,常用定点高冲。若是嫩茶,一般选用80 ℃的水,顺杯壁注水。
第六道	春风拂面 (见图2-6-2)	10.将泡沫刮去。茶叶中含有茶皂素,故在前几道冲泡中会出现泡沫,春风拂面的操作会使茶汤清澈透亮。
第七道	封壶 (见图2-6-3)	11.盖上壶盖,目的是保存茶壶里茶叶冲泡出来的香气,用沸水遍浇壶身也是这个目的。
第八道	分杯 (见图2-6-4)	12.用茶夹将闻香杯、品茗杯分组,放在茶托上,方便加茶。此为准备喝茶的起始动作。
第九道	玉液回壶 (见图2-6-5)	13.将壶中茶水缓慢倒入公道杯,目的是使品茶的每位宾客都能品到一致的茶色、茶香和茶味,给宾客以精神上和感官上的享受和刺激。
第十道	分壶 (见图2-6-6)	14.将公道杯中的茶分别倒入宾客的杯中。切记不得将茶倒得太满,以免宾客喝茶时茶水外溢烫手,也做到了"茶倒七分满,留下三分情"的寓意。注意要确保每个宾客的闻香杯中均有茶汤,切不可有遗漏。
第十一道	奉茶 (见图2-6-7)	15.双手托杯送到宾客面前。手不得接触杯口。以茶奉客是中国古代礼仪之本,要时刻注意倒茶礼仪。
第十二道	闻香 (见图2-6-8)	16.将茶汤倒入茶杯。宾客可轻闻香杯中的余香,以表示对主人的尊重。
第十三道	品茗	17.品茶,宾客用三指取品茗杯,分三口轻啜慢饮,然后放下,可以在谈话交流期间继续如此,显示茶在交流中的地位。

图2-6-1　冲泡

图2-6-2　春风拂面

图 2-6-3　封壶

图 2-6-4　分杯

图 2-6-5　玉液回壶

图 2-6-6　分壶

图 2-6-7　奉茶

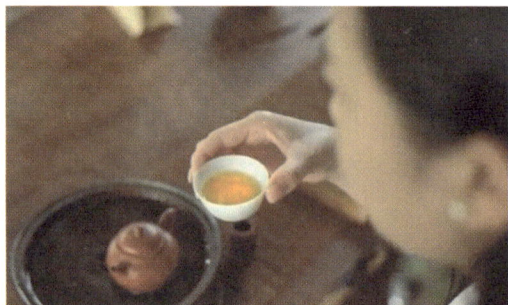

图 2-6-8　闻香

二、点茶服务

（一）点茶方法

宾客入座后，服务人员立即送上茶单并为宾客提供点茶服务。点茶服务可以分为主动点茶和被动点茶两种方式。一是主动点茶方式，即服务人员主动帮助宾客点茶，在了解宾客需求后并结合宾客的个性特征为其推荐合适的茶饮产品。此种点茶方式既可让宾客满意度提升，也能提高茶饮收入。二是被动点茶，即以宾客点茶为主，服务人员只要完整地记录宾客的茶饮要求即可。这种点茶方式缺乏主动性，不能适时推销茶饮产品，容易造成茶饮产品特别是新产品的滞销。两种点茶方式各有优劣势，故可依据门店的经营模式选择适当的点茶方式。

（二）推荐茶饮、茶点

在适当时间适当地为宾客推荐茶饮产品是茶饮服务人员的一项重要技能，需要服务人员可以抓住恰当的时机，结合宾客喜好、特征和茶饮季节进行推荐，使用恰当的语言、和蔼的语气，使宾客感到宾至如归的感觉，在不造成客人反感的同时推荐茶品等。茶饮服务人员在给宾客推荐茶品的时候要格外注意以下几点：

1.把握推荐时机。推荐时机是影响宾客能够买茶品的重要影响因素。情况一，若宾客首次到店，对店内产品不熟，此时服务人员可主动推荐。情况二，若宾客在多个茶品选择时犹豫不决，则可根据宾客情况（例如宾客用餐情况、身体状况等）及时提供个性化推荐。情况三，若店内正举办茶品促销活动，服务人员则需向宾客介绍促销活动中的茶饮产品，如茶品的产地、品级、质量、价格、冲泡方法以及其他服务等。

2.依据季节、客户状况情况推荐产品。饮茶讲究因时而异、因人而异。茶叶要配合季节的更替，甚至是节气的更替，如春季万物复苏、百花竞放，宜饮用香味浓郁、喝之顺气暖胃的"玳玳花茶"、清雅去湿的"珠兰花茶"。夏季气温炎热，适宜饮用绿茶、白茶，可清热生津，给人以清凉之感。秋季天高气爽，气温逐渐降低，适合饮用乌龙茶，以增加人体的热量，抵御寒气的侵袭。冬季气温寒冷，饮用普洱茶和红茶最为适宜。

3. 选择恰当推荐方法。宾客对于没有接触过的茶品，会有陌生感，服务人员若直接推荐的话宾客会产生反感，或者犹豫不决。因此，服务人员应使用先品鉴后介绍的推销方式。待宾客对产品有赞赏或疑问时，再向宾客介绍该产品的具体信息，对茶叶的色香、味道、功效、价格进行详尽的分析，并讲述一些和茶品有关的故事，让茶品在宾客的心中留下印象，便于日后购买。

三、 茶水冲泡

宾客点茶完成后，服务人员依照宾客的茶饮需求选取茶叶并选择恰当的茶具，包括茶壶、茶杯、茶托和茶匙等。茶水冲泡是一门艺术，合适的水温和泡茶时间可以带出茶叶的香气和滋味。不同的茶类需要不同的泡茶方法，例如绿茶通常需要较低的水温和短时间的浸泡，而红茶则需要较高的水温和较长时间的浸泡。因茶水的冲泡方式还受饮茶人习惯、地域差异等其他因素的影响，所以茶水的冲泡方式有很多种。实训操作中将"十三道"茶道流程又细分成17个操作步骤，旨在解释茶道的基本礼仪及其内涵。由于中国茶道博大精深，每一个泡茶步骤都有其含义所在，在日常饮用中无须照搬这样烦琐的步骤操作，但在接待来宾或是茶艺表演时应尽量做到位，以充分展现我国的茶文化。

四、 台面服务

台面服务是指宾客在饮茶的整个过程中，包括饮茶前、饮茶中和饮茶后的各个过程。茶品服务人员应时刻注意观察客人及服务环境，确保满足客人需求和完好的服务环境。及时为宾客添加茶水等茶品服务，以及茶品营销、宾客迎送、桌面清洁等工作。

（一）递送茶水

当茶水泡制完成后，服务员会将茶杯递给乘客。他们会注重细节，用右手递茶杯给乘客，茶杯的把手向左。乘客可以慢慢品尝茶的香气和口感，并与服务员交流茶的品质和特点。

（二）添加茶水

茶品服务人员应随时关注宾客的茶饮情况，及时为茶壶续水以及为宾客续斟茶水。此时需要注意斟倒茶水的顺序为先长后幼，先宾后主，先女后男。

（三）推荐茶饮

若宾客茶壶中的茶汤由于冲泡次数多变淡，则应及时询问宾客是否需要更换。如宾客同意则更换茶叶。同时推荐门店的新茶品。

（四）及时清台

若宾客点了茶点或是小吃，服务人员应协助宾客摆放茶点及其他小吃，提供适当的餐具，并根据宾客餐食情况及时清理桌面，将桌上的空盘、果皮、干果壳等杂物及时收走，保持台面的整洁有序。

五、 应变能力

应变能力是指面对意外事件等压力，能迅速地做出反应，并寻求合适的方法，使事件得以妥善解决的能力，通俗地说就是应对变化的能力。餐饮服务中的客情变化莫测，茶艺服务更是如此，若服务人员只会按部就班地工作则可能会酿成很多无法弥补的客诉，故茶艺服务人员应该具备灵敏地发现问题、快速地解决问题的能力。

茶艺服务人员要时刻以"宾客至上"，维护顾客的礼仪和各项权益，为顾客提供方便，创造品鉴情境。不论环境条件如何变化，不论宾客如何挑剔，不论面对多么复杂的困境，茶艺服务人员都要谨记"宾客至上"的服务原则。努力为宾客提供方便，满足宾客需求，以真心和实际行动让宾客感受到尊重和温暖。茶艺服务人员要善于观察、发现服务缺陷和问题隐患，对其进行辩证分析，找出问题的起因并对症下药地采取果断决策和有力措施，及时抑制住异常或非常事态的出现和发展。

六、 结束工作

结束工作是指客人品饮完茶后，服务员应为其提供结账服务、送别服务并进行重新整理桌面等工作。

（一）结账方式

邮轮茶饮的结账方式因邮轮公司和具体政策而有所不同。以下是一般情况下邮轮茶饮结账的几种方式：

1.预付套餐:一些邮轮公司提供茶饮的预付套餐选项,在登船前或船上的特定时间段内,客人可以购买茶饮套餐,其中包括一定数量或期限内无限制的茶饮,这样客人可以事先支付一定费用,然后在船上享受茶饮,无须每次单独结账。

2.付费消费:如果没有预付套餐选项,客人可根据消费进行付费。客人每次点茶饮时,服务人员会记录订单,然后客人应在下船前或在船上指定的结账时间进行付费。客人可以使用信用卡、借记卡或现金进行结账。

3.船上账户:在登船时,客人通常会被要求设置一个船上账户,该账户与客人的船上消费相关联,茶饮的费用可以直接计入船上账户中,客人可以在船上使用房卡或专门的船上账户卡进行茶饮的结账。

4.茶饮卡:一些邮轮会提供特殊的茶饮卡,客人可以在登船时购买。茶饮卡通常包含一定数量或一定价值的茶饮额度,客人可以使用茶饮卡来点茶饮,直到茶饮额度用尽为止。

5.全包费用:在某些豪华邮轮上,茶饮可能包含在全包费用中,客人在支付邮轮费用时已经包含了茶饮的费用,因此在船上无须额外结账。

(二)送客

客人起身离席时,服务员应及时为客人拉开座椅,方便其行走,并注意观察和提醒客人不要遗忘随身携带的物品,代客保管衣物的服务员,要准确地将物品取递给客人。服务员要有礼貌地将客人送到茶艺馆门口,热情话别,并做出送别的手势,躬身施礼,微笑着目送客人离去。

(三)整理台面

(1)客人在离开之前,不可收拾撤台。客人离去后,应及时检查桌面、地面有无客人遗留物品,如果发现应及时送还客人。

(2)按照规定的要求重新布置桌面,摆设茶具,清扫地面。

(3)服务柜台收拾整齐,补充服务用品。

(4)清洗、消毒茶具和用具,并按规定存放。

(5)经理检查收尾工作,召集服务人员做简短总结,交代遗留问题。

复习与巩固

1. 推荐茶饮产品时应注意哪几个方面?
2. 陈述十三道茶道的服务流程。

咖啡服务 任务七

一、咖啡服务实训

实训目标

通过本次实训，学生能够掌握咖啡的服务流程和标准。

实训方法

教师讲解、示范，学生按步骤操作，学生之间相互观察并进行评点，教师指导纠正。

实训步骤

如表 2-7-1 所示，如图 2-7-1、图 2-7-2 所示。

表 2-7-1 咖啡服务程序

操作程序	操作标准
准备工作	清洁咖啡机,咖啡杯、碟、勺等无遗漏、无水渍、无污渍、无缺口
询问和建议	向顾客提供咖啡单,介绍咖啡的产地和烘焙度,并根据客人的喜好提供推荐
下单和定制	记录顾客定制要求,包括咖啡的甜度、浓度和加入的调味品等
准备咖啡	咖啡师使用专业咖啡设备,根据顾客的选择和要求磨豆并冲泡咖啡
递送咖啡	服务员将咖啡杯置于咖啡底碟上,杯把朝向顾客;咖啡勺平行于咖啡杯放置右边,勺把朝向宾客。糖奶碟上部分摆两盒奶块,正面向上,尖头指向圆碟下方;下部分分别摆放两袋白糖和两袋红糖(左白右红),商标朝上
席间服务	将现磨咖啡接入咖啡壶内为顾客添加,用备料齐全的糖奶碟替换桌面上需要补充的糖奶碟
清理台面	顾客离开座位后迅速清理咖啡杯、垃圾和桌面

图 2-7-1 咖啡杯摆放

图 2-7-2 糖奶碟摆放

二、 邮轮咖啡服务特点

在邮轮上,咖啡服务是一个重要的餐饮项目,为乘客提供高品质的咖啡和咖啡饮品。以下是邮轮上咖啡服务的特点:

①咖啡服务区:邮轮上通常设有咖啡厅、咖啡吧台或自助餐区域,为乘客提供各种咖啡饮品。这些场所通常为乘客提供舒适的座位和环境,供乘客休息和社交。乘客可以在这里一边品尝咖啡,一边与他人交流,或者自己静静享用咖啡。

②咖啡师技能:邮轮上的咖啡师通常受过专业培训,熟悉不同的咖啡制作技术和艺术。他们具备制作精湛的拉花艺术,能够在咖啡的表面绘制出各种图案,为乘客带来视觉上的享受。

③咖啡豆选择:为了提供高品质的咖啡,邮轮上的咖啡服务通常会使用新鲜烘焙的咖啡豆。这些咖啡豆来自不同的产地和种类,如阿拉比卡咖啡豆(Arabica)和罗布斯塔咖啡豆(Robusta)。阿拉比卡咖啡豆通常被认为是质量更高的选择,因为它们具有更丰富的口感和复杂的风味。

④咖啡烘焙度:咖啡烘焙度的不同会影响咖啡的味道和口感。一般分为浅烘焙(light roast)、中烘焙(medium roast)和深烘焙(dark roast)。浅烘焙通常具有较为明亮、酸度较高

的口味,而深烘焙则具有浓郁、苦味较重的特点。

⑤咖啡设备:邮轮上通常配备了专业的咖啡设备,如咖啡机、磨豆机和奶泡机等,这些设备能够帮助咖啡师制作出口感浓郁、味道醇厚的咖啡。

⑥咖啡饮品选择:邮轮上通常提供多种咖啡饮品供乘客选择,包括经典的浓缩咖啡(如意式浓缩咖啡、美式咖啡、法式浓缩咖啡)、特色咖啡(如拿铁、卡布奇诺、摩卡)以及冰咖啡、冷萃咖啡等,乘客可以根据自己的口味和喜好选择不同种类的咖啡。

⑦咖啡附加选项:除了各种咖啡种类,邮轮上通常提供一些附加饮品选项,以满足不同乘客的口味需求,例如,可以选择添加奶泡、巧克力粉末、焦糖浆、香草糖浆等来调整咖啡的风味。

⑧咖啡伴侣食品:邮轮上的咖啡店通常还提供各种美味的糕点、甜点和小吃,作为咖啡的伴侣食品。乘客可以选择搭配咖啡享用,提升咖啡的味觉体验。

⑨咖啡冲泡方式:咖啡师制作,在高级邮轮上的专业咖啡吧台,会有经过培训的咖啡师负责制作咖啡,客人可以观看咖啡师的技巧和过程,并享受专业制作的咖啡;自动咖啡机,客人可以选择所需的咖啡类型,然后按下相应按钮,咖啡机会自动进行冲泡;法式压滤壶,邮轮上的某些咖啡服务区域提供法式压滤壶(French Press),让客人亲自参与咖啡冲泡过程,客人需要将适量的研磨咖啡粉放入压滤壶中,加入热水,等待一段时间后,按下滤网,将咖啡渣与热水分离,得到一杯浓郁的咖啡;咖啡壶和沸水,一些邮轮在自助餐区或餐厅提供咖啡壶和沸水,客人将适量的咖啡粉放入壶中,加入热水,然后等待一段时间,最后将咖啡倒入杯中;咖啡包,有些邮轮提供咖啡包给客人,这些咖啡包通常是事先包装好的咖啡粉,客人可以在房间内用沸水冲泡即可。

⑩付费方式:一种是付费或免费咖啡,一些邮轮提供免费的基础咖啡饮品,而高级咖啡或特殊调制咖啡需要额外付费,具体价格根据所选咖啡种类和大小而有所不同,乘客一般使用船上的支付方式(如房卡)来结账;另一种方式是无限畅饮咖啡,乘客支付一定费用后,在指定区域内无限制地享用咖啡,通常适用于特定的咖啡吧台或咖啡厅。

⑪咖啡活动和课程:为了提升乘客的咖啡体验,一些邮轮会组织咖啡活动和课程,包括咖啡品尝会、咖啡冲泡示范、咖啡文化讲座等,让乘客有机会学习更多关于咖啡的知识和技巧,并与其他咖啡爱好者互动。

复习与巩固

1.咖啡杯和糖奶碟的摆放要求是什么?
2.邮轮咖啡服务有哪些特点?

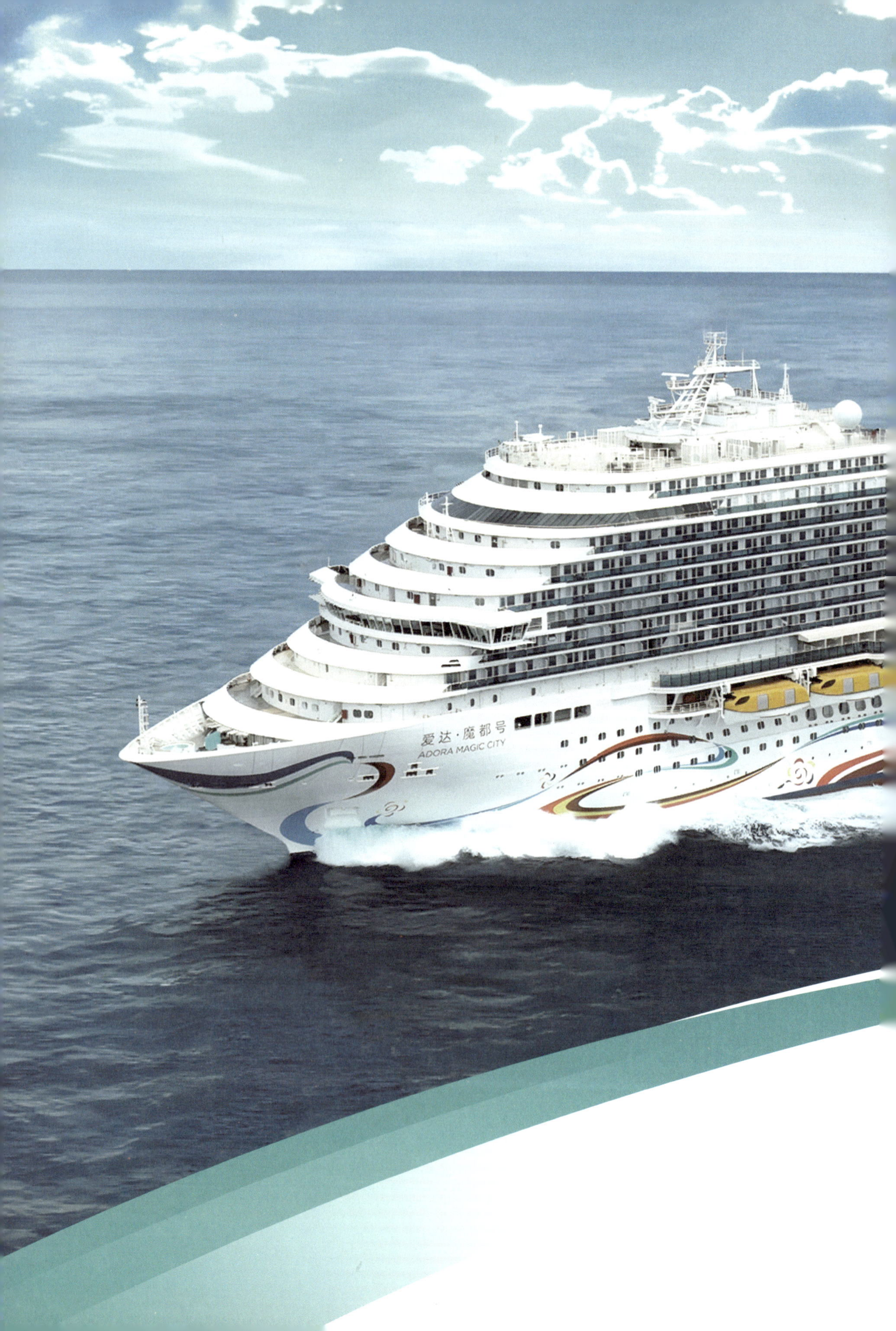
爱达·魔都号
ADORA MAGIC CITY

模块 三

酒吧管理

日常管理 任务一

学习目标

1.了解邮轮酒吧日常管理工作。
2.掌握邮轮酒水盘点、申领、生产及销售的过程。
3.熟悉邮轮酒吧酒水销售策略、方法和销售控制。

一、日常工作质量检查

　　酒吧值班经理的日常工作很复杂,很具体。值班经理在酒吧营业前、营业中及酒吧打烊后都有一系列固定的检查管理工作要完成。清晰值班经理的工作职责,熟练掌握值班经理的工作流程、技巧是每个从事邮轮酒吧服务工作人员的必修课。通过该实训让学生掌握酒吧营业前、营业中和营业结束的工作细则、程序,熟知所检查日常工作质量的项目和内容。

　　实训方法:教师讲解,分小组在实训基地演练,小组报告考核。

　　实训步骤:

　　(1)实训前

　　准备酒吧平面图、各式表单。

　　(2)实训开始

　　① 检查营业前的准备工作:酒水饮料品种齐全、数量充足;写好述职报告;酒吧内、外环境,服务器具,账单,点单,酒牌等整洁、充足;

　　② 检查酒吧卫生状况:根据工作细则中检查项目的要求,检查是否符合日常卫生标准;安排日常清洁;

　　③ 检查员工出勤及仪容仪表:仪容仪表符合酒吧规定要求;员工准时到岗,进行开吧

前训话；

④ 了解客情：当班员工必须了解客情，根据实际情况做好接待准备；

⑤ 检查酒吧运转情况：要求员工按程序和标准对客服务；检查对客服务中的技能、态度；正确处理客人投诉及可能的突发事件；

⑥ 检查各班次销售盘点情况：盘点表字迹清晰，无涂改迹象；复核账目、数量；盘点记录由当班首席调酒师签字确认；

⑦ 填写酒水材料申领单：根据营业情况和需求对所需酒水材料进行申领；

⑧ 检查交接班情况：交接班记录清楚；

⑨ 检查打烊情况：酒吧打烊时，环境整洁，无安全事故隐患

（3）结束实训，总评考核。

二、 员工管理

▍（一）酒吧员工招聘与录用

通过对酒吧各岗位工作的分析，了解酒吧中的职务划分，明确独立完成这些工作需要的资格、条件等，分析确定为保证酒吧正常营运所需要的从业人员的数量，在分析时，还应考虑到酒吧经营规模的扩大和缩小的可能。

1.内部招聘

在填补职位空缺时，尤其是填补那些可以使部分员工得到晋升的空缺职位时，应先从酒吧内部及邮轮其他部门的员工中考虑。

招聘的新员工上邮轮，或多或少都需要一定时间的适应期，不能立即完全投入工作，要与现有的员工团队节奏合拍。

2.对外招聘

如果船上员工没有合适人选，或无人应征某一空缺职位，下一步就要对外招聘。酒吧经营者需要将所缺岗位名称、岗位职责、能力要求及相应的空缺人数提交给邮轮人事部门，由他们安排统一进行招聘。

▍（二）员工培训

1.培训的目的

培训是酒吧管理的一项基本功能，可以说是酒吧最有效、最有价值的工具。培训的目的在于使员工掌握某种特殊工作需要的知识与技能，从而使酒吧的整体目标在每一位员工的工作中一一实现。

要想使酒吧的经营合理化、规范化，酒吧的管理人员就必须对酒吧自身组织机构、设施设备、资金成本、技术方法、员工及人际关系等各因素加以协调，只有在这些因素之间的关系相互均衡的情况下，各因素之间才能构成一个有机的整体，并发挥出最大功效。

进行有计划的培训，进一步挖掘员工的潜力是提高员工的劳动生产率和劳动能力的有效途径。

2.培训的作用

具体来说,良好的培训有以下作用:

(1)降低无谓的损失及浪费

良好的培训能够让酒吧员工熟悉工作流程,明确工作职责,掌握工作技能,提高员工的工作能力的同时避免人力资源浪费。良好的培训同时也能够让员工熟悉各种原料及酒水的特性,能够更好地在酒水生产过程中避免因操作或概念上的失误导致时间和材料的浪费。

(2)改善工作方法

良好的员工培训应以合理、经济为原则,把复杂的工作过程加以简化。通过培训让员工熟悉、掌握工作技能,可以提高工作效率,充实工作内容。

(3)减少员工流失

培训可以让员工对酒吧及各部门工作加深认识,协调各部门间的关系,从而改善员工关系。

(4)减轻管理人员负担

员工经过培训后,对自己的工作更加熟练,工作水平随之提高,因而管理人员无论在监督工作方面还是指导工作方面,都可相应地减轻负担。

(5)减少时间的浪费

培训能够提高员工的劳动生产率,从而提高时间的使用率。

(6)减少设备维修开支

熟悉操作规格的员工能够按照正常规则操作各种设施设备,大大降低因操作不当引起的设备损耗和破损。

(7)改善酒吧的产品和服务品质

培训可以提高员工的素质,从而使酒吧的产品品质与服务水平得到保证与提高。

(8)提高员工的士气

员工通过培训可以学习到许多方面的知识,能够掌握各式各样的技巧,对工作更加熟悉,员工的自信心自然得以增强。

3.培训的对象与时机

酒吧除按照规定对员工进行培训以外,如果在经营过程中出现下列现象的话,也需对员工进行再培训:

(1)招聘新员工。新员工只有在接受职前教育及岗位培训并经考试合格后,才能够被接收为酒吧的正式员工。

(2)员工工作表现未能达到酒吧的要求。员工工作水平下降,客人表示不满的情形增多,则说明员工的工作表现不符合酒吧的要求,应及时组织培训。

(3)工作标准与服务品质改变。如酒吧的定位或者服务模式发生了改变时,酒吧经营者也需要对酒吧的员工进行全面的培训,从整体上提高工作标准与服务品质以符合新的定位与模式。

(4)酒吧经常接到投诉。每个酒吧都不可能做到没有投诉,但经常出现投诉且对某一问题的处理被重复性投诉,都表示某员工的工作品质或酒吧的某产品品质有待提高。

(5)工作方法、设备或程序发生改变。在将新的工作方法、设备与程序付诸实践之前,员工需要进行培训对这些新的工作方法、设备与程序加以掌握。

(6)员工的调动或晋升。无论是调换工作岗位还是晋升,员工在从事新的岗位之前,都必须经过培训。

(7)浪费及损坏时间增加。这可能说明员工不按操作程序进行工作,也可能表明员工的责任心有所下降,无论哪一种情况,均需进行培训。

(8)成本增加,利润下降。导致成本增加的一个主要原因是工作效率下降,也说明员工工作水平降低。

(9)员工需要经常加班,员工投诉工作分配不合理。这种情况说明员工的使用和配备有可能不合理,需要进行组织调整。

(三)工作考核

1.考核内容

员工的考核是为了能够正确评价员工在目前岗位上表现出的工作能力和工作质量,一般包括以下内容:

(1)工作知识:工作范围内的专业知识及相关的指令、制度、设备等各方面的情况。

(2)工作(服务)态度:能否对工作(或客人)认真负责并积极主动地寻找解决问题和改善工作的方法。

(3)观察和分析能力:能独立发现问题并找出问题的原因。

(4)计划与控制能力:能预知各种情况,设计出长期有效的行动方案。

(5)判断与决断能力:能否领悟事情本质,并做出正确的决断。

(6)领导能力:提出建设性的意见,使之付诸实施,采取必要的手段的能力。

(7)协调能力:为酒吧的利益和其他员工合作、协调的能力和主动性。

(8)开发能力:是否有能力发现和充分发挥员工现有和潜在的能力。

(9)工作量:准确的工作量是多少。

(10)工作质量:正确、保质地完成工作的情况。

2.考核方法

一般邮轮酒店采取的员工考核方法都是自评与他评相结合,综合个人的工作态度、工作能力、工作质量和工作量进行考核。常用的考核方法包括以下几种:

(1)自我评鉴。负责考核的人员将业绩考核的内容以问题的形式向员工提出来,让员工自己做出报告。这种方法为员工反思、总结自己过去所做的工作提供了机会。员工们在经过系统的思考以后可以比较容易地发现自己的成绩和不足,甚至可以发现酒吧管理中存在的问题。

(2)排序法。这种考核方法类似学校里的"学生成绩榜",就是根据所有员工的工作、业绩好坏按顺序排列名次。这种方法的优点是一目了然,可以使每个员工都知道自己所处的位置;其缺点是人数多时做起来较困难。另外,它只限于同一种工作的员工之间进行比较,不同岗位之间不具备可比较性。

(3)对比法。将接受考评的每一个人都与其他人做比较。采用这种方法可使所有参加考评的员工进行有意义的比较,全面评价所有人的业绩。但其比较的次数要随着考核者人数的增加而呈几何级数增加。

(4)与参考标准比较。一项工作的参考标准往往是通过反复实践以后才被确定的,因此，可用以衡量一个人的工作业绩。

这种考核方法的优点：一是标准明确，员工自己就能判断自己的工作是否符合要求，也有利于管理者对员工进行指导；二是参考标准的组合可以根据实际情况的需要随时进行调整，有重点地矫正员工不符合要求的行为；三是这种方法不仅可以了解员工是否达到了标准，还可以激发他们向标准努力的积极性，掌握他们达成标准要求的进度。

但是这种方法也有其缺点。比如，无论对多少人进行考评，标准只有一个，很难顾及某一个人的特殊性。此外，一旦参考标准予以确立，大家都以达到标准为目的，不会使自己的工作超出标准，这就限制了部分员工潜力的充分发挥。

三、 监督机制

服务质量的监督检查是邮轮酒吧管理工作的重要内容，在酒吧服务质量系统中，以部门和班组为执行系统的主体，以岗位特点定标准，以各项操作程序为保证，以提供优质服务为主要内容。上对下逐级形成工作指令系统，下对上逐级形成反馈系统，将部门所制定的具体质量目标分解到班组和个人，由质量管理部门协助部门经理对酒吧服务质量实施监督检查。

服务质量检查的中心是以客人的满意和感受程度为前提的，邮轮质量检查员首先应具备敏锐的洞察力，对酒吧的经营主旨有明确的认识，熟悉部门的运作规程，善于通过服务现象体察到员工状态，从而进一步探究客人的需要。

▍(一)每日工作检查

1.检查洗杯机的温度，每4小时检查一次，一旦发生故障填写报修单并立即向酒吧副经理汇报，副经理会负责将报修单输入计算机，输入计算机后工程部计算机马上就会发出报警，工程部员工会立即落实维修。

2.检查冰箱温度，每天交接班各检查一次，一旦发生故障填写报修单并立即向酒吧副经理汇报，副经理会负责将报修单输入计算机，输入计算机后工程部计算机马上就会发出报警，工程部员工会立即落实维修。

3.准备消毒水，每4小时更换一次。

4.检查维修单，是否已完成维修，如果已回复需要通知副经理。

5.每日晚上首席调酒师都要写工作小结，汇报当天服务员所犯的错误情况。

▍(二)酒吧的服务、供应

邮轮酒吧经营能否成功，除了本身装修格调外，主要取决于调酒师的服务质量和酒水的供应质量。第一，服务要礼貌周到，面带微笑。微笑的作用很大，不但能给客人以亲切感，而且能解决许多麻烦事情；第二，要求调酒师训练有素，对酒吧的工作酒水牌的内容都要熟悉，操作熟练，能回答客人有关酒吧及酒水牌的问题。高质量的酒吧服务员既要热情主动，又要按程序去做。供应质量是一个关键，所有酒水都要严格按照配方要求，决不可以任意取代或减少分量，更不能使用过期或变质的酒水。特别要留意果汁的保鲜时间，果汁一般48 h后必须更换，保鲜期一过绝不可食用；所有汽水类饮料，在开瓶(罐)2 h后都不能用以调制饮料；凡是不合格的饮品不能出售给客人。

▎（三）工作报告

首席调酒师负责完成每日工作报告，主要内容包括服务员的表现、设备状况、报修事项以及特殊事件。酒吧里经常有许多意想不到的情况和突发事件，要妥善处理，登记在册，并视情况及时上报。

服务员的表现包括以下几点：①服务员的工作数量，包括工作时间，（生产）销售数量等；②服务员的工作质量，包括服务员的工作态度，受投诉（称赞）次数等；③服务员的工作效率，包括服务员的工作熟练程度，对于材料的利用效率等。

设备状况和报修事项主要包括各项生产服务设备的运作状况，设备的卫生及安全状况等。

通常首席调酒师还会对酒吧里各工作环节的协调问题对酒吧管理者提出建议。

▎（四）防止工作中的各种漏洞

1.服务员作弊

（1）免费提供酒水

为乘客尤其是熟悉的乘客提供酒水，但不刷乘客的房卡以取悦乘客，从中获取小费。

（2）骗取小费

利用公司供应的免费饮料向乘客骗取小费。

2.调酒师作弊

（1）偷工减料

故意减少酒水的分量以便留存酒水为熟悉的乘客或其他乘客提供免费酒水，从而获取小费。

（2）私存酒水

故意减少酒水的分量以便留存酒水自己享用。

为防止以上漏洞，调酒主管每天要核对客人签字的账单和饮料申领单。

四、　卫生与安全

▎（一）酒吧卫生管理

1.健全卫生安全制度

邮轮酒吧的卫生管理应当从其根本制度开始着手，建立健全卫生安全制度。人员身体健康，能够有效地防止病毒传染，防止食品和酒水污染，保证酒吧卫生与顾客的安全。所有人员要持健康证上岗，每年参加一次体检，重点检查肠道传染病、肝炎、肺结核、渗出性皮炎等。凡患有上述各种疫病及带菌者，均不可从事邮轮酒吧服务工作。酒吧卫生状况需建立卫生执勤表，细化卫生工作流程，责任到人。

2.强化个人卫生要求

对服务人员的个人卫生管理要求如下：养成良好的个人卫生习惯。酒吧人员要做到"五勤"，即勤洗澡、勤理发、勤刮胡须、勤刷牙、勤剪指甲，并将头发梳理整齐。注意手部卫生。工作前后要洗手,大小便后要洗手,不可涂有色指甲油。注意口腔卫生。要经常漱口,保持口气清新。员工上班前不能吃葱、蒜、韭菜等有异味的食物。

3.细化环境卫生管理

(1)地面的卫生清理

保持酒吧地面干净,是落实卫生安全与清洁观念的需要。管理人员每日应检查酒吧地面是否有杂物、污渍,如有应立即清理。每天要保证至少彻底清扫地面一次,并根据不同的地面性质进行清扫。其他时间如果发现地面有灰尘要随时清扫。由于地面装饰材料的性质不同,在对地面进行卫生操作时,操作方法要有所不同。邮轮上最常见的地面形态有瓷砖、地毯以及橡胶地板,在清洁上要注意区分。

(2)墙壁的卫生清洁

墙壁清洁是环境卫生的重要内容,不同的墙壁,清洗方法也不同。

①石墙

打磨过的石墙,要用专用清洁剂来擦洗,可以把清洁剂喷洒在抹布上擦洗墙壁,未经打磨的石墙,可以用吸尘器吸尘。

②半透明的玻璃墙

可以把清洁剂喷洒在抹布上擦洗墙壁。

③不锈钢墙面

用肥皂水和清水清洁,最后用消毒水过滤。

(3)制冷设备的卫生管理

冷藏柜、冰箱、冷冻柜等设备,应定期除霜、清理,并保持清洁、无异味,过期物品应清出,不再储存。

(4)酒吧家具卫生管理

邮轮酒吧家具主要有吧台、桌椅、柜子等。在清洁时,第一,要用托盘安全迅速地移走物品上面的碟、杯等用品;第二,用干净抹布擦洗物品表面,待干燥时进行抛光。

(5)常用器具的清洗及消毒

在邮轮酒吧中,常见的器皿有酒杯、咖啡杯、茶杯、碟子、烟灰缸等。

① 酒杯清洗及消毒

常用器具清洗通常分为三步:洗杯机清洗→洗杯机过滤→自动烘干,如表3-1-1所示。

表 3-1-1 常用器具的清洗程序

程序	标准
清洗	用自来水将用过的器具上的污物冲洗掉,放入洗杯机,进行清洗时所有化学物品自动添加,清洗温度为不低于℉150°不高于℉165°。
过滤	清洗 1 min 后自动过滤,洗杯机自动过滤但不需要打开机器,过滤温度不低于℉165°不高于℉180°。
烘干	过滤过程中,洗杯机自动注入一种叫 rinse dry 的化学物品进行烘干。烘干结束后取出的酒杯基本是干爽的,未干的部分让其自然晾干。

② 其他器皿的清洗和消毒

每周清洗一次咖啡杯及茶具,在下班前浸泡于药水中,第二天清洗和消毒后使用。消毒后的茶具、酒具应在防蝇、防尘的专柜中存放,防止再次污染。废弃物、泔水应用密封容器存放,日产日清。

③ 酒吧工具的清洗与消毒

邮轮酒吧常用的工具有酒吧匙、量杯、摇酒器、电动搅拌机、水果刀等。这些工具通常只接触酒水,不接触客人,所以只需直接用自来水冲洗干净就行了。但要注意酒吧匙、量杯不用时一定要泡在干净的水中,但水要经常换;摇酒器、电动搅拌机每天使用一次就需要清洗一次。酒吧用具也可采用高温消毒法和化学消毒法,但同样要注意清洗干净,防止药剂残留。

（5）鲜榨果汁的卫生管理

① 盛装水果的塑料柜必须在每次使用前清洁、晾干,放入水果前可以先垫上一层保鲜膜,放入冰箱及运送途中也需要在表面覆盖保鲜膜,防止二次污染。

② 冰箱必须每日清洁,果汁等含有糖分的污迹可以用刀叉布沾热水后擦干净。放置鲜榨果汁的冰箱每日必须使用"无水酒精"消毒(用刀叉布沾无水酒精擦拭一遍即可)。

③ 盛装鲜榨果汁的塑料桶,原则上为一次性使用,不可以反复直接盛装。塑料桶清洗后倒置晾干,至无水方可使用。

④ 盛装果汁的塑料桶必须及时贴上标签。标签的注释为三个要点:装桶时间、装桶日期、责任人,缺一不可。标签为一次性使用,涂改无效。

⑤ 收吧后将使用过的砧板、刀具、刨子用清水冲洗干净,然后浸入配制好的消毒溶液内,消毒溶液中药剂与水的比例为1∶100,浸泡 5 min,然后再用清水洗净。开吧时重复收吧清洗程序,将相关用具用清水冲洗后方可使用。

（二）酒吧安全管理

1.火灾安全管理

邮轮酒吧由于其空间的密闭性和场所的特殊性,其所面临的安全隐患主要来自火灾。除此之外,与其他酒吧一样,食品安全及酒吧运营过程中的操作安全等也是需要注意的事项。

（1）酒吧火灾隐患及排查

① 培养员工的消防安全意识

酒吧要加强消防安全宣传,增强员工消防安全意识;训练员工正确使用消防工具。

② 配备及维护必要的消防器材

酒吧需要定期经常检查消防器材的摆放及其状况,以免失效。

③ 建立健全酒吧消防制度

酒吧需要建立完善的火灾应急预案并使每位员工都清楚掌握突发火灾的应急措施。

④ 积极消灭火灾隐患,防患于未然

火灾会给酒吧以及邮轮带来巨大的损失,轻则使酒吧财产遭受损失,重则危害员工及顾客的生命安全。因此,要长期不断地采取防火措施,员工也应自觉遵守安全操作程序,提高防火自觉性。

保持酒吧内外清洁,保证物品摆放整齐:酒吧要随时清除滴漏的酒液,不使用明火,酒精、火柴等易燃物品不能置于电源插座附近。

专人进行防火检查:指定专人检查电源、火源、热源等开关是否已确实关闭;请专业电工布设邮轮酒吧内的供电线路,并做到定期检查;发现电源配线老旧、外部绝缘体破裂或插座损坏等现象时,应立即更换或修理;一旦出现电线老化,应迅速切断电源,切忌用水泼酒,以防漏电伤人;电力机器运行时间过长,常会生热起火,要注意定期检修;所有的开关及插座都应该有覆盖,以免漏电伤人。

（2）火灾中的应变措施

邮轮酒吧一旦发生火灾,应及时把酒吧内的人员和重要财产及文件资料撤离到安全的地方,组织不当会引起严重的人员伤亡和财产损失。通常发生火灾后的疏散工作主要包括以下几个程序,如表 3-1-2 所示。

表 3-1-2　发生火灾后的疏散工作程序

工作环节	标准
通知驾驶台	一旦发生火灾,要立即通知驾驶台和按响消防警铃,告知自己的姓名、职位、具体位置,1 名船员关闭防火门,等待消防员的到来并告知具体情况,1 名船员疏散客人,要检查厕所,酒吧等其他地方是否还有人员,确定着火区已无人员后,关闭防火门。
指导疏散	一旦发生火灾,要立即指导顾客离开火灾地点,向甲板疏散。如遇到浓烟迫近,要用湿手帕、湿毛巾将口鼻掩住,趴下沿着墙边消防指示灯朝安全地带移动,以免吸入过多的浓烟导致昏迷。
疏散要求	疏散时不可使用电梯;应优先疏散离火灾最近的顾客,并优先疏散女士和老人。同时,应注意疏散时要有序,不可造成人员混乱。指导疏散时必须大声喊叫、指示,以免场面混乱时顾客听不到指令。一旦人员疏散到安全地带(邮轮甲板),要禁止顾客返回取物。

（3）降低火灾损失

邮轮酒吧在制定火灾疏散方案的同时,还要让酒吧里每个员工都明确火灾发生时该采取怎样的应变措施,这样才能将火灾带来的损失降到最低程度。

2.食品安全管理

船上负责食品生产和食品安全的人员必须掌握一定的预防食品传染性疾病、船舶卫生计划的食品安全准则方面的知识。船上发生食物中毒的原因主要有细菌污染、酒精中毒、化学性食物中毒几种。

（1）防止食物受细菌污染

邮轮酒吧常会向顾客提供一些佐酒小食品,如受到细菌污染,就有可能导致顾客食物中毒。食物受细菌污染导致的食物中毒,致病原因并不是细菌本身,而是细菌繁殖时排泄出的毒素。为了避免食品变质或受到细菌污染,酒吧要加强食品安全管理,超过保质期的食品要坚决废弃,绝对不能怀有侥幸心理提供给顾客。采购的食品要妥善存放,避免被细菌污染。密封食品一旦拆封,就要尽快消耗掉,避免长期存放。

（2）防止酒精中毒

过量饮酒会导致酒精中毒,当顾客已经醉酒时,不应向顾客继续提供酒水,并劝其离开酒吧,回房休息。为了防止酒精中毒事件的发生,在调酒师调制酒水时,要掌握基酒、辅料、调味料之间是否会产生化学反应,是否会引发酒精中毒。

（3）防止化学性食物中毒

酒吧在对酒具和杯具进行消毒时,可能会使用化学消毒剂;清扫卫生时,会使用化学清洁剂;清洗水果时,会使用化学洗涤剂。这些化学药品可能会具有一定的毒性,因此在使用时必须远离食品和酒水。用化学药剂清洁过的杯具、酒具和水果，要用大量清水冲洗，以免造成食物中毒。食品包装材料和密封材料，应尽量选用聚乙烯、聚丙烯制品。

3.操作安全管理

酒吧操作安全管理主要有以下几个方面：

（1）预防跌伤

日常管理中要注意：一是要始终保持地面清洁和干燥；二是入口处不得有积水、积渣，酒吧地面不得有障碍物，如发生此类情况，应当及时清理或报修；三是明确服务员行走路线，避免路线交叉，禁止服务员在酒吧里跑跳；四是取放物品要稳妥，取放置于高处的物品时，要小心轻缓，注意地面湿滑。

（2）预防割伤

①正确使用刀具。在吧台加工水果时，要正确使用刀具，精力集中，经常保持砧板的清洁干爽，持刀时刀口不得向人，禁止使用刀具开罐头食品。应保持刀具的清洁，不要将刀具放在抽屉中。

②正确处理破损杯具。破碎的玻璃不能用手直接收拾，应该用扫帚加以清除。

③正确使用搅拌机等切割设备。在使用搅拌机等切割设备前，要认真阅读使用说明书，正确操作，以免割伤、轧伤。

（3）预防烫伤

①严格遵守操作规程。不管使用何种设备，员工都应当遵守操作规程。如使用热水时，要注意避免热水溅出造成烫伤，导入容器时要适量，端起时要用垫布。

②在开洗杯机时，禁止面部直接面向洗杯机，最好能侧站，防止开机时蒸汽灼伤面部。

（4）预防电击伤

电击伤是由于电气设备老化、电线损坏或接线处理不当，或是用湿手碰触电器设备造成的。虽然电击伤发生的概率不大，但危险非常大。为了预防电击伤，日常管理中应注意以下几点：

①加强电路安全检查。应定期请工程人员检查电路、电源、电线，若有安全隐患，必须立即采取措施加以修复。

②正确使用电器设备。在使用设备前，应对设备的安全状况进行检查，查看电线接头是否牢固或有无暴露，绝缘性能是否良好，有无损坏或老化现象。使用设备过程中如果出现故障，应立即关闭电源，不得在故障情况下继续使用设备。清洁电器设备时，一定要切断电源。员工在接触设备前，一定要确保处在干燥的地方，双手是干燥的。

③做好安全警示。在容易发生触电事故的地方，酒吧应放置醒目的标志，以引起员工及顾客的注意。

复习与巩固

1.如何衡量一个工作周期内的员工表现？

2.简述日常工作检查内容。

3.如何清洗、消毒酒吧器具？

4.如何消除酒吧火灾隐患？

5.如何防止酒吧食物中毒？

酒水管理 任务二

一、 校园酒会活动(比赛)方案

实训目标

通过本次实训,学生能够对酒吧服务与管理工作有更深层次的了解,通过理论知识的学习,结合酒会活动的实际市场调研、活动策划、活动组织、酒水服务和管理,培养学生会服务、懂管理,贴近行业,模拟实战,增加社会竞争力。

实训方法

教师讲授,校内调研,以小组(6~8人)的形式进行分工合作,活动展示,评述。

实训步骤

可以结合学习期间的节日或活动日(例如万圣节的假面酒会等),组织策划相应的酒会活动,面向校内同学进行销售(视情况可单杯或以入场券的形式销售)。活动期间,以小组为单位独立进行酒水的生产销售和服务。设备场所由学校提供,原料成本自理,利润自己保留。原则上获得最高利润的小组获胜。

(1)酒会策划调研:确定酒会的目的及酒会的人数。

(2)酒会活动前期准备:确定活动方案并提交可行性报告。

(3)酒会现场布置:餐台、装饰物、设备。

(4)酒会活动流程设计:嘉宾入场安排,主持人讲话,酒会服务过程等。

(5)物品采买:整个酒会活动所涉及的所有物品包括酒水、小吃、水果等。

(6)效果评价:以项目小组为单位,请酒会的所有参与者对其进行打分,最后由老师进行点评。

二、 酒水的盘点与申领

利润是邮轮经营的目的。要获得利润则需要有周密的计划,在计划的基础上实现对整个过程的控制,使经营取得成功。酒水管理是邮轮酒吧经营者的主要职责之一,应当制定酒水盘点、报废、申领、储存、生产和销售控制标准及程序,以期在周到服务、安全经营的同时获取较高收益。

邮轮酒吧的酒水管理不同于岸上酒吧的酒水管理,由于其原料采购是邮轮经营方统一进行的,所以邮轮酒吧的酒水管理开始于对上一工作周期剩余酒水的盘点和报废。酒水的盘点指的是对上一工作周期的酒水期初库存、进货、销售、期末库存(实盘)和废弃(报废)数量的统计,以及在此基础之上为下一个工作周期的酒水库存补充申领。在做出申领决策之前,管理者必须对下一个工作周期的酒水需求量有一个大致的预估。

▌(一)盘点上一工作周期的酒水

1.盘点上一工作周期的酒水细则

酒吧管理者在盘点酒水时的记录内容一般应包括:

(1)各类酒水的名称;

(2)各类酒水的期初库存;

(3)各类酒水的消耗数量;

(4)标注各类酒水的非正常损耗(一般标注在备注栏);

(5)各类酒水的期末库存(实盘)及申领数量(一般接在盘点表后),盘点表如表 3-2-1所示;

(6)酒吧调酒所需配料。

表 3-2-1　盘点表

日期:＿＿＿＿＿＿＿＿

名称	单位	期初	销售	期末	备注	申领

2.酒水的报废

各类酒水及原料受其特性和保存状态等因素的影响会造成部分酒水不适合继续进行使用和销售。在此情况之下,酒吧管理者需针对该部分酒水及原料填写酒水报废表。表格中应注明报废酒水的名称、单位、数量及详细的报废原因等,提交申请并申领新的酒水原料补仓。酒水报废表如表 3-2-2 所示。

表 3-2-2 酒水报废表

酒水报废报告		日期: _____				
名称	单位	数量	生产日期	保质期	截止日期	报废原因

▌（二）酒水原料的申领

酒吧管理者在申领新的酒水原料补仓之前,应当盘点库存酒水并确认下一工作周期所需酒水原料数量。申领数量则是两者之差,即:

酒水申领数量 = 所需酒水数量 − 当前酒吧库存数量

一般酒吧每个工作周期所需的酒水数量是相对固定的,有一个设定库存值。影响酒吧的酒水库存设定值一般有以下因素:

（1）销售的数量

邮轮也有淡旺季之分。在旺季,需要较多的原料,故可增大库存量;而在酒水、食品销售数量减少时,则可压缩库存数量。

酒水的销售也会根据游客区域的不同而互不相同,亚洲酒水销售量低,欧美相对来说酒水销售量高。

（2）仓储设施的储藏能力

邮轮上酒吧的仓储空间也十分有限,冷冻、冷藏空间通常较小,它的大小决定了库存数量的多少。

（3）销售策略

邮轮酒吧某一特定品种的酒水会因为酒吧的销售策略和推销活动而产生销售数量上的变化,酒吧管理者应当在执行酒水销售策略前充分考虑到酒水库存水平。

（4）贮存要求

不同种类的酒水按其基本特点和贮存的要求应当分别在不同的温度和湿度条件下贮存。当酒吧的贮存条件不能完全满足酒水长期贮存的条件时,应当尽量避免该酒水过多的酒吧库存数量。

（5）顾客人数

邮轮酒吧的酒水销售数量一般随乘船游客数量增加而增加,提前了解该航次的游客人数、性别及年龄组成有利于酒吧管理者提前制订酒水库存和销售计划。

除非酒吧管理者因为活动、节日等因素而改变该设定数值,否则酒吧酒水申领数量以补满该设定库存值为准。由于邮轮酒吧酒水申领历时较短,故在此不予考虑申领过程中的酒水预留量。申领数量如不逢整单位,则以四舍五入法取整。

在确认完申领数量后,酒吧管理者应当填写酒水申领表(见表 3-2-3),一式三份。一份留底,酒吧自行核算使用;一份交财务,业绩考核结算使用;第三份交邮轮仓库管理处,作为申领和库管凭证。酒水申领表中应当包括申领酒吧名称、申领日期、申领酒水名称、单位、数量及相关申领人。

表 3-2-3　酒水申领表

酒水申领	××酒吧	日期：_____	
名称		单位	数量
		申领人：_____	

三、 酒水存放管理

邮轮酒吧酒水品种繁多，且许多高级的酒类价格昂贵，因此应加强酒水的库存控制，依据各种酒水的特性分类储藏，以防止保存不当，引起空气与细菌的侵入，导致变质现象的发生，降低顾客对于酒吧服务的认可度的同时也会产生不必要的浪费，从而导致成本上升而减少利润。

（一）酒吧酒水存放的基本要求

酒水仓库是储藏酒水的首选场所，相对而言，酒吧的储藏条件略差于酒水仓库。一旦酒水从仓库申领出后，应尽量在短时间之内使用销售完毕以确保其品质和口感在最佳状态。酒吧酒水的存放管理应当尽量延长酒水从酒水仓库领出后到不适合继续使用销售之间的时间。邮轮酒吧常见的酒水存放设备是酒柜，有些酒柜还带有制冷设施。酒吧酒水存放在设计和安排上应充分强调科学性与方便性，这是由酒水的特殊储藏性所决定的，即在兼顾不同酒水的储藏要求的同时也要考虑日常操作使用方便顺手，切不可随心所欲，随便堆放。

此外，邮轮酒吧酒水存放还要满足以下要求：

1.有足够的贮存和活动空间

酒库的贮存空间应和酒吧规模相称。尽管邮轮的仓储条件十分有限，管理人员还是要通过合理的布局来保证酒吧酒水正常供应。酒水存放应留有足够空间，方便工作人员随时取用。

2.具有良好的通风换气条件

通风换气的目的在于保持酒水储藏室中有较好的空气，如果酒精挥发过多而使空气不流通，会使易燃气体聚积，这是很危险的。而良好的通风换气有利于保持酒水储藏室的干燥，也有利于工作人员的身体健康。

3.隔绝自然采光和照明

自然光线，尤其是直射日光容易引起酒的变质，还可能使酒氧化的过程加剧，造成酒味寡淡，酒液混浊、变色等现象。酒水存放处最好采用电灯泡照明，其强度应予以控制，宜弱不宜强。

4.清洁卫生

酒水存放处应保持长期清洁卫生。饮料开箱后，所有饮料都应取出，存到适当的架子上。

（二）酒水储藏的温度及方法

酒水储藏应保持适当的温度，特别是在邮轮酒吧及其有限的情况下，使用软木塞的葡萄酒瓶应横放，以防止瓶塞干缩而引起的变质。一般来说，红葡萄酒的储藏温度是 13 ℃ 左右。如果可能，白葡萄酒和香槟酒的储存温度应略低些，为 8~10 ℃。在可能的条件下，啤酒和配制酒的贮存温度应保持在 4~7 ℃，特别是小桶啤酒，要防止变质，更应保持在 5 ℃左右的贮存温度。即使是只储藏瓶装酒，最好也保持在这一温度，以便在服务工作中减少使啤酒降至适当温度所需的时间和冰块。

（三）酒水库存控制要点

1.尽量分区摆放

酒水储存时应划分储藏区域，同类酒水应存放在一起，并按品牌分类。例如，所有金酒应存放在同一个地方，而所有威士忌应存放在另外一个地方。这样排列，在发放和领取时较方便。

2.做到合理放置

凡是软木塞瓶子都需要横置，酒瓶横放时，酒液会浸润瓶塞，起到隔绝空气的作用，横置是葡萄酒的主要堆放方式。蒸馏酒的瓶子大多要竖置，以便酒瓶中酒液的挥发，达到降低酒精含量、改善酒质风格的目的。

3.注意定位摆放

酒品一旦放置好，不要随意挪动，对高级酒品尤其如此。这样做一是防止酒瓶摇晃而沉淀物泛起，二是证明酒品的古老名贵。

4.记录酒水信息

酒水管理人员在申领到酒水之后、酒水上架之前，应记录下该批次酒水的信息。一般包括酒水的名称、规格、生产日期、质保期限等，方便酒水管理和盘点。

5.完善安全措施

酒水存放处的设计和建造，必须考虑到能有效地防止偷盗行为的发生。同时，还要兼顾卫生的要求，方便清理。贵重酒水应重点分开存放，以便实施重点管理。

四、 酒水生产管理

酒水生产的标准化管理包括用量、载杯、酒谱、酒牌、操作程序和成本的标准化管理等内容。

（一）用量的标准化管理

要搞好酒水生产控制，管理人员应首先确定各种鸡尾酒或混合饮料中基酒的用量标准。酒水用量控制包括确定酒水用量和提供量酒工具两个方面。

1.确定酒水用量

调制鸡尾酒和大部分混合饮料，须使用一种或几种烈酒和其他辅料。烈酒的成本高，酒吧必须根据国际、国内的标准配方和自己的实际情况对用量加以规定。

2.提供量酒工具

酒吧必须提供如量杯、配酒器和饮料自动配售系统的工具以使调酒员能精确地测量酒水用员。

3.邮轮酒吧用量一般采用毫升制(mL)，这一点与普通酒吧采用盎司制不同。

（二）载杯的标准化管理

载杯种类繁多，大小、规格、式样不尽相同，具体选用哪几种类型的酒杯和使用多少种酒杯，管理人员必须根据目前的或预期的宾客喜好及国际通用和标准酒谱的要求进行选定。

（三）酒谱的标准化管理

标准酒谱是调制鸡尾酒、混合饮料的标准配方，它不仅是饮料质量的基础，而且是成本控制的重要工具。标准酒谱中必须列明调制鸡尾酒或混合饮料所需的烈酒（也称基酒）和其他配料的具体数量，说明调制方法，规定所有载杯的种类和型号，如表3-2-4所示。

表 3-2-4   酒谱

编号:001		名称：蓝色夏威夷 Blue Hawaii	
原料	用量 mL	单价／10 mL	成本（元）
甜柠檬汁	60	0.25	1.5
菠萝汁	30	0.2	0.6
淡质朗姆酒	30	1.5	4.5
蓝色薄荷甜酒	15	1.5	2.25
成本			8.85
售价			45
成本率			19.67%
调制方法	150 g 冰块置于调酒杯内，量入基酒、配料用搅拌法搅拌 15～20 s，滤入 150 mL 郁金香酒杯中，配以菠萝片装饰。		
照片			

（四）酒牌的标准化管理

使用标准酒牌的酒是控制存货和向客人提供质量稳定的饮料的最好方法之一。假如客人指定某一品牌的威士忌配置鸡尾酒，而酒吧却使用了低质量或其他品牌的酒来代替，将使客人感到不满。

（五）操作程序的标准化管理

标准操作程序是管理酒吧的一种手段，实施标准操作程序可以保证酒吧中服务与产品质量的一致性。这就要求我们制定标准程序，并对员工进行有效的培训。

（六）酒水成本的标准化管理

确定标准配方和每杯标准容量之后，就可以计算任何一杯酒水的成本了。通过比较不同销售模式下的酒水成本变化可以衡量最优化的销售方案。同时酒水成本的标准化也可控制酒水销售过程中不必要的浪费，以提高酒吧的盈利性。

五、 酒水销售管理

▋(一)酒水经营

1.收入、成本及利润之间的关系

对于酒吧经营而言,收入即为酒水销售所得,成本即为所有经营成本总和,而利润则是两者之差。

在酒吧经营中,成本主要由以下三点构成:

① 酒水及食品成本,通常也称作售货成本;

② 人力成本,包括薪水、工资、员工餐饮及员工制服等;

③ 日常管理费用,包括宣传费用、水电费用等。

而利润一般分为以下两种:

① 毛利润,即为总收入与售货成本之差;

② 净利润,即为毛利润与人力成本和日常管理费用之和的差。

因此,在酒吧经营中,收入表如表 3-2-5 所示。

表 3-2-5　收入表

总收入			
	毛利润		
售货成本	人力成本	日常经营成本	
总成本			净利润

2.价格、成本、价值及三者之间的关系

对于顾客而言,来酒吧消费会涉及价格、成本与价值三个要素:

① 价格,指的是用于购买某酒水所必须付出的金额;

② 成本,除去价格成本之外,还要考虑的成本因素包括时间成本以及放弃去其他酒吧的成本等;

③ 价值,指的是顾客对于产品满足个体需求的预期值以及该预期值与成本之间的对比关系。

对于酒吧经营者而言,就是要让顾客觉得来酒吧消费所获得的价值超过其为之而付出的成本。相反,如果顾客觉得消费所需要的成本超过了所获得的价值,那么顾客就不会选择来酒吧消费了。

因此,酒吧的价格制定应当是相对酒吧所提供的服务质量及产生的价值而言。并不是价格高的酒水就一定会带来高的价值,价格低的酒水就一定是低价值的。酒水价格应当是顾客预期价值与顾客其他成本的差。

通常来讲,邮轮酒吧拥有一系列的酒水设定价格,并不会经常变更。就价格的设定而言,酒吧经营者一般会掌握不同顾客愿意为特定酒水支付的价格区间。同样,酒吧经营者也掌握有某特定酒水可以进行销售的价格区间。这两个价格区间相互重叠的部分就是酒吧经营者可以对特定酒水定价的价格区间。同时,针对某特定酒水的定价还应参考该酒

水产品所涉及的细分市场及具体情况。通常有经验的邮轮酒吧经营者往往能够针对不同背景的顾客群体的变化迅速决定酒吧酒水的销售策略,通常是针对特定消费群体的促销活动。

(二)酒水营销

1.酒水营销及其含义

对于酒吧而言,酒水营销是指酒吧经营者为促成顾客购买、消费,实现酒吧经营目标而展开的一系列有计划、有组织的活动。换句话说,酒吧营销是酒吧通过一系列营销活动不断跟踪顾客需求的变化,及时调整企业整体经营活动,努力获得顾客需要,获得顾客信赖,通过顾客的满意来实现酒吧经营目标,来达成公众利益与酒吧利益的一致。并非一般人士所认为的"营销只是向顾客推销产品,做些宣传工作而已"。

酒吧营销活动可以从宏观和微观两种不同的角度来理解。宏观酒吧市场营销是社会经济活动过程,微观酒吧市场营销则是酒吧为了实现目标而进行的经济活动过程。显然,酒吧营销和市场营销一样,并不是单一的推销或促销活动。第一,它是一种协作式活动。酒吧每个相对独立的职能和工作区域都无法承担起营销活动的全部;营销过程的复杂性要求各部门之间加强协调与合作才能产生凝聚力。第二,它是一种互动式的活动。

2.酒水营销的目的

(1)促成消费者的购买行为

①吸引顾客的注意力。酒吧通过特色活动来吸引顾客的注意力,增强顾客对酒吧的兴趣。

提供充分信息:为了让更多的消费者了解酒吧的产品质量、销售价格、服务特色等信息,酒吧需要通过各种推销活动及时向消费者提供各类信息,以引起消费者的注意。

突出酒吧特色:酒吧应该通过营销活动宣传自己产品区别于同行的独到之处,突出自己产品给消费者带来的特殊利益,加深他们对酒吧产品的了解,并引导他们愿意接受酒吧的产品。

②激起顾客的购买欲望。酒吧是人们精神享受的场所,消费者的购买欲望在特定的环境下会受到其消费情感的左右。如果营销使顾客确信能从酒吧产品中得到最大限度的精神享受,就能够激起顾客的购买欲望。

③促成顾客的消费行为。通过酒吧的营销活动,顾客能够基本了解了酒吧的产品和服务,并对此有了较高的购买欲望后,也就实现了促成顾客消费行为的目的。

④稳定酒吧的销售业绩。酒吧销售的起伏变化是由于顾客不稳定的消费引起的。酒吧要通过营销活动,使更多的顾客对酒吧及服务项目产生好感,逐步培养顾客的忠诚度,从而达到稳定销售、完成既定销售目标的目的。

(2)提高并稳定酒吧服务质量

酒吧员工中,有一部分服务员是想要做一番事业的,另一部分是来挣钱谋生的。怎样才能提高服务员的工作积极性,这是优质服务的首要前提。这时候可以发挥营销活动中的激励措施,结合意见卡等手段,内部人员管理打破常规的模式,奖惩分明,待遇差异,使每个人都有危机感,同时也有收获的喜悦。

(3)为消费者提供娱乐场所和新鲜感

有别于岸上酒吧林立的情况,邮轮酒吧的相对选择范围较小。一成不变的酒吧和酒水很容易让乘客失去新鲜感。适时推出针对性的营销活动能够活跃气氛,增加乘客的娱乐项目,为邮轮乘客带来附加的享受。

3.目标消费者的分类

通常情况下,人们来酒吧消费的目的各不相同,享受酒水饮料只是最原始的动机之一。我们可以根据顾客到酒吧的不同目的将顾客分成不同的类型。

(1)以享受酒水为主的顾客

这类顾客光顾酒吧的主要目的是享用一杯美酒。该类顾客对酒吧评价的最大部分源自酒水的好坏。提供独特的、高品质的酒水服务是吸引此类顾客的首要因素。

(2)以随机消费为主的顾客

这类顾客通常为了使自己恢复精力,随机到附近的酒吧做短暂休息,他们往往是"一次性"的顾客。邮轮上经常会有这类"试试看"的顾客。周到的服务、良好的环境往往会给他们留下难忘的印象,吸引他们再次消费。

(3)以娱乐消费为主的顾客

这类顾客有闲暇时间放松心情,他们经常光顾酒吧寻找刺激、变化或者诉求情感。有时,这类顾客一个晚上也许会光顾几个不同的酒吧,但如果某个酒吧的娱乐项目、酒水等都不错的话,他们会整晚都待在同一酒吧,甚至成为酒吧的常客。

(4)以情感消费为主的顾客

有些熟识的人经常聚集在某个酒吧里,享受生活、放松心情。这类顾客在酒吧消费最原始的目的是与自己熟识或喜欢的人在一起。在酒吧里,顾客觉得像在家里一样心情舒适,一种恬静的消费氛围能给顾客以归属感。

针对不同的消费者类型而制定不同的酒吧风格、推出不同的营销活动,是一名合格的酒吧经营者必须掌握的能力。通常来讲,邮轮酒吧面对的潜在消费者拥有很多的共同点:他们都是相对富裕的人群,他们对于旅游和新鲜事物有较高的兴趣,他们的格调相对高雅,有稳定的工作和社会地位,绝大多数都是带有愉悦的心情。酒吧经营者应当针对某一群体重点推出营销活动,以最大限度吸引并取悦该部分消费者。

4.酒水促销

(1)酒水促销的手段

酒吧经营者为了能够扩大自身的知名度、提高销售业绩等目的,往往会进行酒水促销活动,是酒吧在一定条件下,通过各种非常规的优惠性的方式,广泛吸引顾客的注意,直接刺激、激励顾客的购买欲望的活动。

常用的酒水促销手段有下列几种:

① 赠送

顾客在酒吧消费时,免费赠送新饮品或小食品,免费赠送餐巾、搅棒、圆珠笔、火柴盒、打火机、小手帕等小礼品,以刺激顾客消费。或者定期开展免费品尝活动,顾客在不增加消费的情况下品尝产品。免费赠送是一种象征性促销手段,一般赠送的酒水价格都不高。但需要注意的是,如果是高档消费的顾客,这种免费赠送同样要注意档次。

②消费折扣

折扣是指在特定时间按原价进行折扣销售。折扣优惠主要用于顾客在营业的淡季时间里来消费,或者鼓励达到一定消费额度或消费次数的顾客。这种方式会使顾客在消费时得到直接利益,因而具有很大的吸引力。

③有奖销售

通过设立不同程度的奖励,刺激顾客的短期购买行为,这种方式比赠券更加有效。顾客一方面希望幸运获奖,另一方面即使不得奖也是一种娱乐。

④配套销售

酒吧为增加酒水消费,往往在饮、娱、玩等酒吧系列活动中采取一条龙式的配套服务。如在某些娱乐项目中含有酒水,或是酒水销售中推出情侣套餐等。

⑤ 时段促销

多数酒吧在经营上受到时间限制。酒吧为增加非营业时间的设备利用率和收入,往往在酒水价格、场地费用及包厢最低消费额等方面采取折扣价。有些酒吧推出"欢乐时光"促销活动,为的是在生意较淡的时间段特价供应某些产品和服务,达到增加服务收入、提高知名度、推动人气更旺的效果。例如:在下午 3 点到 5 点,推行买一赠一的策略,不管你买哪一种产品都同时赠送几种同样的产品。

⑥ 其他促销手段

酒吧还可以组织类似"喝酒大赛"之类的活动,在提高消费者关注度的同时,也会因为参赛选手的亲戚朋友的到来而提高销售业绩。在遇到"情人节"这类节日时,可以推出"女士免单"活动,在万圣节推出假面酒会活动等。

（2）酒水促销的注意事项

在酒水促销过程中,经营者还需注意以下事项,以避免误用促销手段或引起不必要的损失:

①刺激对象的条件

刺激的对象可以是全部,也可以是部分,取决于酒吧经营者对于当前形势的判断。

②促销的期限

如果促销的时间过短,很多潜在顾客可能在此期限内不需要重复购买。如果促销的时间过长,可能会给顾客造成一种变相降价的印象。

③促销时间的安排

通常是根据邮轮酒吧销售的要求确定营业推广的日程安排。这一安排通常是周期循环性的,能使前台、后台部门相互协调,使酒吧与邮轮其他部门相互协调。邮轮酒吧的促销时间安排还需要参照每一次船期的安排。

④营业推广的预算

一般方式是由营销员确定各项营业推广活动并估计总费用,一般包括管理费用、刺激费用(奖励、减价、成本折扣等),然后乘以预期发生交易的单位数量。

5.人员推销

人员推销就是由酒吧员工直接向目标顾客对产品进行介绍、宣传以促使其购买的活动。

人员推销是一种传统的推销方法,也是现代产品销售中的一种重要方式。与其他促销方式相比,人员推销在把握顾客的偏好、建立兴趣并采取购买行动方面有着更直接、更迅速的作用。人员推销具有以下优点:

①推销方式灵活。服务人员在与顾客面对面的服务中,可根据各类顾客的愿望、需

求、动机等采取相应的策略,并可根据对方的反应及时调整自己的推销策略。

②稳定客源。人员推销可使服务人员和顾客之间从纯粹的买卖关系发展成一种相互理解的友谊关系,从而可以起到稳固客源的作用。

③即时消费。人员推销可通过与顾客的直接接触,对顾客进行反复、及时的说服,可以促成顾客即时消费。

6.酒水推销

酒水推销是酒吧人员推销的主要内容,酒水推销一般包括酒水的服务推销、酒水的特征推销。

(1)酒水服务推销

酒水销售是通过一定的服务方式和销售渠道提供给顾客的,酒水推销在一定的酒吧文化氛围中,让顾客在服务过程中得到满足,从而增加酒水的销售量。

①服务人员的推销知识和技巧:酒吧员工(尤其是调酒师和服务员)要详细了解酒吧饮品原料成分、调制方法、基本口味、适应场合等。酒水知识是酒吧服务员做好推销工作的首要条件。同时,酒吧服务员还应了解每天的特饮、酒水的存货情况。酒吧饮品的名称比较诱人,酒吧服务员应根据顾客的需要详细介绍饮品,避免因顾客点要不了解的饮品带来众多不悦。

②操作演示推销:调酒师娴熟的调酒演示是一种最直观、最可靠、最有效的推销手段。首先,调酒师直接接触顾客。调酒师衣着整洁、举止文雅、礼貌稳重、面带微笑,向顾客充分展示自身清爽干练的形象。其次,调酒师直接向顾客展示饮品,顾客感到可信并乐于接受调酒师推荐的饮品。最后,调酒师面对顾客,有机会同顾客聊天,能随时回答顾客的各种问询。

③服务过程推销:服务过程推销从真正了解顾客开始。酒吧服务强调以顾客为中心,以满足顾客的需求为首要任务,要做到这一点就必须从了解顾客的真实需求、真实感受开始,就应把酒水服务推销按以下要求做好:

第一,从顾客需要出发推销饮品。不同顾客光顾酒吧的目的不尽相同,其消费需求也不同。对于摆阔、虚荣心强的顾客要推销高档名贵的酒水;对于主要是为了消遣娱乐的顾客,推销大众酒水;对于团体聚会,向顾客推销瓶装酒水。

第二,从价格高的名牌饮品开始推销。价格高的饮品一般利润大,对酒吧贡献多。

第三,推销酒吧特饮或创新饮品。向顾客详细介绍酒吧特饮或创新饮品的独特之处,如由著名的调酒师研发调制,以及从味道、色彩等方面向顾客介绍,引导顾客点饮料。

第四,主动服务,制造销售机会。当顾客环顾四周或当顾客酒杯已空时,当顾客正在犹豫或不想购买时,服务人员只要主动服务、适时推销即可抓住机会。

(2)酒水特征推销

酒吧中经营的酒类品种丰富多样,每种酒水都有其自身的特点,拥有不同的颜色、气味、口感,在饮用上也有不同的要求。同类酒由于出产地和年份不同,其口味和价值也有差异。因此,酒水推销最直接、最关键的是服务人员要熟悉酒水及酒吧经营知识,并根据各自的特点向顾客推销。

①葡萄酒的推销:根据葡萄酒的饮用特点推销。葡萄酒的饮用非常讲究,首先,不同颜色的酒饮用温度不同;其次,葡萄酒用杯容量不同;最后,葡萄酒与菜单的搭配要求不同。只有服务人员掌握了葡萄酒的这些饮用特点,并根据这些特点向顾客推销,顾客才能

感受到服务人员的专业性。尽可能推销高档名贵的葡萄酒。首先,推荐配制年分久远的葡萄酒,这类酒的品质上乘,味道好;其次,推荐世界著名产地的名品葡萄酒,这类酒品虽然价格昂贵,但能满足求新、求异、讲究社会地位的顾客的需求;最后,推荐人们熟悉的品牌,这类酒品容易赢得顾客的认可和好感。

②啤酒的推销:啤酒是酒吧中销量最大的酒品。啤酒首先要根据其自身的性状特征和饮用特点来推销。啤酒含有丰富的营养成分,但同时容易吸收外来的气味,易于受空气中细菌的感染,而且遇强光易变质。其次,推销名品啤酒和鲜啤酒。鲜啤酒一般为地方性啤酒,与瓶装啤酒相比成本低,利润高。顾客在酒吧饮用啤酒,第一,要品尝地方风味的啤酒;第二,对名品啤酒兴趣更大,如百威、嘉士伯等。第三,通过服务技巧来推销啤酒。啤酒中含有二氧化碳气体,酒体泡沫丰富,推销时啤酒泡沫不能太多,也不能太少。泡沫太多就会使杯中的啤酒较少,顾客会不满意;泡沫太少又显得没有气氛。

③香槟酒的推销:香槟酒给人以奢侈、诱惑、浪漫的印象,适合于任何喜庆的场合。服务员或调酒师要善于察言观色,譬如,向在生意场上获得成功,或有喜事的顾客不失时机地推销这类酒品。调酒师或服务员还可利用香槟酒的特点来创造酒吧活动的特殊气氛,如开香槟时发出清脆的"砰"声,以示胜利的礼炮。开瓶后,用拇指压住瓶口使劲摇后让酒喷洒,表达喜悦之情。

④威士忌的推销:与其他酒水推销常识一样,推销威士忌首先应推销名品。尽管威士忌因产地不同,品牌众多,但是,比较讲究的消费者还是熟悉一些威士忌的名品。譬如,著名的威士忌品牌有苏格兰的红方、黑方、白马牌威士忌,爱尔兰的尊占臣、老布什米尔、帕地,美国的吉姆宾、老祖父、野火鸡,加拿大的加拿大俱乐部、施格兰特醇等。并且,服务人员要按饮用习惯推销。威士忌一般习惯于用45 mL的酒加冰和加水(矿泉水、苏打水)后饮用。

⑤白兰地的推销:根据产地推销。法国科涅克地区所产白兰地是目前世界上最好的白兰地之一,因为科涅克地区的自然条件极适宜葡萄的生长,所产葡萄的甜酸度用来蒸馏白兰地最好。另外,当地的蒸馏技术也是无与伦比的。

根据品牌推销。白兰地很多著名品牌人们都很熟悉,可以利用这一特点进行推销。著名的白兰地品牌有:百事吉、轩尼诗、奥吉尔、人头马、金花、御鹿、拿破仑、大将军、金马、金像等。白兰地品牌的另一方面体现在酒龄上,酒陈酿的时间越长,纯酒精损失得越多,因而,白兰地的酒龄决定了白兰地的价值,更体现其品牌价值。

⑥鸡尾酒的推销:根据鸡尾酒的造型推销。鸡尾酒的造型表达不同的含义,突出酒品的风格,服务员可通过对造型的说明向顾客推销。

根据鸡尾酒的口味推销。鸡尾酒的口味对中国人来说,可能最初有不适应的地方,但是,当今世界上有各种流行口味可让顾客了解,如偏苦味、酸甜味等,以促进鸡尾酒的消费。

⑦根据鸡尾酒的色彩推销。鸡尾酒的色彩是最具有诱惑力的,服务员可根据其色彩的组合,向顾客介绍色彩的象征意义等。

推销著名的鸡尾酒品。尽管人们对鸡尾酒不太熟悉,但是对一些著名的酒品,人们可能都听说过,如马丁尼、曼哈顿、红粉佳人等。

通过调酒师的表演来推销。调酒师优美的动作、高超的技艺能给予顾客赏心悦目的感受。顾客在欣赏调酒师精彩的调酒技巧的同时,会对调酒师及鸡尾酒产生浓厚的兴趣和依赖感,这样就能达到推销的目的。

（三）酒水销售控制

酒水的销售控制是很多酒吧管理的薄弱环节。一方面管理人员缺乏应有的专业知识;另一方面,酒水销售成本相对较低,利润较高,少量的流失或管理的疏漏并没有引起管理者足够的重视。因此,加强酒水销售的管理,第一,要求管理者更新观念,牢固树立成本控制的意识。第二,在员工工作效率同等的情况下,更好的酒水销售控制,其实也就意味着更高的利润率。

酒吧经营者的酒水销售控制按其目的可以分为以下两种:一种是按照投入与产出之间的比例来进行酒吧酒水销售控制,主要用于酒吧经营的整体管理和控制;另一种是严格执行标准化记录,以精确的数量来进行酒水销售控制,主要用于针对当班员工的酒水销售管理和控制。

1.按比例计的控制模式

（1）按价格计

按价格计的酒水销售控制模式,指的就是将酒水的成本和销售额全部转化为对应的价格,求其总值并得出总销售额与其对应成本的比例。

例如,酒吧单日消耗各类酒水材料共计 2 000 元,同期销售额为 8 000 元,那么该比例为1∶4。

该比例数值越大越好。但受销售酒水品种不同的影响,该比例上下浮动比较频繁,应与当日销售酒水一览表一起进行参考。如果销售的酒水品种和数量波动不大,而该比例数值突然降低,则说明成本控制方面出现了问题,应予详查。

（2）按原料单位计

按原料单位计的酒水销售控制模式,指的就是将所销售的全部酒水拆解还原成原料,并予以累积,将每一种原料的真实使用量与该原料的理论使用量得出比例。

例如,酒吧单日销售某品种鸡尾酒若干杯。经过计算,理论上应当使用金酒 1 200 mL,但实际的金酒使用量为 15 00 mL,那么金酒的该比例数值为 1.25。

该比例数值应该是越低越好,说明极少有浪费的可能。但实际操作中是不可能等于 1 的。如果某原料的该比例数值突然升高,则有操作不当或浪费的可能,应及时予以处置。

2.按数量计的控制模式

数量计的酒水销售控制模式按照常见的酒水销售形式分为三种,即零杯销售、整瓶销售和混合销售。这三种销售形式各有特点,管理和控制的方式也各不相同。

（1）零杯酒水的销售管理

零杯销售是酒吧经营中常见的一种销售形式,销售量较大。它主要用于一些烈性酒。如:白兰地、威士忌等。零杯销售的控制首先必须计算每瓶酒的销售份额,然后统计出每一段时期内的销售总数,采用还原控制法进行酒水成本的控制。

零杯销售关键在于盘存控制。盘存控制一般通过酒吧酒水盘存表来完成,每个班次的当班调酒员必须按表中的要求对照酒水的实际盘存情况认真填写,在交接班时予以确认签字。

按数量计的酒水销售模式在遇到有员工换班次交接班的情况之下,则需要用酒水盘存表来记录某班次消耗原料和生产及销售酒水的数量,以便用于对该班次员工的工作进行考核。

（2）整瓶酒水的销售管理

整瓶销售是指酒水以瓶为单位对外销售。这种销售形式在邮轮上的酒吧比较少见。酒吧为了鼓励客人消费,通常采用低于零杯销售10%的价格进行销售,低于零杯销售20%的价格对外销售整瓶的酒水,从而达到提高经济效益的目的。但是,由于差价的关系,往往也会诱使素质不高的调酒员和服务员相互勾结,把零杯销售的酒水收入以整瓶酒的售价入账,从而中饱私囊。为了防止此类作弊行为的发生,整瓶销售可以通过对整瓶酒水销售单独记录来进行严格的控制,即将每天整瓶销售的酒水品种和数量与其他酒水销售分开,单独填入日报表中,由经理签字保存。

（3）混合酒水的销售管理

混合销售又称配制销售或调制销售,主要指混合饮料和鸡尾酒的销售。鸡尾酒和混合饮料在酒水销售中占的比例较大,涉及的酒水品种较多,因此,销售控制的难度也较大。

混合酒水销售的控制比较复杂,标准化配方是控制的有效手段之一。配方标准化可以使每一种混合饮料都有统一的质量,并确定各调配材料标准用量,以方便和加强成本核算。标准配方是成本控制的基础,不但可以有效地避免浪费,而且还可以有效地指导调酒员进行酒水的调制操作。酒吧的管理人员则可以依据鸡尾酒的配方采用还原控制法实施酒水的控制。其方法是根据鸡尾酒的配方计算出每一种酒品在某段时期的使用数量,然后再按标准计量还原成整瓶数,计算方法是：

酒水的消耗量 = 配方中该酒水用量×实际销售量

因此,混合销售完全可以将调制的酒水分解还原成各种酒水的整瓶用量来核算成本。

（4）服务员的销售量

在按照数量计的酒水销售控制中,还有一项数据是单个服务员的销售量,一般只适用于执行酒水推销策略的酒吧。其目的是用于评估某服务员的工作质量和业绩。

单个服务员的酒水销售量以其某班次内累计销售酒水的数量和金额来统计。服务员在酒水推销成功时,将其个人编号（或姓名）随账单记录,收银和服务员各留一份,以备结算核准之用。

上述两种酒吧酒水销售控制方式之间各有千秋,前者（按比例）在成本控制方面不如后者来得严谨,但操作简单,能让管理者对酒吧运营情况,尤其是生产环节,有简单直观的了解,更容易发现酒吧整体上存在的问题;后者（按数量）更为注重单一班次员工的工作质量和效率,在避免不必要的损耗的同时更容易激发员工的工作热情和责任心。在实际操作中,酒吧管理者一般将这两种管理模式结合使用,充分发挥其各自优势。

复习与巩固

1.邮轮酒吧一个工作周期的酒水管理流程是什么?

2.试述收入、成本及利润之间的关系。

3.一个标准化酒谱含有哪些内容? 为什么需要这些内容?

4.常用的酒水促销手段有哪些?

5.如何来描述一个酒吧的运营状况?

附　录

附录一　经典鸡尾酒集锦

Classic Cocktails

Old Fashioned 古典鸡尾酒	**Rusty Nail 生锈钉**
Ingredients 配方：	Ingredients 配方：
45 mL Bourbon or Rye Whisky　45 mL 波本或黑麦威士忌	45 mL Scotch Whisky　45mL 苏格兰威士忌
1 Sugar Cube　1 块方糖	25 mL Drambuie　25 mL 杜林标利口酒
Few Dashes Angostura Bitters 少许安格斯特拉苦酒	Method：Build with ice
Few Dashes Plain Water 少许水	方法：兑和法，杯中加冰块
Method：Saturate sugar with bitters and water. Add ice and whiskey	Glass：Old fashioned glass
方法：用苦酒、水将糖融化，然后加冰、威士忌	载杯：古典杯
Glass：Old fashioned glass	Garnish：Lemon zest in the drink
载杯：古典杯	装饰物：杯中放柠檬皮
Garnish：Cherry and orange slice or zest in the drink	
装饰物：杯中放入樱桃、橙片或橙皮	

Mint Julep 薄荷朱利酒

Ingredients 配方：

60 mL Bourbon Whisky　45 波旁威士忌

4 Fresh Mint Sprigs　44 新鲜薄荷枝

1 tsp Powdered Sugar　1 茶匙砂糖

2 tsp Water　2 茶匙水

Method：Muddle the mint with sugar and water. Add cracked ice and bourbon.

方法：将薄荷叶、砂糖和水放入载杯中并捣碎，加碎冰和威士忌，搅动直至杯子起霜。

Glass：Julep stainless steel cup

载杯：不锈钢朱利酒杯

Garnish：Mint Sprig 薄荷枝

Horse's Neck 马颈

Ingredients 配方：

40 mL Cognac 干邑白兰地

120 mL Ginger Ale　120 mL 姜汁汽水

Dash of Angostura Bitters（optional）少许安格斯特拉苦酒（选择性）

Method：Build with ice

方法：兑和法，杯中加冰块

Glass：Highball glass

载杯：海波杯

Garnish：A rind of one lemon spiral 螺旋状整个柠檬皮

French Connection 法式情怀

Ingredients 配方：

35 mL Cognac　35 mL 干邑白兰地

35 mL Amaretto　35 mL 杏仁利口酒

Method：Build with ice

方法：兑和法，杯中加冰块

Glass：Old fashioned glass

载杯：古典杯

Stinger 斯丁格

Ingredients 配方：

50 mL Cognac 干邑白兰地

20 mL White Crème de Menthe　20 mL 白色薄荷利口酒

Method：Stir & Strain or build with ice

方法：调和法，过滤冰块/兑和法，杯中加冰块

Glass：Cocktail glass or old fashioned glass

载杯：鸡尾酒杯/古典杯

Garnish：Mint leaf 薄荷叶（选择性）

Dry Martini 干马天尼

Ingredients 配方：

60 mL Gin　60 mL 金酒

10 mL Dry Vermouth　10 mL 干味美思

Method：Stir & Strain

方法：调和法，过滤冰块

Glass：Martini/Cocktail glass

载杯：马天尼杯/鸡尾酒杯

Garnish：Olive in the drink or squeeze oil from lemon peel onto the drink

装饰物：杯中放橄榄或从柠檬皮中挤出油滴在液面上

Martinez 马丁内斯

Ingredients 配方：

45 mL London Dry Gin　45 mL 伦敦干金酒

45 mL Sweet Red Vermouth　45 mL 甜味美思

1 Bar Spoon Maraschino Liqueur　1 吧匙黑樱桃利口酒

few Dashes Orange Bitters 少许橙皮苦酒

Method：Stir & Strain

方法：调和法，过滤冰块

Glass：Cocktail glass

载杯：鸡尾酒杯

Garnish：Lemon zest

装饰物：柠檬皮挂杯口或放入杯中

Tuxedo 塔克西多	**Bloody Mary 血腥玛丽**
Ingredients 配方：	Ingredients 配方：
30 mL Old Tom Gin　30 mL 老汤姆金酒	45 mL Vodka　45 mL 伏特加
30 mL Dry Vermouth　30 mL 干味美思	90 mL Tomato juice 90 mL 番茄汁
1/2 Bar Spoon Maraschino Liqueur1/2 吧匙黑樱桃利口酒	15 mL Fresh Lemon Juice 90 mL 柠檬汁
1/4 Bar Spoon of Absinthe1/4 吧匙苦艾酒	few dashes of Worcestershire Sauce 少许伍斯特沙司
few Dashes Orange Bitters 少许橙皮苦酒	Tabasco, Celery Salt, Pepper（Up to taste）塔巴斯哥辣酱油、盐和胡椒(根据个人口味)
Method：Stir & Strain	Method：Stir, not strain
方法：调和法，过滤冰块	方法：兑和法，不过滤冰块
Glass：Cocktail glass	Glass：Rocks glass
载杯：鸡尾酒杯	载杯：岩石杯
Garnish：Cherry and lemon zest	Garnish：Celery stick in the drink, lemon wedge（Optional）
装饰物：用鸡尾酒签将樱桃、柠檬皮串连、横卧杯口或放入杯中	装饰物：芹菜梗插入杯中、柠檬角(选择性)
Black Russian 黑俄罗斯	**Moscow Mule 莫斯科骡子**
Ingredients 配方：	Ingredients 配方：
50 mL Vodka 50 mL 伏特加	45 mL Smirnoff Vodka　45 mL 斯米尔诺夫伏特加
20 mL Coffee Liqueur　20 mL 咖啡利口酒	120 mL Ginger Beer　120 mL 姜汁啤酒
Method：Build with ice	10 mL Fresh Lime Juice　10 mL 鲜莱姆汁
方法：兑和法，杯中加冰块	Method：Build with ice
Glass：Old fashioned glass	方法：兑和法，杯中加冰块
载杯：古典杯	Glass：Mule Cup or Rocks glass
Note：Add 20 mL milk for White Russian	载杯：铜杯/岩石杯
备注：调制白俄罗斯可加入 20 mL 牛奶	Garnish：Lime slice
	装饰物：莱姆片放入杯中
Daiquiri 代基里酒	**Yellow Bird 黄鸟**
Ingredients 配方：	Ingredients 配方：
60 mL White Cuban Ron　60 mL 白古巴朗姆酒	30 mL White Rum　30 mL 白朗姆
20 mL Fresh Lime Juice　20 mL 鲜榨莱姆汁	15 mL Galliano　15 mL 加利安奴利口酒
2 Bar Spoons Superfine Sugar　2 吧匙细砂糖	15 mL Triple Sec　15 mL 橙皮甜酒
Method：Stir to dissolve the sugar. Shake & Strain	15 mL Fresh Lime Juice　15 mL 鲜莱姆汁
方法：将所有材料放入摇壶，搅拌至糖融化；摇和并过滤冰块	Method：Shake & Strain
Glass：Cocktail glass	方法：摇和法，过滤冰块
载杯：鸡尾酒杯	Glass：Cocktail glass
	载杯：鸡尾酒杯

Mary Pickford 玛丽皮克福德 Ingredients 配方： 45 mL White Rum　45 mL 白朗姆 45 mL Fresh Pineapple Juice　45 mL 鲜榨菠萝汁 7.5 mL Maraschino Liqueur 7.5 mL 黑樱桃利口酒 5 mL Grenadine Syrup 5 mL 石榴糖浆 Method：Shake & Strain 方法：摇和法，过滤冰块 Glass：Cocktail glass 载杯：鸡尾酒杯	**Margarita 玛格利特** Ingredients 配方： 50 mL Tequila 100% Agave 50 mL 纯龙舌兰特基拉 20 mL Triple Sec　20 mL 橙皮甜酒 15 mL Freshly Squeezed Lime Juice　15 mL 鲜莱姆汁 Method：Shake & Strain 方法：摇和法，过滤冰块 Glass：Margarita glass/ Cocktail glass 载杯：玛格利特杯/鸡尾酒杯 Garnish：Half salt rim（Optional） 装饰物：半边杯口挂盐霜(选择性)
Tommy's Margarita 汤米玛格丽特 Ingredients 配方： 60 mL Tequila Agave 100% Reposado　60 mL 纯龙舌兰特基拉 30 mL Fresh Lime Juice（Persiano）　30 mL 鲜莱姆汁 30 mL Agave Syrup　30 mL 龙舌兰糖浆 Method：Shake & Strain 方法：摇和法，过滤冰块 Glass：Rocks glass 载杯：岩石杯 Garnish：Lime slice on the rim 装饰物：杯口镶嵌莱姆片	**Long IslandIced Tea 长岛冰茶** Ingredients 配方： 15 mL Vodka　15 mL 伏特加 15 mL Tequila　15 mL 特基拉酒 15 mL White Rum　15 mL 白朗姆 15 mL Gin　15 mL 金酒 15 mL Cointreau　15 mL 君度甜酒 30 mL Lemon Juice　30 mL 柠檬汁 20 mL Simple Syrup　20 mL 简糖浆 Splash of Cola 适量可乐 Method：Build with ice. Top with Cola 方法：兑和法，杯中加冰块 Glass：Highball glass 载杯：海波杯 Garnish：Lime slice（Optional） 装饰物：杯口镶嵌莱姆片（Optional）
Tequila Sunrise 特基拉日出 Ingredients 配方： 45 mL Tequila　45 mL 特基拉酒 90 mL OrangeJuice 90 mL 橙汁 15 mL Grenadine　15 mL 红石榴糖浆 Method：Build with ice. Layered with grenadine. 方法：兑和法，杯中加冰块 Glass：Highball glass 载杯：海波杯 Garnish：Half orange slice or an orange zest 装饰物：杯口镶半片橙片或一片橙皮	**B52** Ingredients 配方： 20 mL Kahlúa　20 mL 咖啡利口酒 20 mL Baileys Irish Cream　20 mL 百利甜酒 20 mL Grand Marnier　20 mL 金万利 方法：分层法 Glass：Shot glass 载杯：子弹杯

Black Velvet 黑丝绒

Ingredients 配方：

120 mL Champagne（chilled）　120 mL 冰镇香槟

120 mL Stout（chilled）　120 mL 冰镇黑啤

方法：分层法

Glass：Wine flute glass

载杯：笛型香槟杯

Piña Colada 凤梨可乐达

Ingredients 配方：

50 mL White Rum 50 mL 白朗姆

30 mL Coconut Cream　30 mL 椰子奶油

50 mL Fresh Pineapple Juice 50 mL 鲜菠萝汁

方法：搅和法

Glass：Hurricane glass

载杯：飓风杯

Garnish：Pin the cherry to the pineapple with a cocktail skewer.

装饰物：用鸡尾酒签将樱桃、菠萝片串连，放入杯中

Banana Daiquiri 香蕉代基

Ingredients 配方：

45 mL Light Rum　45 mL 淡朗姆

15 mL Triple Sec　15 mL 橙皮甜酒

1 Banana　1 根香蕉

45 mL Lime Juice 莱姆汁

1 Teas Poon Sugar　1 茶匙糖

1 Cup Crushed Ice　1 杯碎冰

方法：搅和法

Glass：Hurricane glass

载杯：飓风杯

Garnish：Cherry

装饰物：樱桃嵌入杯口

Bushwacker 布什瓦克

Ingredients 配方：

30 mL Dark Rum　30 mL 深色朗姆

30 mL Kahlua Coffee Liqueur　30 mL 卡鲁亚咖啡利口酒

30 mL Dark Cremede Cacao　30 mL 可可甜酒

60 mL Cream of Coconut　60 mL 椰子奶油

60 mL Milk　60 mL 牛奶

1 Cup Ice　1 杯碎冰

方法：搅和法

Glass：Hurricane glass

载杯：飓风杯

Americano 美国佬

Ingredients 配方：

30 mL Campari

30 mL Sweet Vermouth　30 mL 甜味美思

A splash of Soda Water 少许苏打水

Method：Build with ice，then add a splash of soda water.

方法：兑和，最后加苏打水

Glass：Old fashioned glass

载杯：古典杯

Garnish：1/2 Orange slice and lemon zest

装饰物：半片橙片，柠檬皮

Alexander 亚历山大

Ingredients 配方：

30 mL Cognac　30 mL 干邑白兰地

30 mL Crème de Cacao（Brown）　30 mL 深色可可甜酒

30 mL Fresh Cream　30 mL 鲜奶油

Method：Shake & Strain

方法：摇和法，过滤冰块

Glass：Cocktail glass

载杯：鸡尾酒杯

Garnish：Grated nutmeg onto the drink

装饰物：在饮料表面洒些豆蔻粉

Note：Alexander #2，use Gin as the Base

备注：亚历山大白兰地的第二种做法是用金酒作基酒

Grasshopper 青草蜢 Ingredients 配方： 20 mL Crème de Menthe（Green） 20 mL 绿色薄荷利口酒 20 mL Crème de Cacao（White） 20 mL 白可可甜酒 20 mL Fresh Cream 20 mL 鲜奶油 Method：Shake & Strain 方法：摇和法，过滤冰块 Glass：Cocktail glass 载杯：鸡尾酒杯 Garnish：Optional mint leave 装饰物：薄荷叶（选择性）	**Golden Dream 金色梦想** Ingredients 配方： 20 mL Galliano 20 mL 加利安奴利口酒 20 mL Triple Sec 20 mL 橙皮甜酒 20 mL Fresh Orange Juice 20 mL 鲜橙汁 10 mL Fresh Cream 10 mL 鲜奶油 Method：Shake & Strain 方法：摇和法，过滤冰块 Glass：Cocktail glass 载杯：鸡尾酒杯
Gin Fizz 金菲士 Ingredients 配方： 45 mL Gin 45 mL 金酒 30 mL Fresh LemonJuice 30 mL 柠檬汁 10 mL Simple Syrup 10 mL 糖浆 Splash of Soda Water 苏打水 Method：Shake & Pour. Top with soda water 方法：摇和不过滤，最后加苏打水 Glass：Tumbler glass 载杯：平底高杯 Garnish：Lemon slice on the rim 装饰物：杯口镶嵌柠檬片	**Singapore Sling 新加坡司令** Ingredients 配方： 30 mL Gin 30 mL 金酒 15 mL Cherry Liqueur 15 mL 樱桃利口酒 7.5 mL Cointreau 7.5 mL 君度利口酒 7.5 mL D.O.M. Benedictine 7.5 mL 当酒 120 mL Fresh Pineapple Juice 120 mL 菠萝汁 15 mL Fresh Lime Juice 15 mL 莱姆汁 10 mL Grenadine Syrup 10 mL 红石榴糖浆 few Dash Angostura Bitters 少许安格斯特拉苦酒 Method：Shake & Strain 方法：摇和法，过滤冰块 Glass：Hurricane glass/Highball glass 载杯：飓风杯/海波杯 Garnish：1/4 Pineapple slice & cherry on the rim 装饰物：杯口镶嵌樱桃和 1/4 片菠萝片

附录二　成都世界鸡尾酒锦标赛

国际调酒师协会(International Bartender Association,IBA)于1951年2月24日在英格兰特尔奎的格林大饭店成立,目前有65个会员国地区,涵盖了欧洲、北美洲、中南美洲、亚洲、大洋洲。IBA每个会员国(地区)的代表单位均为政府官方核准的国家(地区)级调酒师相关协会,各协会主要负责人多为拥有30年至50年调酒从业经历的杰出人士,代表了全球调酒业的最高专业水平。IBA自1955起每年举办一次世界鸡尾酒锦标赛,它是全球最具专业性、权威性、影响力的调酒师大赛,堪称调酒界的"奥林匹克"大赛。大赛包括6项比赛,分别是餐前鸡尾酒比赛(Before Dinner Cocktail Competition)、餐后鸡尾酒比赛(After Dinner Cocktail Competition)、长饮鸡尾酒比赛(Long Drink Cocktail Competition)、起泡鸡尾酒比赛(Sparkling Cocktail Competition)、调酒师自选比赛(Bartender's Choice Competition)、花式鸡尾酒比赛(Flair Cocktail Competition)。每一赛项的冠军将进入总决赛,争夺年度最佳调酒师奖。

2019年11月4日至11月7日,由IBA主办、中国酒类流通协会承办的第68届世界鸡尾酒锦标赛于成都世纪城会议中心成功举办,300余位来自IBA会员国(地区)的代表单位负责人及全球顶级调酒师齐聚中国。调酒师们用天马行空般的想象力和精湛技艺,首次将中国白酒,以鸡尾酒的形式展现给世界。依靠茅台、五粮液、汾酒、洋河、舍得、宝丰、红星、江小白等极具代表性白酒品牌的集体表现,本届世界鸡尾酒锦标赛迎来了一次"中国式表达",涌现出中国往事(Once Up On A Time In China)、激昂的白酒(Passion Baijiu)、成都姑娘(Miss Chengdu)等一款款外观华丽、口感绝佳、充满中国特色的鸡尾酒作品。

参加大赛的90余名调酒师,都是各国的佼佼者,但他们对白酒的认知十分模糊,白酒复杂的香气和口感给他们带来了不小的压力和挑战。但随着反复的尝试,他们发现白酒不仅没有改变鸡尾酒的经典元素,反而给鸡尾酒增添了让人愉悦的东方神韵。经过两天的激烈竞逐,拉脱维亚选手安德里斯·雷森伯格(Andris Reizenbergs)斩获"2019年最佳调酒师奖",他表示是白酒给了他灵感和好运,白酒与鸡尾酒可以做到完美契合,白酒完全可以被全世界消费者接受。其参赛作品如下:

名称:You Look Wonderful Tonight 今宵迷人的你
方法:调和法
配方:30 mL Arctic Blue Gin (46.2%)北极蓝杜松子酒
5 mL Jiangxiaobai Baijiu 江小白白酒
10 mL De Kuyper SourRubharb (Sours)迪凯堡大黄利口酒
10 mL Fabbri Specials-Marendry bitter 法布芮阿玛蕾娜苦酒
2 dashes of De Kuyper Cocoa Bitters (Elixirs)少许迪凯堡可可苦酒
1 piece of grapefruit peel (extract) 1块葡萄柚皮
载杯:Nick & Nora 尼克诺拉杯
装饰: dried lime, sedge, grapefruit, lemon, dried flower,bay leaf, honey and candy pearl
风干莱姆片、莎草、西柚、柠檬皮、风干花朵、月桂叶、蜜糖珍珠

附录三　机器人调酒师

附图 3-1　机器人调酒师

　　"海洋量子"号隶属于皇家加勒比游轮集团，是一艘客容量为 4 180 人的新船，该船的创造者们要为其打造一个引人注目的酒吧。据皇家加勒比的餐饮副总经理布赖恩·亚伯声称，在"海洋量子号"首航前的 8 个月，皇家加勒比迈阿密总部的某个工作人员提议使用机器人调酒师，建议一经提出就得以采纳。

　　使用为生产汽车而研发的工业机器人作为调酒师的创意源自麻省理工学院的"感知城市实验室"，在那儿诞生了两台机器人，他们的名字分别是 B1-O 和 N1-C，两者的名字合并就成为"bionic"，意指仿生学的。两台机器人外形并不像人，他们实际上只是机械臂，能够完成诸如从倒挂在天花板上的 127 个酒瓶中取下一个酒瓶、添加配料以及搅拌或摇和等任务。

　　两台机器人一起工作时，每分钟能调制两份饮料，然后注入塑料杯中再通过四个传送带递送。乘客在平板电脑上点单，可选择经典鸡尾酒，也可选择特色鸡尾酒，比如Mnemonic Madness（朗姆酒、菠萝汁和 Midori 混合饮料），或考验一下机器人调酒师的自创调酒技能。不管你点何种饮料，只要能说出名称，电子屏上就能显示出来。当机器人为你调制饮料时，你可及时查看到你所点的饮料名称。

　　机器人的动作是通过传感器从美国芭蕾舞蹈团首席舞者罗伯托·波雷（Roberto Bolle）的身上采集到的，因此显得惊人的流畅和逼真。在调酒间歇时，机器人就会翩翩起舞，令人不禁想起的沃（Devo）乐队。

　　仿生机器人酒吧给你带来一种超出想象的社交体验：晚上唱片骑师播放各种音乐；乘客们主要谈论点什么、怎么点酒水，工作人员随时提供帮助，尤其是在客流量较大时他们需要辅助机器人递送酒水。所有酒水价格为 12 美元，但以 90 mL 烈酒为上限，小费已自动扣除以支付人力成本。酒吧还提供无线网络服务以便乘客使用视频网站、脸谱网和推特网等社交媒体分享机器人酒吧的体验。

Robot Bartender

The creators of Royal Caribbean's brand-new 4,180-passenger Quantum of the Seas wanted an attention-grabbing bar.

They found it just eight months ago when someone in the cruise line's Miami headquarters said it would be cool to have robots, according to Brian Abel, Royal's vice president of Food & Beverage.

The idea of using industrial robots originally developed for manufacturing cars as bartenders originated at MIT's Senseable City Lab. And from there, B1-O and N1-C were born. Together, their names spell "bionic."

The robot bartenders don't have "heads" or look human. Rather, they are mechanical arms able to do tasks like pulling down a bottle from among dozens hanging upside down on the bar's ceiling, adding mixers, and stirring or shaking.

Together they can make two drinks per minute, delivered in plastic cups via four conveyor belts.

Passengers punch in orders on smart tablets, choosing from classic cocktails, signature drinks like Mnemonic Madness (a rum, pineapple juice and Midori concoction) or test the robot bartenders' skills with their own creations.

Whatever you order, you can name, and your drink's name appears on a digital screen so you can track when a robot is at work on your order.

The robots have surprisingly fluid movements — the motions of their arms are based on the gestures of RobertoBolle, principal dancer with the American Ballet Theater.

Still, when they pause from mixing and shaking to dance, which they do periodically, you can't help thinking of the band Devo.

The Bionic Bar is a more social experience than you might imagine. A DJ spins tunes at night. People talk about what to order and how to order. Staff is on hand to help — and deliver drinks when there's a rush of orders.

All drinks are $12, for up to 3 ounces of booze. And a tip is automatically added to drinks to cover the human crew.

So many people have been YouTubing, Facebooking, tweeting and otherwise sharing the robot bartender experience on social media that the ship has had to increase WiFi coverage in the Bionic Bar.

附录四　酒精与理性饮酒

酒精简介

用化学术语来说,酒精含有一个连接在饱和碳原子上的羟基(氢和氧),因此任何将氢、氧和碳原子结合而形成的分子都是酒精类化合物。

酒精种类繁多,但只有乙醇可以安全服用。乙醇是葡萄或其他含糖液体发酵的产物。酵母中的酶将葡萄汁中的糖转化为酒精和二氧化碳。乙醇是迄今为止唯一可以安全饮用的酒精,而外行经常使用"酒精"一词,却很少使用其化学名称"乙醇"。纯酒精是无色的,燃点为-12℃。乙醇则是可饮用的,而且清澈、无色,带有乙醚气味和温暖、灼热、微甜的味道。它是一种挥发性、易燃的物质,燃烧时会产生蓝色火焰,而且具有吸水性,它可以与任何比例的水完全融合,其沸点为78.3℃,冰点为-113℃。

饮酒应适量,因为它具有令人愉悦和催眠的效果,正是这种让消费者放松克制和无拘无束的特点使酒精受到青睐和追捧,但持续和反复过量饮酒会导致酒精依赖。以下观点有助于消除对酒精的错误认识,例如:酒精不是兴奋剂,酒精没有营养价值,通过饮酒前摄入脂肪或服用大量维生素等方法来预防宿醉症状是不可能的,大量饮用清咖啡或洗冷水澡都无法抵消酒精的影响,纯威士忌与威士忌加苏打水对人的影响差别不大,酒量大并不是成熟的标志。

酒精对人的影响

酒精在饮用后三分钟就可以到达大脑,具体的时间因个体而异。当饮用酒精饮料时,一小部分纯酒精会通过胃壁直接被吸收并立即进入血液,其余酒精以稍慢的速度通过小肠进入血液。富含酒精的血液被心脏泵入体内,最终将酒精输送到肝脏,被肝脏氧化并分解。所摄入酒精的90%~98%会被肝脏氧化为水和二氧化碳,剩余的2%~8%的酒精通过我们的呼吸、尿液、唾液和眼泪排出体外。男性肝脏能够每小时分解一个标准量酒精或在24小时内分解80克纯酒精,而女性肝脏的效率只有男性的一半。

以下列出了主要酒品的酒精含量,作为安全饮酒量的参考:

啤酒 4%~11% ABV

葡萄酒(红、白、玫瑰、起泡葡萄酒)7%~14% ABV

加强型葡萄酒 18%~21% ABV

味美思 16%~20% ABV

白兰地 40% ABV

威士忌、金酒、朗姆酒、伏特加 40%~45% ABV

利口酒 11%~45% ABV

男女醉酒差异

最近的研究表明女性比男性更易醉酒,这是因为女性肝脏和肠壁中分解酒精的酶较少,大部分酒精直接进入血液。女性的安全饮酒量大约是男性的一半。研究还发现,女性酗酒者对身体的伤害比男性更大,肝病、脑损伤和精神缺陷,如记忆力丧失和解决问题的能力下降,对她们来说来得更早。更令人沮丧的是女性更容易患上焦虑、抑郁和其他附带疾病。

法定限度

可以通过测量血液中的酒精含量(blood alcohol concentration,BAC)来判断大脑受到的影响程度。大多数国家对血液中的酒精浓度都有法定限度,如果一个人被发现驾驶时血液中的BAC含量高于法定上限,他可能会面临法律诉讼,法定限度和实施在不同的国家有所不同。为安全起见,一个人饮用了一罐330 mL的啤酒、一杯120 mL的葡萄酒或一杯30 mL的烈酒(白兰地、威士忌、伏特加、朗姆酒或杜松子酒)就不应该开车。

宿醉

宿醉是由于饮酒过多而引起的症状,一般身体会出现以下情况:脱水、低血糖、胃壁刺激。脱水是由酒精的利尿作用引起的,同时人体的天然抗利尿激素受到抑制,从而导致身体失去更多的水分。脱水除了让人感到口渴外,还会引起头痛,再加上类毒素的同源物的影响,这种影响非常大,会出现剧烈的头痛,对光线变得非常敏感而喜欢黑暗。酒精会使身体产生胰岛素,从而消耗血糖,这会导致低血糖,表现为嗜睡、昏厥、饥饿以及由饥饿引发的颤抖。

宿醉应对方法

宿醉带来的不适和痛苦的症状是可以缓解的,以下方式可以减轻症状并带来舒适感:多喝水,饮用溶于水的葡萄糖,服用小剂量的维生素B和维生素C,服用温和的止痛药,如扑热息痛。身体细胞和器官能自行补水,而葡萄糖有助于身体更快地吸收水分并补充血糖。维生素B和C通常有助于肝脏和身体的神经系统应对症状,而扑热息痛等止痛药有助于治疗普通疼痛和头痛。如果一个人饮酒过量,最好的办法之一是在上床休息前喝大量含有葡萄糖和维生素B和C的水,橙汁就是一种方便易得的水、葡萄糖和维生素C的混合物。除非必要或症状出现之前,不建议服用扑热息痛,也不建议服用阿司匹林,因为它们是酸性的,只会进一步刺激胃部不适。

谨慎供酒

在大多数国家,向醉酒者提供酒精饮料是违法的,有必要了解所在国对血液酒精浓度的法定限度,因为对醉酒者界定的依据是血液酒精浓度。一些经验丰富的调酒师通过发现客人行为的变化来判断客人是否醉酒,因为酒精会导致脱水,醉酒的人很可能会一再要求添酒,此时应该停止供应酒精饮料,而提供非酒精饮料。

Alcohol and Responsible Drinking

Alcohol

Alcohol, in chemical terms, contains a hydroxyl (hydrogen and oxygen) group attached to a saturated carbon atom. Therefore, any compound that combines hydrogen, oxygen and carbon atoms together to form molecules are members of the alcohol family of chemicals.

There are various kinds of alcohol, but only ethyl can be taken with safety.

Ethyl alcohol derived from the fermentation of grapes or other sugar containing liquid. The enzymes created by yeast cells convert the sugar in the grape juice into alcohol as well as into carbon dioxide.

Ethanol is the only alcohol that is safe to drink till today. To the layman, the term: 'alcohol' is widely used rather than the chemist term ethyl alcohol or ethanol.

Pure alcohol is colorless and will ignite at −12℃.

Ethyl alcohol or Ethanol is potable, clear, colorless with an ethereal odor and a warm, burning, slightly sweet taste. It is a volatile, flammable substance that burns with a blue flame and is also hygroscopic (water−absorbing).

It is completely mixable with water in any proportion.

It vaporizes at 78.3℃ and freezes at −113℃.

Alcohol should be consumed in moderate quantity. It has a pleasing and soporific (sleep−inducing) effect. It is this ability to allow its consumer to loosen their inhibitions and relax that made alcohol prized and sought after.

Continuous and repeated excessive consumption can lead to alcohol dependency.

Dispelling Myths About Alcohol

Alcohol is not a stimulant.

Alcohol does not have nutritional value.

It is not possible to prevent symptoms of a hangovere.g. by eating fats or taking massive doses of vitamins before heavy drinking.

Drinking large quantities of black coffee or taking a cold shower cannot counteract the effects of alcohol.

Straight whiskey will not affect a person more rapidly than a whiskey and soda.

It's not a sign of maturity to be able to hold your liquor.

How Alcohol Affects A Person

Alcohol takes as little time as three minutes after it has been swallowed to reach the brain. The exact amount of time varies among individuals.

When alcoholic beverage is consumed, a small portion of the pure alcohol is absorbed directly and immediately into the bloodstream through the stomach walls.

The rest of the alcohol is processed at a slightly slower rate through the small intestine and into the bloodstream.

The alcohol−laden blood is pumped through the body by the heart where it eventually transports the alcohol to the liver which oxidizes and breaks down the alcohol. 90% to 98 % of all alcohol ingested will be oxidized by the liver into water and carbon dioxide. The rest of the 2% to 8% of alcohol is excreted through our breath, urine, saliva, tears.

The liver of a maleis capable of breaking down the equivalent of one standard drink per hour or 80 grams of pure alcohol in 24 hours while the liver of a female is only half as efficient.

As a guide to theamount of drinks one consumes within safety limit, listed are the alcohol strength of principal drinks:

Beer	4% to 11% alcohol by volume
Wine (Red, White, Rose, Sparkling)	7% to 14% alcohol by volume
Fortified Wines	18% to 21% alcohol by volume
Vermouth	16% to 20% alcohol by volume

Brandy	40% alcohol by volume
Whisky, Gin, Rum, Vodka	40% to 45% alcohol by volume
Liqueurs (varies from very low to very high)	11% to 45% alcohol by volume

Women Get Drunk Faster Than Men

Recent research suggests that drink for drink, women get drunk faster than men.

It is believed that this is because women have fewer enzymes in the liver and gut wall that break down alcohol before it enters the bloodstream.

Women's safe limit is about half that of men.

It was also found that women alcoholics do more harm to their bodies than men. Liver disease, brain damage and mental defects like memory loss and reduced ability to solve problems start earlier for them.

As if such newsis not depressing enough, it is also found that women are more likely to suffer from anxiety, depression and other additive disorders.

Legal Limits

We can tell how much the brain is affected by measuring the amount of alcohol in the blood. This is known as B.A.C. (blood-alcohol-concentration).

Most countries have a legal limit for blood alcohol concentration. If one is found driving with a higher amount of BAC in our blood than the legal limit one may face legal action. The limits and the application of the law differ in different countries.

As a precaution, one should not drive if one consumes alcoholic beverage.

A drink is taken as a 330 mL can of beer, a 120 mL glass of wine or a 30 mL measure of spirit (brandy, whisky, vodka, rum or gin).

Hangovers

The hangover is a symptom that results from having consumed too much alcoholic beverages.

Hangover causes the body to suffer the following conditions: dehydration, low blood sugar, irritation of the stomach lining.

The dehydration is caused by the diuretic action of the alcohol. At the same time, the body's natural anti-diuretic hormones are suppressed. This causes the body to lose more water that it otherwise would.

Besides making the person feel thirsty, dehydration also causes headaches. Combined with the effects of the toxin-like congeners, the effects are very acuteand intense headaches occur. The person also becomes very sensitive to light and prefers the dark.

Alcohol causes the body to produce insulin which burns up the blood sugar. This results in low blood sugar which shows up as drowsiness, faintness and hunger which manifest itself as shivering.

"Cure" for Hangovers

However, we can ease the uncomfortable and painful symptoms associated with a hangover. The following actions can ease and give comfort:

drink lots of water

consume glucose dissolved in thewater

take small doses of vitamin B and C

use mild analgesics likeparacetamol

Rehydrating the body cells and organs allows the natural healing process to occur while glucose helps the body absorb the water faster as well as replenish the blood sugar.

Vitamin B and C generally helps the liver and the body's nervous system cope with the symptoms while pain killers (analgesics) such as paracetamol (sold commercially as Panadol) help deal with the general pain and headaches.

One of the best things to do if a person has had too much alcohol is to drinks lots of water with some glucose and vitamin B and C before retiring to bed to rest. Orange juice is a handy and easily available mixture of water, glucose and vitamin C.

Taking paracetamol is not recommended unless necessary or until the symptoms manifest themselves and aspirins are not recommended as they are acidic in nature and may only irritate the upset stomach further.

Serving Alcohol With Care

You may be aware that in most countries it is illegal to serve alcoholic beverages to an intoxicated person. Know your country's legal limits for B.A.C.

Definition of an intoxicated person is in terms of their blood-alcohol-concentration.

Some experienced bartenders have developed a sense of awareness of when a guest is becoming intoxicated by judging the changes in their behaviors.

As alcohol causes dehydration. An intoxicated person is very likely to demand for more drinks. You should cut off serving alcoholic beverages but instead should offer non-alcoholic beverages.

附录五　酒吧员工工作感悟

邮轮酒吧服务员的一天

亚历杭德拉·戈麦斯

我是亚历杭德拉·戈麦斯,来自阿根廷,是一名服务员,在 80 人组成的酒吧部门工作。这艘邮轮有 10 个酒吧,每次出航我们被安排在不同的酒吧工作,这样安排是为了让每个酒吧职员获得挣额外收入的机会,因为我们的底薪较低,主要靠所销售的酒水佣金增加收入。受邮轮航线的影响,每个酒吧的顾客量大小不均,因此最公平的做法就是让每个职员在所有酒吧轮值。

目前我与 2 位调酒师和 6 名服务员一起工作, 现在我们航行在加勒比海域,许多乘客喜欢来到露天甲板享受宜人的气温和泳池。卡吕普索女神酒吧是离主泳池最近的酒吧,因此你能想象到白天我们是多么的忙碌。我尤其喜爱在这个池畔吧做下午班,下午 3 点我开始工作直到营业结束,下班时间可能是午夜时分或更晚,这取决于酒吧内安排的活动和活动规模的大小。作为一名酒吧服务员,我觉得很幸运,因为在当班前不需要做很多准备工作。我所需要做的是按照公司规定穿上制服并修饰外表,一到酒吧就得拿起点酒簿和托盘马上投入工作。我在桌台间和日光浴躺椅间不停地穿梭,不时地询问顾客是否需要酒水,询问他们一天过得怎样,还要建议他们品尝当日特价饮品。每天酒吧会促销不同的饮料,我们需要知道这些饮料的原料,这样才能在推销时描述出饮料的口味。酒吧还提供各种含酒精和无酒精的鸡尾酒。在白天酒水销售情况很好,因为阳光沐浴下的池畔比较热,顾客很容易感觉到口渴。

我发现最有效的工作方式是在顾客中先收集一些点酒单,然后回到吧台一起交给调酒师,在他们调酒时,我将每位顾客所点的酒水记入他们的账户,这是酒吧为每位顾客准备的一张记账卡,每次消费酒水时顾客需马上签字确认。目前在船上消费一般不使用现金,这样可省去不同货币之间换算的麻烦。除了努力推销酒水外,我们还需要经常清理台面、撤除空杯。下周我们要参加销售课程培训,改日再和你们谈论有关培训的事情。

A day in the life of a Bar Waiter

Alejandra Gomez, Argentina

My name is Alejandra Gomez and I am from Argentina. I work as part of a team of 80 people in the Bar department. With 10 bars onboard this ship, we work in a different bar every cruise. This is to ensure, that everyone gets the chance to make the same amount of money in commission from the drinks that we sell. As you maybe know, we get a very low basic salary and the rest of our money is made from the commission on the drinks sold. Since some bars are better frequented by guests than others, often also depending on the itinerary of the ship, the most fair way is that everyone gets to work in all locations.

I am on this cruise, along with two bartenders and six bar waiters. We are sailing in the Caribbean at this time of the year and many of the guests are out on the open decks, enjoy the pleasant temperatures and the pool. The Calypso Bar is the closest one to the main pool, so as you can probably imagine, we are very busy during the day.

I like to work the late shift, especially at the pool bar. I start at 15:00 until closing time, which could be at midnight, or later. Depending on what activities are scheduled for this area and of course how much partying the guests want to do.

Luckily as a bar waiter, I do not have a lot of preparation to do before my actual duty begins. Of course I need to follow the company rules in how I am groomed and dressed in my Uniform, but other than that, I show up at the bar, grab my order book and tray and get on my way.

I go from table to table, sun-chair to sun-chair and ask the guests what they want to drink, ask them how their day was and suggest that they try the drink of the day. Every day we promote a different drink and of course we need to know the ingredients and beable to describe the taste of the drink to the guests. We also can offer the guests a choice of alcoholic and non-alcoholic cocktails. This often works well during the day, when guests are at the pool, it's hot and people get thirsty more easily.

I have found that the most efficient way to do my job is to go around and collect several drink orders and then go back to the bar and place the orders with the bartenders, and while they are preparing the drinks, to post the charge to the guests account. For every guest we need one charge ticket, which the guest has to sign the moment we serve the drink to them.

We have a cashless system onboard, which most ships have by now which means there is no dealing with cash, different currencies and calculating prices.

Besides selling drinks, we also need to make sure the tables which the guests use are clean and all the empty glasses are removed – and at the very same time, we try to sell more drinks of course.

Next week we will have to do some of our training courses in sales, but I will tell you about this another day.

邮轮酒吧调酒师的一天

内维尔·哈里斯 牙买加

作为一名邮轮上的调酒师,我一般每天工作12小时,分两个时段完成工作,而不是连续工作12小时。

上午班在9点(营业前1小时)开始。当班的第一件事是做营业前的准备工作,主要是补给所有必需品,如咖啡、茶、软饮料、果汁、啤酒和酒精饮料等,这些酒水需要从邮轮仓库中领取。补给是按照申领单进行的,申领单需依据销售情况在前一天晚上准备好。领回的酒水多数要放入冰箱中冷藏,将冰箱装满酒水瓶罐之后,我需要检查制冰机并启动洗杯机。此外,我还得准备小食和装饰鸡尾酒的水果。根据酒水部的规定,需要准备各种不同的装饰物,如芹菜梗、菠萝、酸橙和柠檬等。一旦各项工作准备就绪,酒吧就开始接待顾客,为他们调制饮料并供应热饮和小食。

我在吧台内工作时,不仅要调制和递送酒水,而且还要使用邮轮记账系统为顾客记账。为顾客服务始终是我的首要任务,但在没有顾客的时候,我必须维持酒吧的清洁状态,工作包括彻底擦拭冰箱、清洗调酒用具、拖地板以及其他卫生工作。顾客时常喜欢与我闲聊,因此我总要表现得友善而且乐意与他们交谈。工作大约 4 小时后我稍做休整,在当天晚些时候结束工作。在间歇时间我可能有机会到岸上走走,但要视邮轮的日程表和安全训练安排而定。上下午班时我通常十分忙碌,因此在白天做好补给和准备工作是相当重要的。

营业结束后,我要将所有酒水收起来,锁好冰箱和橱柜,清理吧台,清洗用具和杯具。我还负责准备第二天的申领单,需根据当天的销售情况填写,以确保第二天上午酒吧所需物品都能备齐。在关闭销售时点信息系统后通过邮轮记账系统完成申领单的填写,然后将所有单据递交给夜班审核员。

作为船上的调酒师,我就这样结束了一天繁忙的工作。

A day in the life of a Bartender

Neville Harris, Jamaica

As a Bartender onboard a cruise ship, I generally work in 12 hour shifts which are usually split as I am not expected to work an entire shift of 12 hours in one go - especially as shifts on board cruise ships do not always end after 12 hours!

The morning shift starts around 9 am, 1 hour before the bar opens. My first duty of the day is to prepare the bar by restocking with all the necessary provisions, eg. coffee, tea, soft drinks, juices, beer, alcoholic beverages etc., which need to be collected from the ships provision area. Restocking depends on the Requisition, which has been prepared the night before according to what has been sold.

I will also need to prepare snacks and fruits for garnishing cocktails. Depending on the guidelines of the Bar Department, several different garnishes need to be prepared, from celery sticks to pineapples, limes and lemons.

After restocking the fridges with cans and bottles, the ice machine needs to be checked and the glass washer switched on.

Once the bar is prepared, it is time to open the bar for theguests and begin mixing drinks and serving hot beverages and snacks as required.

When I am working behind the bar I am not only preparing and serving the beverages, but also taking payment from the guests using the ships on-board accounting system.

Serving the guests is always my priority, however during quiet periods I must ensure that the bar remains clean by wiping out fridges (including the gaskets), washing work utensils, mopping the floors and other cleaning duties as required.

Guests often like to chat with me, so I must always be friendly and available to make small talk if required.

During the morning shift I have a break after approx 4 hours, and will finish the shift later in the day. During this break, depending on the ships schedule and the safety trainings, I might go ashore.

My evening shift is often busy, so it is important to prepare the bar well and restock during the day.

At closing time, I store away all the beverages, lock the fridges and cabinets, clean the bar, utensils and glasses.

I am also responsible for preparing the Requisition for the next day, depending on what has been sold, to enable to bar to be restocked during the morning shift. This is done via the on-board accounting system by closing the POS system and handing all papers over to the Night Auditor.

So ends another busy day as an On-board Bartender!

如何成为一名酒吧经理

酒吧经理顶着诸多头衔，处理各项事务。但是如果你真的喜欢酒吧行业，希望最终拥有自己的酒吧，这将是一个好的开始。酒吧经理需要能够处理与客户和员工的关系，并需要大量的实际工作经验。什么是酒吧经理？酒吧经理通常指直接听命于酒吧老板或餐馆老板而管理酒吧的员工。酒吧经理的职责取决于酒吧或餐厅的大小以及酒吧所有者要求其承担职责的大小。

大多数酒吧经理的最终目标成为一个酒吧老板，但不是全部。在较大的酒吧或餐厅，酒吧经理可能会有一个或多个首席调酒师。在小酒吧或者餐馆，酒吧经理通常会靠自己来管理员工工作、库存和其他日常操作。酒吧经理需要非常了解酒吧的运营。大多数酒吧经理自己就是已经工作多年的调酒师。酒吧经理也可以是拥有商务或管理学位的个人，但通常至少有一到两年的经验。

一些酒吧经理负责新员工的招聘以及解雇员工（如果有必要的话）。酒吧经理有相对好的工作安全性以及在全国各地的诸多的工作机会。

酒吧经理是做什么的？

酒吧经理往往一天只有一班，但这一班的时间可能超过一名首席调酒师或其他经理的平均水平。酒吧经理通常会负责开吧或打烊，甚至可能会两者都负责。

如果酒吧或者餐馆足够大，通常会有一个白班经理和一个夜班经理。当值时，酒吧经理会处理任何发生的问题。他们安排员工的工作，也可能需要因为应急状况重新安排员工的工作。

酒吧经理通常负责酒吧的库存以及记录所有营业收入。酒吧经理通常会向酒吧或餐厅的所有者报告某些特定信息。

根据他们的餐厅或酒吧的不同，酒吧经理们的工作责任和收入也大相径庭。小酒吧可能比大的酒吧有一个更为轻松的环境，更受欢迎的酒吧和餐馆则会带来更高的工资。

你如何成为一个酒吧经理？

一个酒吧经理几乎总是从内部提拔。与常见的食品服务行业差不多，酒吧行业与其他行业有很大程度上的不同。那些想要成为一个酒吧经理的人，首先要具备在酒吧行业多年的从业经验并且通常有一个调酒师或首席调酒师的头衔。

一些非常大的酒吧通常有酒吧经理助理，这个职位也是与之相关的。根据美国劳工统计局（Bureau of Labor Statistics）的统计，在这个行业，经理将平均每年获得约48130美元的报酬。

然而，一个酒吧经理有时也会由具备其他管理经验的人来担任，如零售管理或食品服务管理等。酒吧经理可能需要取得商业学位来获得晋升，而他们则可需需要参加调酒课程来成为一名受人尊敬的调酒专家。

How to Become a Bar Manager

Bar managers need to wear a lot of hats, but if you absolutely adore the bar industry and want to eventually own your own bar, it's a great start. Bar managers need to be able to deal with clients and employees alike, and need a significant amount of experience. What is a Bar Manager? A bar manager usually works directly under a bar owner or restaurant owner to manage the bar and its staff. The responsibilities of a bar manager depend on the size of the bar or restaurant as well as the amount of responsibilities the owner would prefer to maintain.

Most bar managers have the eventual goal of becoming a bar owner, but not all. In larger bars or restaurants, a bar manager may have a single or multiple head bartenders under them. In smaller bars or restaurants, the bar manager will usually work on their own to manage employees, inventory and other day-to-day operations. Bar managers need to be extremely knowledgeable about a bar's operations. Most bar managers have been bartenders for many years. Bar managers can also be individuals that have degrees in business or management, but experience of at least one or two years is usually necessary.

Some bar managers will be responsible for the hiring of new staff members as well as the firing of staff members as is required. Bar managers have relatively good job security and many opportunities across the nation.

What Does a Bar Manager Do?

A bar manager will often have a single shift throughout the day, but this shift may be longer than average for a head bartender or manager. Bar managers will usually either open the bar or close the bar, and they may even be on call to do both.

If a bar or restaurant is large enough, they will often have a day manager and a night manager. While on shift, the bar manager will deal with any issues as they arise. They will schedule their employees as is necessary and may need to reschedule employees on short notice.

Bar managers will usually be responsible for the inventory of the bar and to keep track of the money taken in. A bar manager will usually report certain information to the owner of the bar or restaurant.

Bar managers have an extreme variety of responsibilities and income depending on the type of restaurant or bar they work in. Smaller bars may have a more relaxed environment than larger bars, and the most popular bars and restaurants may have significantly high rates of pay.

How Do You Become a Bar Manager?

A bar manager is almost always promoted from within the industry. The bar industry is extremely different from many other industries, sharing the most in common with the food service industry. Those that want to become a bar manager will want several years of experience in the bar industry, often has a bartender or head bartender.

Some very large bars may have assistant bar managers, and this position can also be related. As noted by the Bureau of Labor Statistics, managers in this industry will make an average of about $48,130 a year.

However, a bar manager can sometimes have other managerial experience such as retail management or food service management. Bar managers may need to obtain a business degree to be promoted, and they may want to attend bartending classes to become a respected bartending professional.

附录六　酒吧英语专业词汇

Bar Jobs 酒吧职位

Bar Manager 酒吧经理

Assistant Bar Manager 酒吧副经理

Head Bar Tender 调酒师主管

Bartender 调酒师

Assistant Bar Tender 助理调酒师

Bar waiter/waitress 酒吧服务员

Bar Utility/Back 吧员

Bar Equipment 酒吧设备

Cooler/Freezer 冷藏柜/冰柜

Ice Maker 制冰机

Beer Dispenser 扎啤机

Ice Bin 冰槽

Sink 水池

Glass Washer 洗杯机

Blender 搅拌机

Ice crusher 碎冰机

Juicer 榨汁机

Coffee Grinder 咖啡研磨机

Espresso Maker 浓缩咖啡机

POS 销售终端

Bar Tools 酒吧工具

Jigger 量杯

Shaker 摇酒壶

Mixing Glass 调酒杯

Bottle Opener 开瓶器

Corkscrew 红酒开瓶器

Pourer 酒嘴

Strainer 滤冰器

Citrus Squeezer 柠檬夹

Orange Peeler 橙皮削刀

Ice Bucket 冰桶

Ice Tong 冰夹

Ice Scoop 冰铲

Cutting Board 砧板

Bar Knife 酒吧刀

Punch Bowl 宾治盆

Bar Spoon 酒吧匙

Cocktail Pick 鸡尾酒签

Muddler 碾棒

Serving Tools 服务用具

Red Wine Cradle 红葡萄酒酒架

Wine Bucket 葡萄酒桶

Bucket Stand 桶架

Skimmer 撇沫器

Tray 托盘

Cocktail Umbrella 装饰伞

Cocktail Napkin 鸡尾酒餐巾

Mixing Stir 调酒棒

Straw 吸管

Coaster 杯垫

Glasses 载杯

Water Goblet 高脚水杯

Wine Glass 葡萄酒杯

Port Glass 波特酒杯

Champagne Glass 香槟杯

Martini Glass 马天尼杯

Margarita Glass 玛格丽特杯

Sherry Glass 雪莉酒杯

Liqueur Glass 利口酒杯

Sour Glass 酸酒杯

Brandy Glass 白兰地杯

Hurricane Glass 飓风杯

Irish Coffee Glass 爱尔兰咖啡杯

Milk Shake Glass 奶昔杯

Whiskey Tasting Glass 威士忌闻香杯

Old Fashioned Glass 老式杯

Shot Glass 子弹杯

Beer Mug 扎啤杯

Pint Glass 品脱杯

Highball Glass 海波杯

Collins Glass 柯林杯

Non-alcoholic Beverage 无酒精饮料

Lipton 立顿

Firsttea 斐思

Blue Mountain 蓝山咖啡

Mocha 摩卡咖啡

Mandeling 曼特宁咖啡

Irish Coffee 爱尔兰咖啡

Cappuccino 卡布其诺咖啡

Vienna Coffee 维也纳咖啡

Café Latte 拿铁咖啡

Espresso 浓缩咖啡

Indian Lassi 印度奶昔

Mineral Water 矿泉水

Soda Water 苏打水

Tonic Water 汤力水

Coca Cola Coke 可口可乐

Alcoholic Beverage 酒精饮料

Beer 啤酒

Wine 葡萄酒

Cognac Brandy 干邑白兰地

Armagnac Brandy 雅文邑白兰地

Scotch Whisky 苏格兰威士忌

Irish Whisky 爱尔兰威士忌

America Bourbon Whiskey 美国波本威士忌

Canadian Whisky 加拿大威士忌

Genever 荷式金酒

London Dry Gin 伦敦干金酒

American Gin 美式金酒

Vodka 伏特加

Rum 朗姆酒

Tequila 特基拉

Aperitif 开胃酒

Vermouth 味美思酒

Bitters 比特酒

Anise 茴香酒

Dessert Wine 甜食酒

Port 波特酒

Sherry 雪利酒

Madeira 马德拉酒

Marsala 马萨拉酒

Liqueur 利口酒

Liquor/spirit 烈酒

Cocktail 鸡尾酒

Famous Brands 知名酒品品牌
Whisky/Whiskey 威士忌

Chabot 夏博

Janneau 珍尼

Sempe 桑卜

Sauval 索法尔

Ballantine's 百龄坛

Bell's 金铃

Chivas Regal 芝华士

J&B 珍宝

Johnnie Walker 尊尼获加

Jameson 詹姆森

Paddy 帕蒂

Powers 波厄斯

Midleton 米德尔顿

Wild Turkey 野火鸡

Jim Beam 占边

Old Crow 老乌鸦

Old Grand-Dad 老祖父

Crown Royal 皇冠

Canadian Club 加拿大俱乐部

Seagram's V.O. 施格兰 V.O.

Wiser's 怀瑟斯

Martell 马爹利

Hennessy 轩尼诗

Remy Martin 人头马

Courvoisier 拿破仑

Chabot 夏博

Janneau 珍尼

Sempe 桑卜

Sauval 索法尔

Liqueur

Curacao 柑桂酒

Cointreau 君度

GrandMarnier 金万利

Peter Heering 彼得亨瑞

Maraschino 马拉希奴

Krisch 可士

Amaretto di Saronno 方津杏仁

Tia Maria 添万利

Chartreuse 修道院酒

Benedictine Dom 当酒

Galliano 加利安诺

Drambuie 杜林标

Leroux Peppermint Schnapps 乐露薄荷酒

Bols Advocaat 波士鸡蛋酒

Baileys Irish Cream 百利甜酒

Gin

Henkes 亨克斯

Bols 波尔斯

Bokma 波克马

Bomsma 邦斯马

Beefeater 英国卫兵

Gordon's 歌顿金

Gilbey's 吉利蓓

Tanqueray 添加利

Calvert 卡尔弗特

Fleischmann's 弗莱施曼

Hiram Walker 海勒姆沃克

Aperitif

Martini 马天尼

Cinzano 仙山露

Gancia 甘霞

Duval 杜瓦尔

Chambery 榭百丽

Noilly Prat 诺丽普拉

Angostura 安格斯特拉

Campari 金巴利

FernetBranca 佛南布兰卡

Dubonnet 杜本内

Pernod 潘诺

Ricard 里卡德

Pastis 巴斯帝斯

Vodka

Imperial Collection 吉宝伏特加

Bolskaya 波士伏特加

Stolichnaya 苏联红牌

Mosrovskaya 苏联绿牌

Wyborowa 维波罗瓦蓝牌45%

Wyborowa 维波罗瓦红牌(37.5%)

Zubrowka 朱播罗卡

Grey Goose 灰雁

Absolut 绝对

Rum

Havana Club 哈瓦那俱乐部

Bacardi 百加得

Captain Morgan 摩根船长

Tequila

Jose Cuervo 金快活

Sauza 索查

Pepe Lopez 雷博士

Olmeca 奥美加

Camino Real 懒虫

Port

Sandeman 山地文 | Dow's 杜斯

Hanwood 幸运 | Taylors 泰勒

Sherry

Croft 克罗夫特 | Harveys 夏薇

Tio Pepe 派波 | Wellington 惠灵顿

Madeira

Madeira Wine 马德拉酒 | Borges 鲍尔日

CrownBarbeito 巴贝都王冠 | Leacock 利高克

Marsala

Gran Chef 厨师长 | Florio 佛罗里欧

Peliegrino 佩勒克里诺 | Rallo 拉罗

参考文献

［1］李晓东.酒水知识与酒吧管理［M］.江苏：江苏教育出版社,2013.

［2］林刚.酒吧经营与管理［M］.北京：中国商业出版社,2008.

［3］郝瑞敏.酒店酒吧服务员精细化操作手册［M］.北京：人民邮电出版社,2013.

［4］郝志阔.菜点与酒水知识［M］.北京：科学出版社,2012.

［5］何立萍.酒吧服务与管理［M］.北京：中国人民大学出版社,2012.

［6］贺正柏,祝红文.酒水知识与酒吧管理［M］.北京：旅游教育出版社,2006.

［7］王明景.酒水调制与酒吧服务实训教程［M］.北京：科学出版社,2011.

［8］吴慧颖,刘荣.酒品调制与酒水服务［M］.上海：上海交通大学出版社,2012.

［9］王钰.酒水知识与服务技巧［M］.北京：中国铁道出版社,2012.

［10］杨杰,王天佑.餐饮概论［M］.北京：北京交通大学出版社,2010.

［11］Philip Gibson.邮轮经营管理［M］.天津：南开大学出版社,2010.

［12］http：∥disneycruise.disney.go.com/

［13］http：∥www.cruiseshipjob.com

［14］http：∥www.cruiselinesjobs.com

［15］http：∥www.nydailynews.com/life－style/royal－caribbean－introduces－robot－bartenders－article－1.2015449

［16］http：∥www.iba-world.com/

［17］http：∥webcollegesearch.com/disciplines/culinary-arts/how-to-become-a-bar-manager/